U0094587

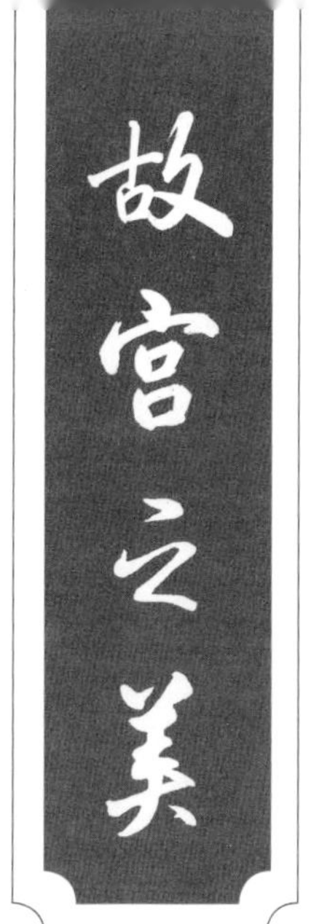


向斯说故宫的建筑和典制

向斯◎著

中国工人出版社

# 序　言

北京故宫博物院是在明清两代皇宫及其收藏的基础上建立起来的一座规模宏大的综合性博物馆，肩负着保护、管理明清故宫建筑群和宫廷史迹，研究、展示中国古代文化艺术品的重任。我将通过自己的视角跟大家聊聊故宫的故事，希望可以让还没有游览过故宫的朋友，对故宫有一个相对全面的了解。

常言道“一方水土养一方人”，不同的地理环境会产生不同的习俗、不同的文化，对建筑风格自然也有很大的影响。我的笔会先带着大家简单了解一下北京的地理环境和历史沿革，探索故宫选址、建设及修缮的历程。

回顾了故宫波澜壮阔的历史，再来看看如今依旧宏伟壮丽的故宫。在明清皇室占据长达数百年后，故宫终于摆脱了封建统治，向人民群众敞开了大门。我的笔会带着大家走进故宫，了解故宫的整体布局，游览其中的核心建筑。我们将仰视高大的宫墙，穿过雄伟的城门，感受到外朝大殿的庄严肃穆，惊叹于内廷宫阙的富贵奢华，流连于御苑花园的精致秀丽。

这座规模庞大的古建筑群是无数优秀建筑师努力的结晶，代表着明清两代建筑工艺的最高水平。我的笔会带着大家仔细观察这些建筑中所包含的精湛工艺，从一块砖的制作、一片瓦的铺设，到一座台基的垒砌、一层屋顶的架构。我们将探究巧妙的斗拱结构，欣赏精美的槅扇门窗，仰视富丽堂皇的天花藻井，俯察晦暗幽深的水道冰窖，回到那个建设紫禁城的年代，亲眼见证将作大匠的智慧和建筑工人的辛劳。

从封闭的紫禁城到开放的博物院，曾经终身难得一见的珍贵文物，如今就呈现在我们的面前。我的笔会带着大家一起见证民国乱世时故宫文物的艰难迁徙，浏览当前故宫中具有代表性的部分藏品。我们将沿着时间长河，参观上古的玉石器、商周的青铜器，瞻仰晋代名家的法书、唐代大师的绘画，欣赏明代巧工的织绣、清代官窑的陶瓷，感受中华民族悠久灿烂的文化。

作为中国历史上最后一个封建王朝，清朝给人们留下了特殊的印象。从时间上来说，清帝退位至今不过100余年，清王朝似乎就近在眼前；但这百余年间社会制度的巨大变革，又让人感觉等级森严的清王朝是那样遥不可及。我的笔会带着大家回到清王朝统治的时代，一窥当年清皇室在故宫中的生活轨迹。作为历史的旁观者，我们将见证清军入关后顺治皇帝的登基、大婚，康熙皇帝的常朝、大朝，雍正皇帝的御门听政，乾隆皇帝的饮宴、游乐，慈安太后、慈禧太后的垂帘，同治皇帝、光绪皇帝的亲政，看遍清王朝的兴衰荣辱。

故宫中蕴含的传统文化博大精深，笔者才疏学浅，未能尽知。本书中部分内容参考了史料《明史》《清史稿》《清实录》《起居注》《会典》和现代期刊《紫禁城》《故宫博物院院刊》等。在此，对以上典籍的著作者致以崇高的敬意和衷心的感谢。

何斯

# 目录

## 第一章　龙兴之地，天子之宫



## 第二章　一横一纵贯坤舆



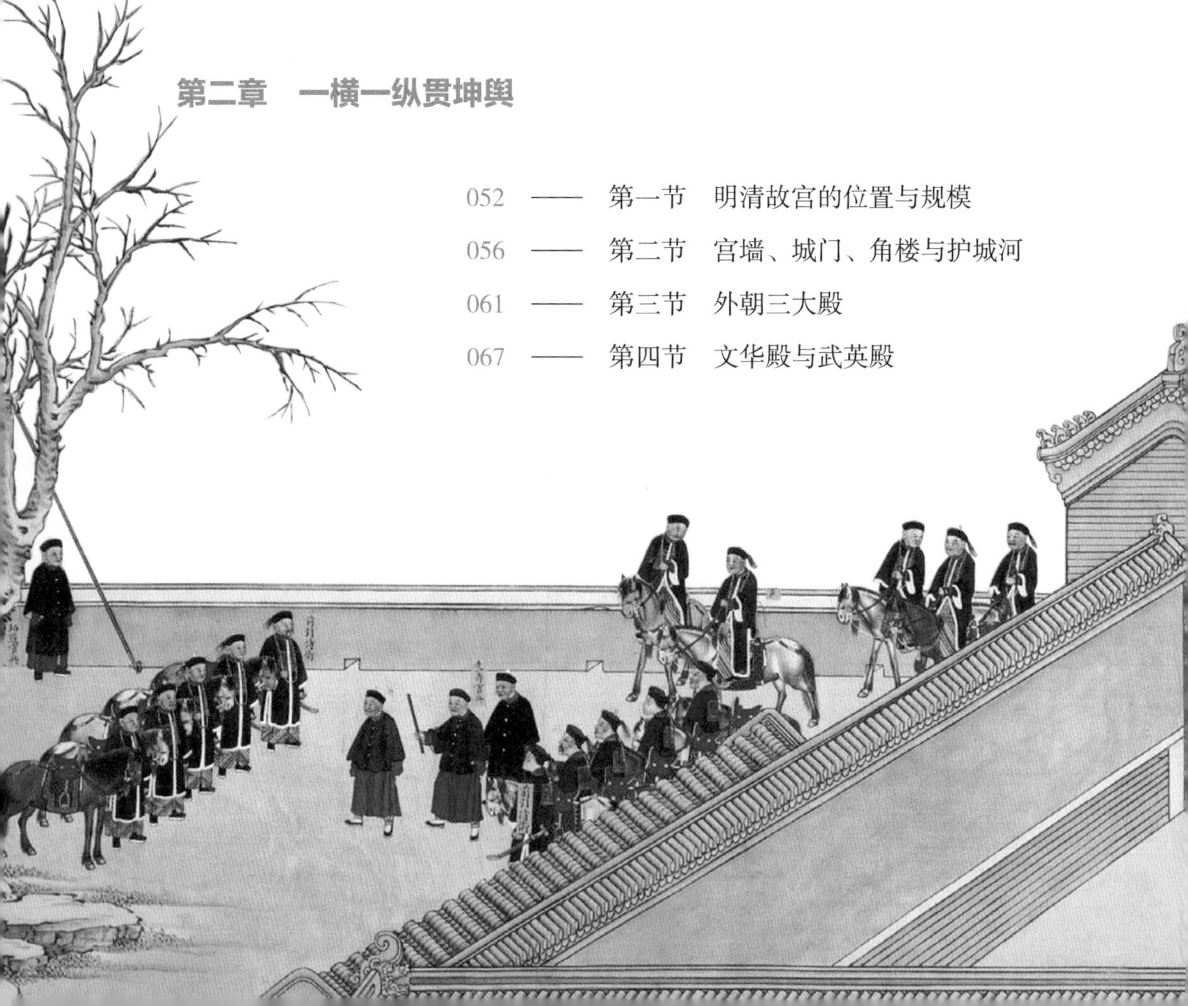

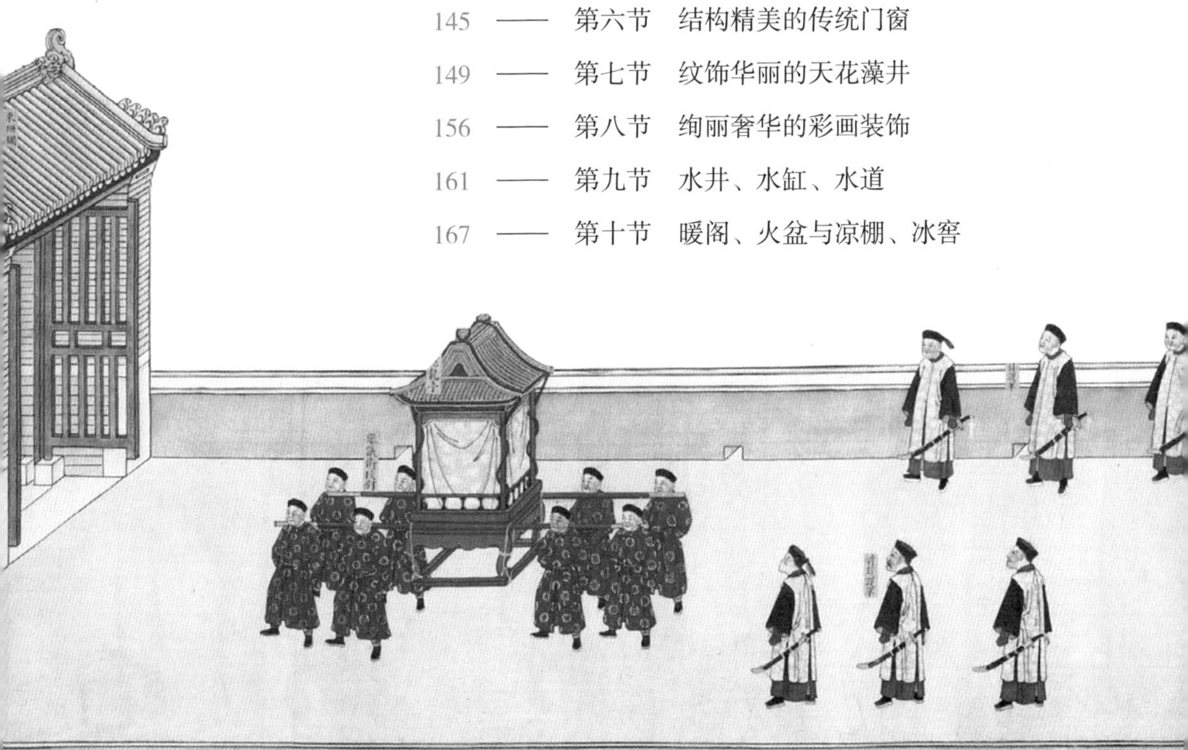

## 第四章　一器一物蕴匠心

## 第五章　一朝一夕度春秋

# 第一章 龙兴之地，天子之宫

## 第一节　龙兴之地

故宫是中国明清两代的皇家宫殿，旧称紫禁城，坐落于首都北京，至今已有 600 多年的历史。要讲故宫，不得不先讲北京城。北京位于华北平原的北部，背靠群山，面向渤海，河流奔涌，土地肥沃，是藏风蓄水的吉地。

源远流长的永定河，是北京的母亲河。洪荒时代，永定河从上游携带大量泥沙冲出山地后，形成冲积扇平原，北京城就坐落在永定河洪积冲积扇平原上。如今，永定河从河北省怀来县幽州村东南流入北京，在北京内河段长达 340 里，流经门头沟、石景山、丰台、房山和大兴 5 个区，滋养着整座城市。北京的莲花池水系、西山诸泉、高梁河水系，主要水源都是永定河。

北京具有悠久的历史和灿烂的文化，也是人类文明发祥地之一。70 万年前，北京周口店地区就出现了原始人群部落“北京人”。当时，北京地区还是一个湿润温暖、森林密布、湖沼成片的地方。“北京人”的后代，在漫长的岁月中，就生息和繁衍在这样的环境里。距今约 18000 年的旧石器时代晚期，“山顶洞人”也曾在这里生活。5000 年前，北京地区已有原始部落定居，经营农业、畜牧业。

帝尧在位之时，派遣和叔在北方建城定居，命名为幽都，这是载于正史中最早的北京城区。到了西周时期，北京已经成为重要的都城。西周初年，周武王封召公于燕，又封帝尧后人于蓟，公元前 1045 年，北京成为蓟国的都城。后燕国灭蓟国，迁都于蓟，亦称燕都或燕京。

北京城的城址，几千年来虽然几经变化，但城市区域却没有多大的变动。从地理角度看，北京城址的选定绝非偶然。北京地处内蒙古高原、东北平原和华北平原地区的交接地带，自古就是南北往来的交通要道。北京小平原，人称

“北京湾”，是西部太行山、北部燕山的交会之地，两山围合，形成西、北环山，东、南向海的半封闭地形，成就了北京 3000 余年的建城史和 860 余年的建都史。群山的后面，是游牧民族生活的地带；山下，就是北京小平原。北京地区的居民，一面向北，通过古北口峡谷和南口峡谷，和游牧部落进行贸易，互通有无；一面向南，与中原农耕地区保持着更密切的经济往来。北京地区作为重要的交通枢纽，逐渐形成了最初的蓟城。

到了战国末期，秦灭燕，设北京为蓟县，归广阳郡管辖。秦亡汉兴，汉高祖刘邦重新把北京地区划入燕国。汉武帝元狩六年（公元前 117 年），封皇子刘旦为燕王，也定都于蓟城。汉昭帝元凤元年（公元前 80 年），燕王刘旦谋反，燕国被废除，北京地区又被划为广阳郡蓟县，属幽州管辖。东汉、魏、晋都曾设置幽州，所治均在北京一带。

隋时设立涿郡，唐时复名幽州，都把北京作为重要的商业枢纽和军事重镇。安史之乱时，安禄山曾在北京称帝，建国号为“大燕”。五代之时，天下纷乱，军阀刘守光也曾将北京作为都城。

北宋初期，辽宋高梁河战役中，宋军战败，从此失去了对幽云十六州的收复机会。辽朝于会同元年（938 年）在北京地区建立了陪都，称为南京、燕京，开泰元年（1012 年）改称析津府，以此作为进取中原的据点。金朝贞元元年（1153 年），完颜亮正式建都于燕京，称为中都，在今北京市西南。

南宋嘉定八年（1215 年），蒙古铁骑攻下北京，设立燕京路大兴府。元世祖至元元年（1264 年），改称中都路大兴府。至元九年（1272 年），中都路大兴府正式改名为大都路，也就是后人熟知的元大都。元大都的建筑工程，始于至元四年（1267 年），止于至元三十年（1293 年），几乎覆盖了元世祖忽必烈的整个统治时期。元朝依《周礼》“前朝后市，左祖右社”之制建设的元大都，奠定了北京城的规模。经过这 20 多年的经营，一个规模宏大的都城巍然矗立在亚洲的东部了。元大都在当时已经成为全国的政治中心，北到岭北行省，东到奴儿干都司（治所在今黑龙江下游），西到西藏地方，南到海南，各个交通要道都在此交会。自此，北京成为中国的首都。

当时，蒙古人和西方人都称大都为“汗八里”，意即“大汗之城”。许多西方人为大都的豪华富丽惊叹不止。意大利人马可·波罗在《东方见闻录》中，

故宫鸟瞰

把北京描写得像天堂一样，他说：“君等应知此宫之大，向所未见……宫墙及房屋满涂金银，并绘龙、兽、鸟、骑士形象及其他数物于其上。”“大殿宽广，足容六千人聚食而有余，房屋之多，可谓奇观。此宫壮丽富赡，世人布置之良，诚无逾于此者。顶上之瓦，皆红黄绿蓝及其他诸色。上涂以釉。光泽灿烂，犹如水晶。”

大明洪武元年（1368年），明军攻克元大都，明太祖朱元璋将大都改名为北平，取“北方平定”之意。洪武十三年（1380年），朱元璋将北平封给燕王朱棣作为封地。燕王朱棣经“靖难之役”夺得皇位，是为明成祖。永乐元年（1403年），礼部尚书李至刚等奏称：“伏惟北京，圣上龙兴之地，北枕居庸，西峙太行，东连山海，俯视中原。沃野千里，山川形势，足以控制四夷，制天下，成帝王万世之都也。”明成祖遂改北平为北京，是为“行在”（天子行銮驻跸的所在，称“行在”），且常驻于此，如今的北京也从此得名。

永乐四年（1406年），明成祖朱棣假借兴建行宫之名，下诏修建北京皇宫。永乐十八年（1420年），北京紫禁城竣工，这就是今天故宫的雏形。紫禁城建成后，见证了明清宫廷500多年的历史。明朝自明成祖朱棣至崇祯皇帝朱由检，共有14位皇帝曾在此居住。在此期间，紫禁城曾因火灾多次重建，直至天启七年（1627年），方才完工。之后，明朝衰亡，清军入关，清朝也将北京作为首都。清朝统治期间，皇室在北京增建了较多近郊园林，如圆明园、长春园、万春园等，对皇宫没有太大的改动。

## 第二节　内城九门

作为千年古都，天子脚下的北京城不仅是全国的政治中心，其繁华富庶也非其他城市可比。基于交通运输和抵御外敌的需要，北京城修建了多个城门。旧城的“内九外七皇城四”之说，指的便是内城九门、外城七门以及皇城四门。为了更好地了解故宫的周边布局，我们简单地介绍一下内城九门。

北京内城上的 9 座城门，按顺时针方向，分别是：南城墙上的正阳门、崇文门、宣武门；东城墙上的东直门、朝阳门；西城墙上的西直门、阜成门；北城墙上的安定门、德胜门。它们各有不同的用途，所以在建筑结构上也具备不同的特征。

### 正阳门：走龙车

正阳门是明清两代北京内城的正南门，元代名丽正门，俗称前门。正阳门位于北京城南北中轴线上的天安门广场最南端，原由瓮城墙连为一体，后因修路被分割成了 2 个部分，现仅存城楼与箭楼。

正阳门城楼坐落在砖砌城台上，占地 3047 平方米，城台高 12 米，南北上沿各有 1.2 米高的宇墙（亦称女墙）。城台正中辟有券门，门内设千斤闸。城楼的整体高度为 42 米，是北京所有城门中最高大的一座。

城楼南设有箭楼，占地 2147 平方米，楼高 26 米，连城台通高 38 米，也是北京所有箭楼中最高大的一座。箭楼为砖砌堡垒式，门洞为五伏五券拱券式，

正阳门城楼

图片节选自 1927 年出版的《燕京胜迹》，中国国家图书馆藏。
正阳门俗称前门、前门楼子，是明清两代北京内城的正南门，始建于明朝永乐十七年（1419 年），是北京城保存较为完好的城门。

正阳门及正阳桥

选自日本冈田玉山等编绘的《唐土名胜图会》初集。正阳桥是一座石拱桥，宽阔的桥面被栏杆分隔成 3 段桥面。正阳桥正对正阳外门，在明清时期是只有皇帝才能通行的御道。

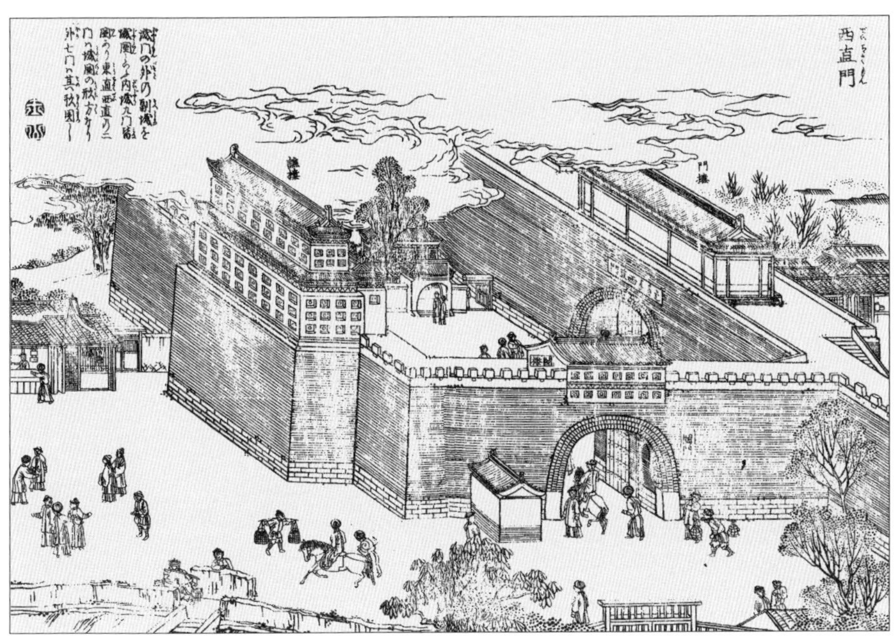


西直门　　选自日本冈田玉山等编绘的《唐土名胜图会》初集。

开在城台正中。正阳门的规格高于其他 8 门，是内城九门中唯一箭楼开门洞的城门，专走龙车凤辇，一直被看作老北京的象征。

箭楼与城门楼之间为瓮城，南北长 108 米，东西宽 85 米，东西设有 2 座闸楼。闸楼下开券门，门内也有千斤闸。平时箭楼及东闸楼下的城门关闭，出入的百姓须绕行西闸楼下券门。1915 年，为改善内、外城交通，正阳门瓮城月墙及东西闸门被拆除。

## 崇文门：走酒车

崇文门，元代名文明门，俗称哈德门、海岱门，位于今崇文门内大街南口处，东距正阳门约 3 公里。城楼面阔 5 间，约 39.1 米宽，通进深 24.3 米，楼台连城台通高 35.2 米。

崇文门瓮城左首的镇海寺内，有一座镇海铁龟。铁龟的直径有 1 米多，造型古朴独特。传说护城河桥下有一海眼，为保京城百姓平安，故设铁龟镇之。崇文门也因此龟而闻名于京都。

明清时期，崇文门处设有总课税司。当年的酒酿大多是从河北涿州等地运来，崇文门是酒商进京的必经之路。明清时期，酒税是很重的。一般酿酒小作坊，为了维持生计，往往在夜间偷偷背酒爬过城墙进京售卖，以避交高税。这就是“背私酒”。背私酒的辛苦和危险不言而喻。如今，逃税固然是可耻的，但封建统治者的残酷剥削，却逼得百姓不得不如此。所以，当时人们称崇文门税关是“鬼门关”。

## 宣武门：走囚车

宣武门，元代称顺承门，明永乐十七年（1419 年）南拓北京南城墙时修建，沿用原名。正统年间，明政府重建城楼，增建瓮城、箭楼、闸楼，取张衡《东京赋》“武节是宣”，“武烈宣扬”之义，改称宣武门。

宣武门城楼面阔 5 间，通宽 32.6 米；进深 3 间，通进深 23 米；城楼连城台通高 33 米；瓮城南北长 83 米，东西宽 75 米；西墙辟券门，上为闸楼。瓮城南墙城台之上为箭楼，箭楼面阔 7 间，通宽 36 米；通进深 21 米，连城台通高 30 米。

宣武门外为菜市口刑场，押送死刑犯的囚车经常从此门出入，人称“死门”。南宋丞相文天祥、“戊戌六君子”之一的谭嗣同，都是在这里被统治者杀害，因而使此处有一股壮烈肃杀之气。

## 东直门：走货车

东直门位于现在的北京东二环东直门立交桥的西侧，原为元大都东垣中门崇仁门，明永乐十七年（1419 年）修葺后，改称东直门。

东直门的形制比朝阳门略小，面阔 5 间，通宽 1.5 米，进深 3 间，通进深 15.3 米。城楼加城台通高 34 米。南北长 68 米，东西宽 62 米。南侧瓮城城墙上开有券门，门上有闸楼。

明初建设北京时，所需的木材大多由此门运送进京城，因此东直门又俗称“木门”。清康熙三十六年（1697 年），朝廷于东直门外建水关，用于管理进京货物。当时，东直门是北京内城 9 座城门中最贫之门，瓮城大部分地区被小商贩摊位占据。古代的砖窑大多建在东直门外，因此东直门也常有车辆通行运输砖瓦。

为方便交通，1915 年修筑环城铁路时将瓮城、闸楼拆除；1927 年将箭楼拆除，仅存箭楼台基，台基后于 1958 年拆除。1950 年，政府在东直门城门北侧开豁口以利于通行；1965 年拆除东直门城楼；1979 年在城门原址东侧建立交桥，为重要交通路口，与原本的城门相比可谓天壤之别。

## 朝阳门：走粮车

朝阳门，元代称齐化门，至元四年（1267 年）夯土建成，明正统年间大规模修缮后，改称朝阳门。元明清三代，朝阳门都是进京的交通要道。朝阳门形制与崇文门略同，面阔 5 间，通宽 31.35 米，进深 3 间，通进深 19.2 米。城楼连城台通高 32 米。箭楼形制略与宣武门相似，面阔 7 间，通宽 32.5 米，进深 3 间，通进深 25 米。后来，因交通建设需要，1915 年被部分拆除，1956 年被彻底拆除。

明清时期，朝阳门是北京重要的运粮通道，城内九仓之粮皆从此门运入。京都填仓之时，往来粮车不断，京城百姓的口粮基本来源于此。现在朝阳门内的地名还有“禄米仓”“海运仓”“新太仓”等，就是当年的粮仓附近区域。

## 西直门：走水车

西直门原名和义门，元朝至元四年（1267 年）在金中都旧城东北营建新城时建造，永乐十七年（1419 年）修缮后改称西直门。自元朝开始，西直门就是京畿的重要通行关口。西直门还是明清两代自玉泉山向皇宫送水的水车必经之地，因此有“水门”之称。西直门城楼台基底宽 40.9 米，城台顶进深 24 米，城台高 10.75 米，内侧券门高 8.46 米，外侧券门高 6.3 米。城台内侧左、右马道宽 5 米，城楼面阔 5 间，连廊面宽 32 米，进深 3 间，连廊通进深 15.6 米，城楼连城台通高 32.75 米。瓮城为方形，东西长 62 米，南北宽 68 米，瓮城南侧辟券门，券门上建闸楼，东北角建关帝庙。为方便交通，1969 年修建环线地铁时将西直门城楼、箭楼等拆除，原址现已辟建为道路。

## 阜成门：走煤车

阜成门位于西城区中部，原名平则门，元代至元四年（1267年）开始修筑，明代正统年间大规模修缮后，改称阜成门。北京西部山区的门头沟盛产煤炭，京城所用燃煤几乎都是从门头沟经由阜成门运入，故有“煤门”之称。

明正统元年（1436年）新修的西直门包括门楼、门洞、箭楼、瓮城、瓮城门各一，均采用山东临清烧制的特大城砖。门楼通高34.41米（包括楼台），为3层飞檐歇山式建筑，柱、门、窗皆为朱红色，檐下的梁枋上饰以蓝、绿两色图案，顶部为绿色琉璃瓦，饰有望兽及脊兽。在门楼台下部正中与城垣墙身垂直方向，辟有券顶式城门洞，因沿袭和义门之制，较内城其他门洞低。装有向内开启的城门一合，用福山寿海5面包锭铁钉固定。城门正前方为一重檐歇山顶箭楼，西、南、北3侧共有箭窗82孔。箭楼西侧面阔7间，内侧庑座面阔5间，通高30米，俯视呈“凸”字形。瓮城连接城楼与箭楼，为东西长62米、南北宽68米的方形。西北角设有瓮城庙。在瓮城南墙辟有一瓮城门。与城门方向成曲尺形，以利屏蔽城门。上方有一座单檐硬山谯楼有两层12个窗，又称瓮城门楼。城外护城河木桥改为石桥。

20世纪70年代，北京修建环城地下铁路时，阜成门城楼及附近城墙均被拆除，护城河亦被填平为路。阜成门现已演化为地名，泛指阜成门桥附近，即阜成门南、北大街，阜成门内、外大街一带。

## 安定门：走粪车

安定门，原称安贞门，始建于元代，明洪武元年（1368年）重建并更名为安定门，取“天下安定”之意，为出兵征战得胜班师之门。但实际上，明清时期，安定门大部分时间走的是粪车，因为以前地坛附近是北京主要的粪场。

安定门的瓮城及闸楼于 1915 年修环城铁路时被拆除，箭楼于 1956 年被拆除，城楼于 1969 年被拆除。之后，此地建成了安定门立交桥，目前是北京二环路上的一个交通节点。从 20 世纪 20 年代留存的照片中可以看出，当时安定门建筑整洁，布局精练。

## 德胜门：走兵车

德胜门，元代时称健德门，明洪武元年（1368 年）改建，更名为德胜门。明正统年间增建城楼、箭楼、角楼、桥闸，奠定了德胜门的大体形制。

德胜门位于内城北侧，是京师通往塞北的重要门户。北方玄武主刀兵，所以古时战事调用北京兵马，一般从德胜门出城。之所以取名叫德胜门，意为“以德取胜”。明代永乐皇帝北征、清代康熙皇帝平定噶尔丹叛乱、乾隆皇帝镇压大小和卓叛乱都是出师德胜门。德胜门也是北京最重要的城防阵地，明正统年间著名的北京保卫战就发生在这里。

中华人民共和国成立后，国家曾于 1951 年、1980 年两次拨款修缮德胜门。1982 年，德胜门处设立文保所，并对外开放。1992 年，政府重建瓮城内的真武庙，现箭楼上长年举办历史古钱币展。

## 第三节　皇城四门和紫禁城

穿过内城九门再往里走，可以看到皇宫外的禁垣。“皇城四”便是指禁垣上开的 4 道门。皇城四门是皇家和百官进出宫廷的主要通道，它们分别是天安门、地安门、东安门、西安门。

### 天安门

四门中最为著名的毫无疑问是天安门。天安门坐落于北京的中心、故宫的南端，是明清两代北京皇城的正门。天安门始建于明永乐十五年（1417 年），原称承天门，寓意皇帝“承天启运、受命于天”。当时的承天门只是一座三层楼式的木牌楼，远没有如今的天安门这么壮丽。天安门经过数次修缮，直到清顺治八年（1651 年）重建，才大体成为今天的形制，并改名为“天安门”。

当时，天安门有城门五阙，重楼九楹，高为 33.87 米；1970 年翻建后，高达 34.7 米。城楼主体可分为上下两层：

上层是重檐歇山式的巍峨城楼，东西面阔九楹，南北进深 5 间，取“九五”之数，象征皇帝的尊严。正面是中国传统的菱花格式的 36 扇门窗，屋顶的正脊与垂脊上，装饰着螭吻、仙人、走兽。进入大殿，可以看到 60 根直径为 92 厘米的红漆木柱，承载着庄严而繁复的屋顶建筑。木柱排列整齐，柱顶上有藻井与梁枋，绘着象征吉祥的金龙彩画和团龙图案。17 盏古雅的大型宫灯，最大的那盏称为主灯，有 8 个面，皆高 6 米，直径 2.8 米，重约 450 公斤；其余

天安门

图片节选自 1927 年出版的《燕京胜迹》，中国国家图书馆藏。

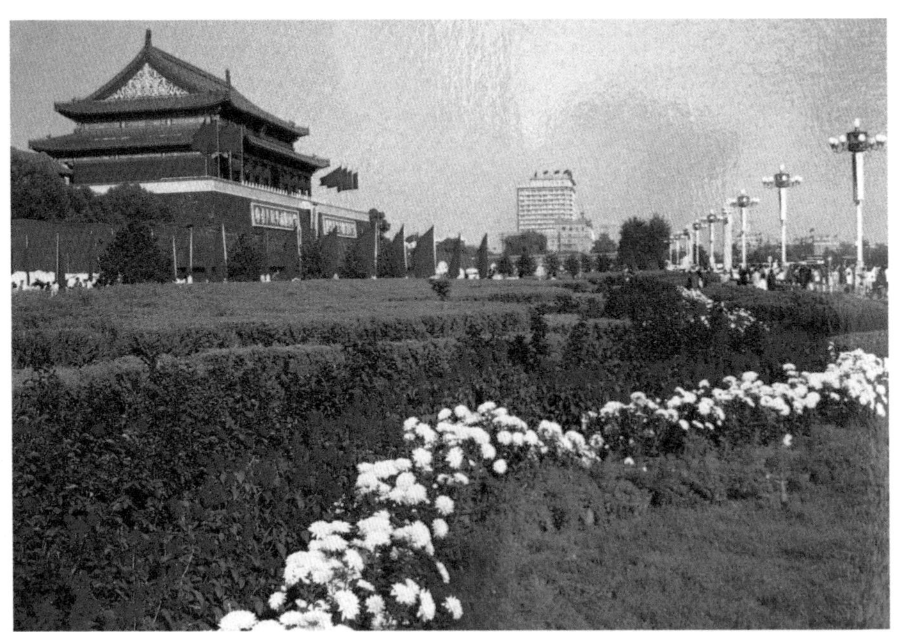

天安门

如今的天安门，正中门洞上方挂着毛泽东主席的画像，两旁分别挂有“中华人民共和国万岁”和“世界人民大团结万岁”两幅标语。天安门广场上，每天都会举行庄严的升旗仪式。

天安门飞檐

飞檐，指的是中国传统建筑中屋檐四周翘角的部分。除了房屋外，飞檐也用于亭台楼阁等建筑中。飞檐的形式，在雨雪天气时有利于排水，减少水分对建筑的损害。

16 盏为 6 个面的辅灯，皆高 6 米，直径 2.2 米，重约 350 公斤。每盏灯上的角各有一盏伞形小灯。

下层是 13 米高的朱红色城台，最下面是雕刻精美的汉白玉须弥座台基；座上，是大砖砌成的红色墩台。基座周围有雕刻着莲花宝瓶图案的汉白玉护栏，四周还环绕着琉璃瓦顶的矮墙。

## 地安门

地安门是明清时期皇城的北门，与天安门对应，位于景山北、鼓楼南，寓意“天地平安，风调雨顺”。后来为方便交通，地安门于 1954 年被拆除，原址辟为道路。

## 东安门

明清时期，官员上朝，皆由东安门进宫。1912 年，北洋军兵变时，东安门被烧毁。中华人民共和国成立后，国家重建了部分北城墙，同时将部分东安门遗址对外展示。

## 西安门

西安门是皇城的西门，位于西城区中部，形制类似于地安门。始建于明永乐十五年（1417 年），万历十四年（1586 年）重修，于 1950 年毁于火灾。

## 紫禁城

穿过皇城四门后，前面就是宏伟壮丽的故宫——紫禁城了。

古代帝王为巩固自己的统治地位，曾采取各种手段来神化皇权，其中最具代表性的是对“天人合一”理念的重新解读。“天人合一”的本意，是指人与自然相合，以达到“天地与我并生，万物与我为一”的境界。因为统治的需要，“天人合一”逐渐被解读为“君权天授”，即皇帝是受命于天的“真龙天子”，替上天统治人间，皇权神圣不可侵犯。中国古代皇家建筑的形制也受此思想影响深远，常用天上的星辰与都城规划相对应，以突出皇帝受命于天、皇权至高无上。故宫当然也不例外。

依照中国古代的星象学说，紫微垣（即北极星）位于中天，乃天帝所居，天人对应，紫微、紫垣、紫宫等，也常作为帝王宫殿的代称。紫禁城的“紫”

紫禁城

紫禁城就是故宫，如今又称故宫博物院，在古代作为元明清皇帝的居住办公场地，现在是北京城内的综合性博物馆。它是现存的世界上规模最大的，也是保存最完整的木质结构的宫殿建筑群。

字便取于此。《汉书》中多次将皇宫称为“紫宫”。《后汉书》也有记载：“天有紫微宫，是上帝之所居也。王者立宫，象而为之。”

自古以来，皇宫就是禁地，普通百姓不得入内。秦汉之时，皇帝的居所被称为“禁中”。东汉蔡邕称：“禁中者，门户有禁，非侍御者，不得入内，故曰禁中。”最早称皇宫为禁城者，是南朝宋文学家颜延之，他在《拜陵庙作诗》中写道：“夙御严清制，朝驾守禁城。”

“初唐四杰”之一的骆宾王，在《畴昔篇》中首次以“紫”“禁”这两个皇宫的要素代指皇宫：“紫禁终难叫，朱门不易排。”自此“紫禁”2字作为皇宫的称谓，便逐渐流传开来。唐代以后，将皇宫称为紫禁城已较为普遍。

明初诗人邓雅的诗作《寄张助教美和》中说：“吟看碧嶂清江雨，梦绕红楼紫禁城。”这首诗作于洪武年间诗人辞官归乡之际，这里的紫禁城，其实是指南京皇宫。永乐四年（1406年），泰宁侯陈珪奉诏成为北京城建设总指挥，开始兴建北京皇宫和城垣。陈珪忠于职守，一直坚守在京城工地上。紫禁城的主要设计师是木匠蒯祥、石匠陆祥、工艺匠师蔡信，以及扬青、砌纲等人。他们以南京宫殿为蓝本，在元朝大内的旧址之上，设计营建了初代北京紫禁城。直到永乐十七年（1419年），泰宁侯陈珪以85岁高龄去世后几十天，紫禁城才完工。嘉靖年间，布衣诗人谢榛所写“阴接黄云塞，春归紫禁城”中的紫禁城，才是北京紫禁城，也就是今天的故宫。

在大明官方文书中，明初仍称皇宫为皇城；直至万历时期，《大明会典》记载：“皇城起大明门，长安左、右门，历东安、西安、北安三门。周围，三千二百二十五丈九尺四寸。内，紫禁城，起午门，历东华、西华、玄武三门。南北，各二百三十六丈二尺；东西，各三百二丈九尺五寸。”从此以后，官方正式确认，称皇宫为紫禁城。

紫禁城严格地按照《周礼·考工记》中帝都的营建原则“前朝后市，左祖右社”来建造，高低起伏的建筑规划，丰富多彩的建筑形式，有序地组合成一个整体，形成了巍峨壮丽的建筑群，功能上也符合封建社会等级制度的需求。

## 第四节　永乐迁都

明洪武元年（1368 年），朱元璋称帝，定金陵（南京）为首都，是为明太祖；洪武三年（1370 年），明太祖朱元璋分封诸子，封四子朱棣为燕王，下令建造诸王府。洪武十二年（1379 年），燕王府营造完毕；洪武十三年（1380 年），燕王就藩于北平。徐达去世后，华北地区的边防部队多由燕王节制，北平已经成为明朝北部边防的中心。

洪武三十一年（1398 年）明太祖朱元璋驾崩，由于太子朱标早死，皇太孙朱允炆即位，改元建文。当时，诸藩王因是皇亲，又拥有重兵，大多目无王法。所以，建文元年（1399 年）四月，建文帝采纳齐泰、黄子澄的建议，以此为由开始大力"削藩"，史称"建文削藩"。周王、代王、齐王、湘王等先后被废或被杀。同时，建文帝以加强边防为由，调离燕王的精兵，准备削除燕王。"削藩"是加强中央集权，避免藩王坐大威胁朝廷的有效方法，但建文帝的"削藩"没有合理的计划，也缺乏有效的善后措施。过于急躁的"削藩、废藩"行为，激化了朝廷和藩王之间的矛盾，藩王人人自危，手握重兵的燕王朱棣也不例外。

明太祖朱元璋驾崩前留有遗诏，藩王留守国中，不得进京奔丧。但为防止朝中奸臣不轨威胁后世皇帝的统治，朱元璋在分封诸王时还曾规定：朝廷内部有奸臣挟持天子、把持朝政时，亲王应该训兵待命，得奉天子密诏，可领兵讨伐奸臣，平定内乱。燕王朱棣正是以"清君侧，靖内难"的名义发动了"靖难之役"，最终攻下京师。江山易主后，建文帝不知所踪。朱棣拜谒孝陵后自立为帝，族灭了主张"削藩"的齐泰、黄子澄和忠于建文帝不肯屈服的方孝孺。

永乐元年（1403 年），礼部尚书李至刚等奏称，北平是明成祖"龙兴之地"，

明太祖朱元璋

选自《历代帝王像》。

明成祖朱棣

选自《历代帝王像》。

▶ 北京宫城图

佚名。纵 163 厘米，横 97 厘米。这是明代早期绘的北京宫城图。宫城即大内，又称紫禁城。

应当效仿明太祖对安徽凤阳的做法，立为陪都。于是，明成祖朱棣改北平为北京，提升北京的政治地位，称为“行在”。永乐四年（1406 年），明成祖朱棣下诏以南京皇宫为蓝本，在北京修建行宫。

之后，明成祖朱棣又有计划地向北京迁发百姓。退伍士兵以及各地流民都被安置到北京，很多富户、商贾也被强制迁往北京，以为北京日后作为京城打下人口基础。此外，朱棣还多次借巡狩、北征等名义，到北京长期居住，使得帝国的政治中心实质性地转移到北京。永乐七年（1409 年），朱棣开始在北京昌平天寿山营建寿陵，这表明他已经下定决心要迁都北京。

永乐十四年（1416 年），明成祖朱棣召集群臣正式商议迁都事宜，严惩了提出反对意见的大臣，迁都北京已成定局。次年（1417 年），以南京皇宫为模板的北京皇宫正式动工。永乐十八年（1420 年），北京皇宫和北京城建成，明成祖朱棣下诏正式迁都北京，改南京为留都。历时多年，这场浩大的工程终于完成。自此 600 余年间，故宫作为时代的背景，见证了诡谲残酷的权力斗争、不为人知的皇家秘史，留下了无数波澜壮阔的故事。

此次迁都奠定了北京的首都地位，对中国政治、经济、文化的影响一直延续到现在。在当时的社会环境下，迁都北京有利于中央政府及时有效地调动军队，抗击北方游牧民族的南侵。“天子守国门，君王死社稷”，皇宫和先帝陵寝俱在前线的事实，使朝廷上下在面对危机时更有坚持抵抗的决心。例如，“土木堡之变”时，虽然明军主力覆灭、皇帝被俘，但明朝仍坚决地组织了北京保卫战，而不是像西晋、北宋一样放弃北方。

迁都大业实现了，而明成祖朱棣在北京的发展并非一帆风顺。雷击三大殿可以说是迁都北京后发生的第一件大事。这次事件不仅造成了巨大的经济损失，还掀起了一场政治风波。

永乐十九年（1421 年）四月初八的深夜，阴云密布，电闪雷鸣。雷雨之中，紫禁城的奉天、华盖、谨身三大殿全都遭到雷击。浓烟升腾，火光冲天，不久，这三座雄伟的大殿便化为灰烬。当时，“天人合一”的思想根深蒂固，每遇洪水、大旱、地震、雷击等自然灾害，常被认为是皇帝的决策失误触怒了上天，天灾就是“上天示警”。

明成祖朱棣深知自己的帝位来得不够正当，面对此等天灾，自然不敢怠慢。

针对朝野议论，朱棣立刻下了“罪己诏”，并召集百官“直言”自己施政有什么不当之处。朱棣这样做一方面是为了安定人心，给朝野上下一个交代；另一方面，也是希望群臣之中能有人对雷击三大殿做出一个合理的解释，以降低此事对自己统治的影响。

但很多官员并没有理解明成祖朱棣的用意。他们本来就对迁都一事不满，面对朱棣的求谏，不仅没有在此事上为皇帝开脱，反而借题发挥，指责皇帝迁都北京是重大的决策失误。礼部主事萧仪率先上书直言迁都“弃绝皇脉与孝陵，有违天意”。朱棣震怒，以“谤君之罪”将萧仪下狱。大臣邹缉等上书，委婉地表示营建宫殿劳民伤财。这当然也不是朱棣想要看到的，于是他以“多斥时政”的罪名将这些大臣下狱。人心如水，可疏不可堵。朱棣很快明白，一味地严惩并不能平息这场风波。于是，他下旨让言官与部院大臣一起到午门外跪下对辩，议论迁都的对错。此时天降大雨，但没有圣旨，大臣们都不敢起身避雨。一场雨中跪辩，让所有大臣与言官都明白了朱棣的决心，这场风波也就此告一段落了。

# 第五节　明清紫禁城的翻修与重建

紫禁城建成后，经历了明清两朝，其中很多建筑都有几百年的历史。土木结构建筑的特性决定了紫禁城需要不断维修和保养，才能维持其功能。数百年间发生的天灾人祸，也对紫禁城造成了不同程度的损毁，因此又经过多次重建。

永乐十九年（1421年），三大殿被雷火焚毁后，历经永乐、洪熙、宣德三代，因朝野风议、国家财政和多年战事的影响，此处一直是一片焦土，没有再重建。直至正统五年（1440年）三月，明英宗朱祁镇才降旨重建三大殿及乾清宫、

明英宗朱祁镇

明朝的第六位（1435—1449年在位）和第八位（1457—1464年在位）皇帝。明宣宗朱瞻基长子，也是第七位皇帝朱祁钰（1449—1457年在位）的异母兄长。第一次登基的时候只有9岁，是明朝年龄最小的皇帝，由于年龄较小，所以国事由太皇太后张氏把持，“三杨”（杨士奇、杨荣、杨溥）辅政。后来宠信宦官王振，导致宦官专权。1449年，瓦剌来犯，在王振的怂恿下御驾亲征，出师不利被俘虏，酿成了“土木堡之变”。其弟朱祁钰登基，史称明代宗。1450年，朱祁镇回朝，被明代宗软禁在南宫7年。1457年，石亨等人发动“夺门之变”，朱祁镇第二次登基，直到1464年去世。他在弥留之际废除了殉葬制度，这是值得称赞的一件事情。

坤宁宫，并于正统六年（1441 年）十一月完工。朱祁镇是个仁厚的好人，却不是个英明的皇帝。他亲政后宠信太监王振，导致宦官专权，朝野不安。正统十四年（1449 年），他不顾群臣反对，在王振的建议下亲征瓦剌，又不能听从将领的正确意见，导致明军主力全军覆没，自己也被瓦剌活捉。这就是著名的“土木堡之变”。群龙无首，国家岌岌可危，皇太子朱见深只有 2 岁，根本无法担当大任。此时以兵部侍郎于谦为首的大臣们拥立朱祁镇的异母弟弟郕王朱祁钰为帝，改元景泰，尊朱祁镇为太上皇，艰难地打赢了北京保卫战。一年后，朱祁镇被接回北京，软禁在南宫。景泰八年（1457 年），时景帝朱祁钰病危，景帝之子早已夭折，皇储空置，人心不定。石亨、徐有贞等人趁机发动“夺门之变”，迎明英宗复辟，朱祁镇二次称帝，并改元天顺。复辟之后的朱祁镇还曾下诏营建西苑。

后至嘉靖十四年（1535 年），增建天一门及天坛、地坛、日坛、月坛；嘉靖三十二年（1553 年），为抵御游牧民族入侵，增建外城；嘉靖三十六年（1557 年），紫禁城发生火灾，前三殿、奉天门等重要建筑均被焚毁。此时明朝国力已日渐衰弱，重建工作直至嘉靖四十年（1561 年）才完工。之后，奉天、华盖、谨身三大殿更名，分别为：皇极殿、中极殿、建极殿。

万历二十四年（1596 年），紫禁城发生大火，焚毁前三殿、后三宫。此时国库空虚，重建被搁置了 18 年，整个工程又历时 12 年，直至 30 年后的天启七年（1627 年）方才完工。

崇祯十七年（1644 年），李自成率起义军攻进北京，明朝灭亡。但李自成的军队很快被清军和吴三桂在山海关击败，被迫退出北京。撤退前，李自成下令焚毁紫禁城。结果，仅武英殿、建极殿、英华殿、南薰殿、四周角楼和皇极门免于大火，其余建筑皆化为灰烬。

崇祯十七年（1644 年）十月，清军进入北京，顺治皇帝迁都北京，开始了长期的翻修与重建工作。历时 14 年，中路建筑的重建工作才基本完成。也是在这个时期，三大殿更名为太和殿、中和殿、保和殿。

康熙二十二年（1683 年），开始重建紫禁城其余被毁部分建筑，至康熙三十四年（1695 年）基本完工。其中，较为人熟知的是康熙二十八年（1689 年）时，在明朝的仁寿殿、哕鸾宫等建筑的旧址上改建的宁寿宫。改建完成

《紫光阁凯宴成功诸将士图》

选自《平定两金川得胜战图》。紫光阁，始建于明朝，在古代是历代皇帝接见外来使臣和陈列功臣画像、宴请功臣的地方。

的宁寿宫当时是作为皇太后的居所。康熙六十一年（1722 年），康熙皇帝去世，雍正皇帝即位后并没有搬到乾清宫去住，而是将西侧为父守孝的养心殿辟为皇帝寝宫。雍正七年（1729 年），朝廷因用兵西北而设立的军机处，也在养心殿附近。从此，养心殿开始成为清朝皇帝起居和处理朝政的主要地点。

雍正十三年（1735 年），雍正皇帝去世，乾隆皇帝即位。乾隆皇帝在位共 60 年，其间对紫禁城尤其是养心殿殿区进行了大规模的修缮、改建、扩建和重建。紫禁城中清代风格的建筑，主要也是建造于这个时期。

乾隆七年（1742 年），乾隆皇帝将自己曾居住过的乾西二所改为重华宫，并修建建福宫、雨花阁等。其中的建福宫，本是乾隆皇帝作为自己养老的居所，但因为后期空间不足，皇帝的要求也高，便不了了之。当时，边疆叛乱不断，乾隆皇帝曾多次派兵出征平叛。为了宣扬自己的“十全武功”，乾隆皇帝还将原本殿试武进士和检阅侍卫大臣的平台改建为紫光阁。每次军队凯旋，乾隆皇帝都要下令为征战中的功臣绘制画像，并将它们悬挂在紫光阁内。乾隆皇帝还亲自写了五十功臣像赞的序文：“兹者事定功成，写诸功臣像于紫光阁，朕亲御丹铅，各系以赞。不过誉，不尚藻，惟就诸臣实事录之。”此外，他还曾在紫光阁题诗，“阁就胜朝址，图标昭代勋。格惭虞帝羽，数过汉时云”，自比于汉光武帝、唐太宗。乾隆三十五年（1770 年），他对原本选定的养老居所建福宫不满意，转而开始对宁寿宫进行大规模的修缮和增建。此项工程历时 9 年，耗费国财民力无数，直到乾隆四十四年（1779 年）才完成。此时的宁寿宫与翻修前可谓有着天壤之别。但乾隆皇帝禅位后，却并没有搬到宁寿宫去住，仍然住在养心殿，以“训政”为名，继续独揽大权。

嘉庆二年（1797 年）冬天，乾清宫失火，绝大部分建筑被毁，次年春天开始重修，历时 7 个月完成。道光年间，没有对故宫进行较大的修缮工作。咸丰皇帝在位时期，曾把长春宫与前面的启祥宫（即现在的太极殿）打通，连为一体。咸丰皇帝去世后，慈禧太后也曾在这里居住，一人独享两宫。西六宫到了晚清的时候，慈禧太后开始改造某些宫殿。同治八年（1869 年），武英殿失火，正殿、后殿、殿门、东配殿等都被焚毁，随后重建。光绪二十七年（1901 年），武英殿又因火灾重建。当时，清廷内忧外患、国库空虚，这两次重建显得异常困难。

1911年，辛亥革命爆发。次年，溥仪被迫退位。按照当时清政府与民国签订的优抚条件，他仍被允许居住在紫禁城内。但在此期间，他实际上仍以皇帝自居，并通过“赏赐”等名义大量倒卖文物。于是，在1924年，冯玉祥发动“北京政变”，将溥仪驱逐出紫禁城。自此，这座宏伟壮丽的建筑彻底脱离了封建朝廷的掌控。1925年以后，紫禁城才被称为故宫。

# 第六节　清朝的没落

作为明清时期的皇宫，故宫见证了明朝走向衰亡，清朝入主中原，也见证了清王朝的兴盛和没落。清王朝由盛转衰的转折点，在乾隆统治的后期。清朝走向衰败的原因是多方面的，最根本的原因是社会制度的落后。

早在 1698 年，英国工程师托马斯·塞维利就已经制造出第一台工业蒸汽机；1712 年，托马斯·纽科门对蒸汽机进行了改良；1733 年，约翰·凯伊发明了飞梭。西方已经开始了由手工工业到机械工业的转变，而此时的清王朝还在忙于平定边患，加强中央集权，经营小农经济。面对西方社会制度的剧烈变革和生产力的高速发展，清朝选择了视而不见，闭关锁国。1735 年，雍正皇帝去世，爱新觉罗·弘历即位，改元乾隆。

乾隆皇帝统治前期，基本沿袭了康熙和雍正两代的政治制度，多次出兵平叛，稳定了边疆形势，以个体农业为基础的经济得到了一定的发展，清王朝也达到了它最鼎盛的时期。单从内部来看，此时的中国社会较为稳定，国家财政富足，不失为“盛世”；但站在整个世界的角度看，中国的社会制度和生产力已经落后了一大截。

1764 年，英国纺织工人詹姆斯·哈格里夫斯发明了珍妮纺织机，可以一次纺出许多根棉线，极大地提高了生产力。“珍妮机”的发明开启了第一次工业革命，彻底拉开了中国和西方生产力上的差距。这一年，是乾隆二十九年。

▶ 清　郎世宁　《乾隆皇帝大阅图轴》

绢本设色，纵 430 厘米，横 288 厘米。乾隆皇帝认为“骑射乃满洲之根本”，所以他十分重视军队的建设，此图描绘的正是他亲临南苑检阅八旗将士，巡视八旗军的队列及各种兵器、火器的操练等活动。此时正值清朝与西域的大小和卓兄弟交战之时，所以这次阅兵也暗含了向西域叛军炫耀大清军威严整之意。

廿年一舉寧為數周禮分明
節候論便設軍容示西域佇
看露布靖堅昆好齊以暇千
旂颭既正還奇萬礮喧風日
晴和士挾纊非予恩也總
天恩 南苑大閱紀事一律
戊寅仲冬御筆

当时，中国多地出现洪水灾害，因为当时地主阶级的剥削和小农经济低下的生产力，平民几乎没有抵抗这种大规模自然灾害的能力，导致百姓流离失所，忍饥挨饿。

工业革命不断地催生出新的机械发明。1768 年，阿克莱特发明水力纺纱机；1769 年，理查德·阿克莱特发明了卷轴纺纱机；1779 年，塞缪尔·克隆普顿又发明了走锭精纺机；1785 年，瓦特的改良蒸汽机开始用作纺织机械的动力，并逐渐扩展到资源开采、机械制造、食品生产、交通运输等行业。蒸汽机的广泛应用引发了第一次工业革命的高潮，人类从此进入了蒸汽时代。这也是乾隆皇帝即位统治中国的第 50 年（1785 年）。乾隆皇帝并不知道，他所谓的“文治武功”在那个时代已经算不上多大的功绩；他也没有意识到，那些远在大洋彼岸，长期以来想要和中国通商的“蛮夷”，现在已经发展成了什么样子。这些年来，他六下江南，大兴土木，劳民伤财；任用和珅等贪官污吏，政治日渐腐败，土地兼并严重，大量农民失去了赖以生存的耕地，生活越发艰难。

嘉庆及道光时期，虽然对国家政策做了一些调整，但社会制度的落后严重限制了生产力的发展，加之内忧外患不断，并未取得明显的成效。正当清王朝日趋衰落的时候，英、法等西方国家却在迅速发展。工业革命后急剧增加的产能已经无法从内部消化，它们迫切地到世界各地开拓殖民地，掠夺资源，倾销商品。

1840 年（道光二十年），英国政府以虎门销烟等为借口，发动了第一次鸦片战争。此时，工业和军事领域高度落后的中国，完全没有抵挡得住这些坚船利炮的能力。在巨大的军事实力差距下，清政府毫无悬念地输掉了这场战争，开启了屈辱的中国近代史。自此之后，西方列强屡次侵犯中国，清政府被迫签订了一系列丧权辱国的不平等条约，向各列强割地赔款，开放通商口岸，中国逐渐沦为半殖民地半封建社会。各列强索要的赔款加剧了清政府对底层人民的剥削，各种外来工业品的倾销也极大地打击了民族工业的发展。在这样强烈的外来冲击下，脆弱的传统小农经济逐渐崩溃。

咸丰之后，以慈禧太后为首的守旧派掌权，同治、光绪、宣统三代皇帝皆为傀儡。虽有洋务运动、戊戌变法之类的改良运动，但在封建社会体制的限制

《平定西域战图》册

又名《平定准噶尔回部得胜图》。西域准噶尔部曾是清朝最严重的边患，历经康熙、雍正、乾隆三代皇帝多次举兵才将其平定。乾隆二十九年（1764 年），乾隆皇帝为了宣扬自己平定西域的战果，命人绘制了此图册。两次平定准噶尔之役也被乾隆皇帝纳入了他的“十全武功”。

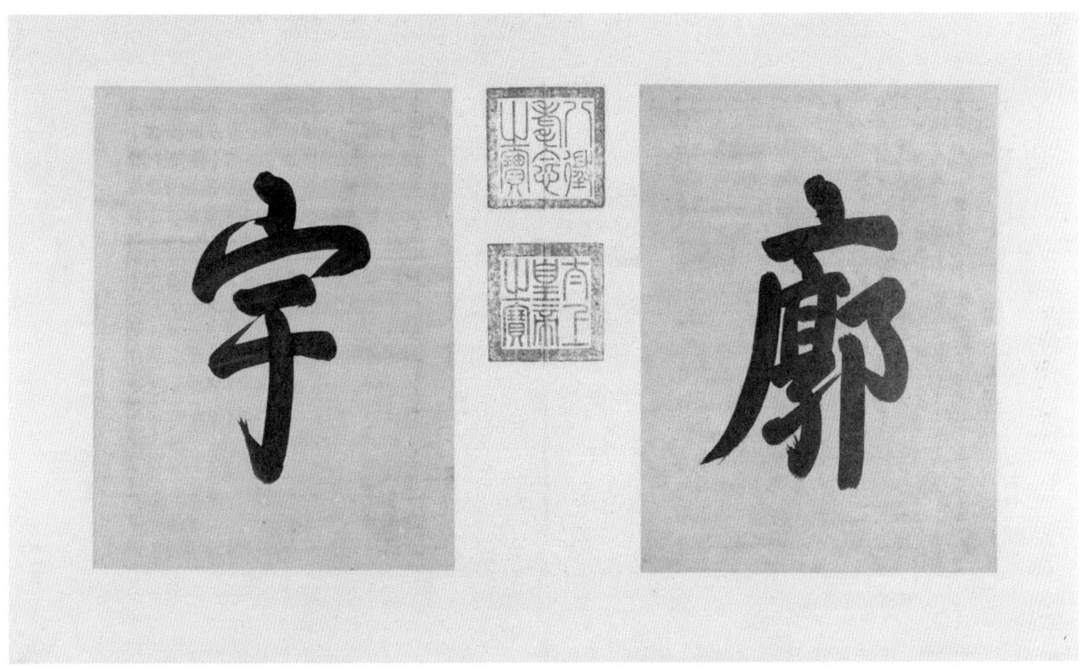

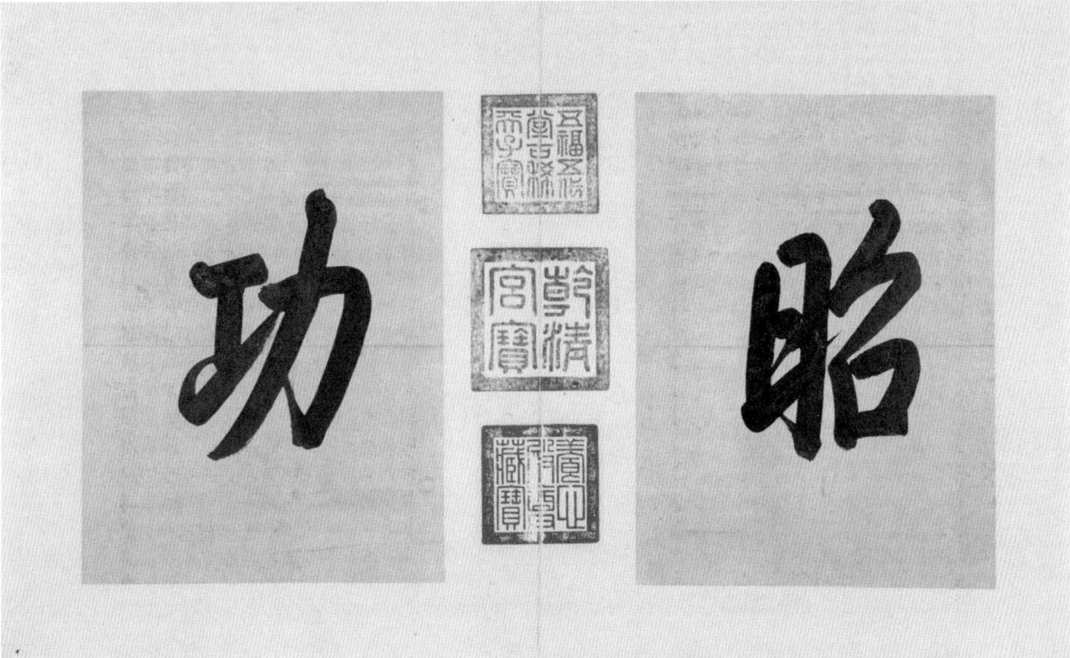

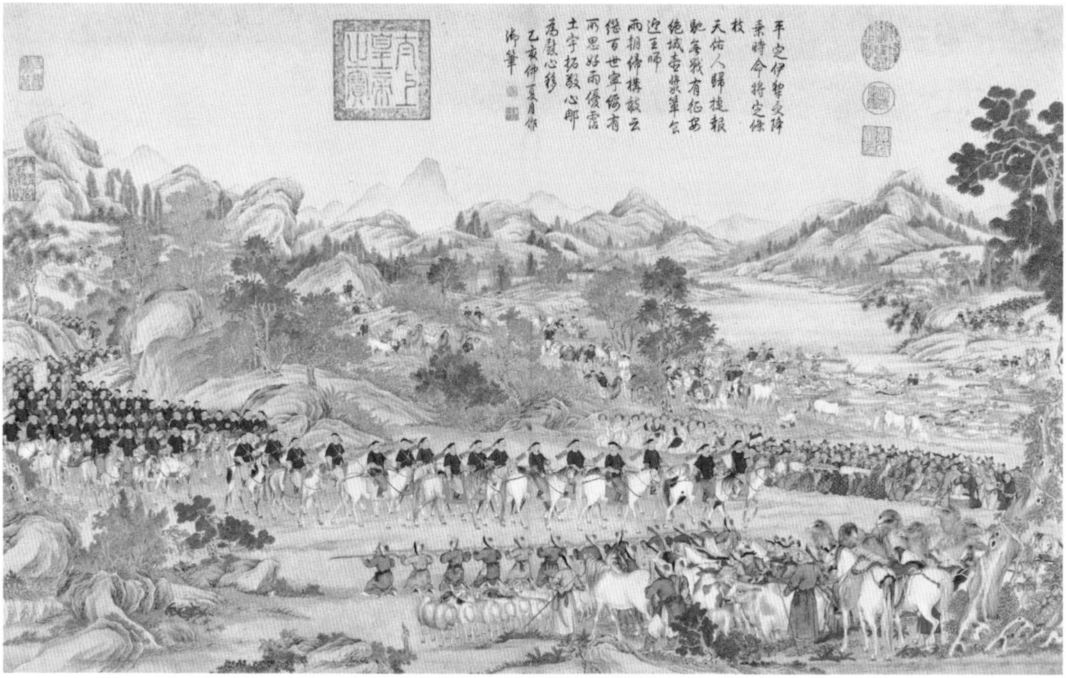

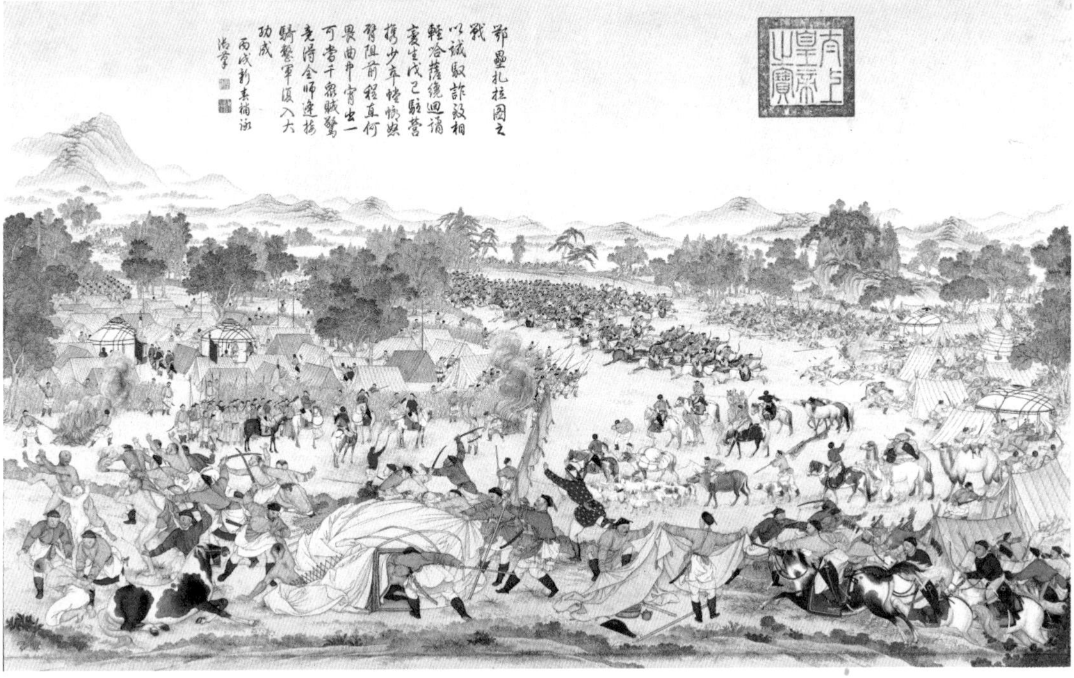

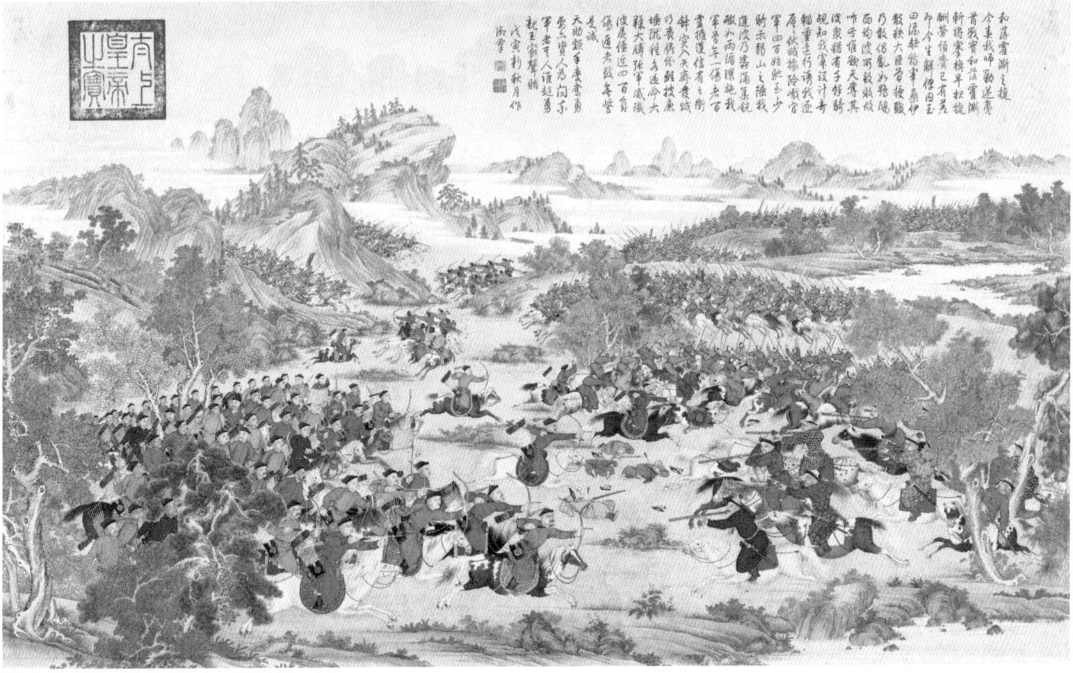

庫隴癸之戰
威弧有事射天狼三穴窮追郎許藏鋌險賊人雖鼠竄搏堅士氣正鷹揚子更直襲老營寨兩騎先收牧馬羣以少勝多張撻伐將軍誠勇若斯常
丙戌孟春上澣補詠
御筆

烏什酋長獻城降
戊寅九秋月作
御筆

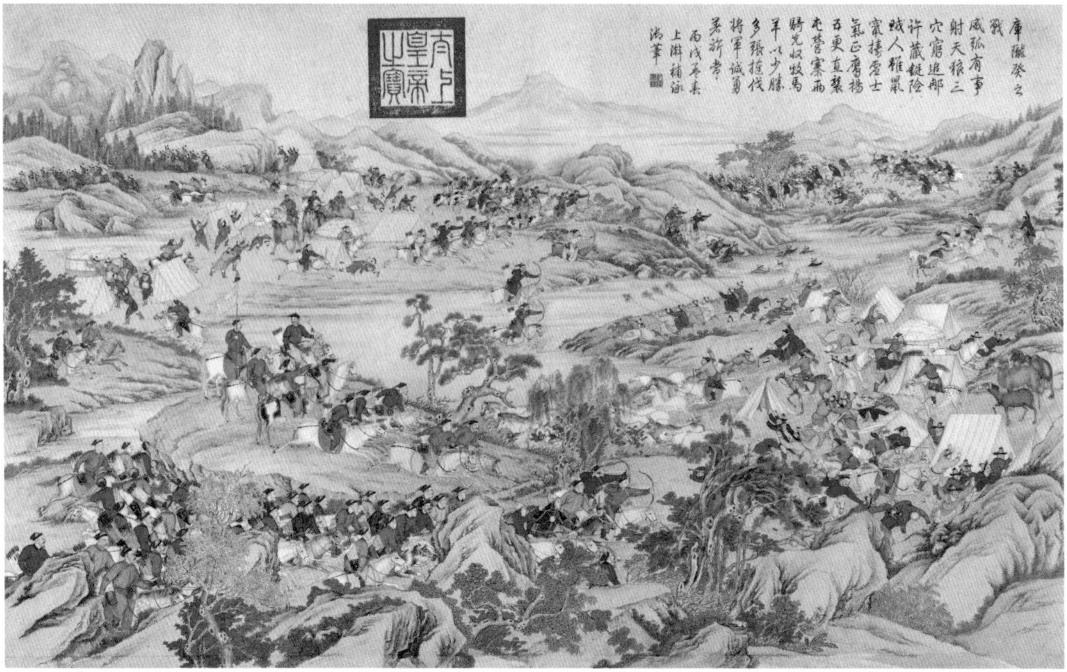

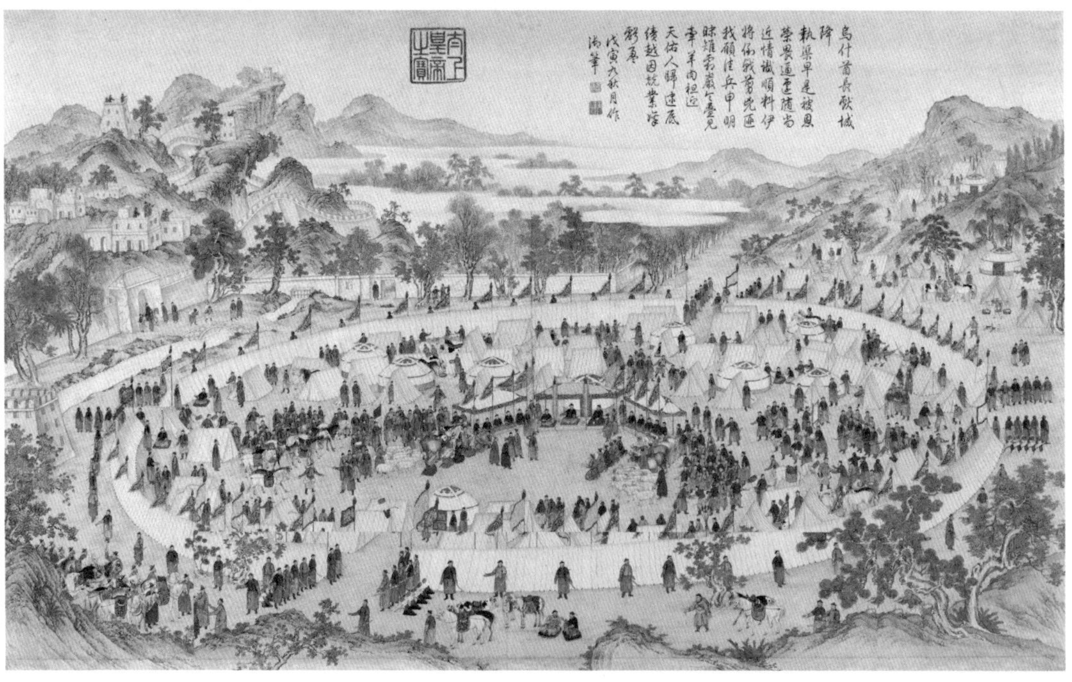

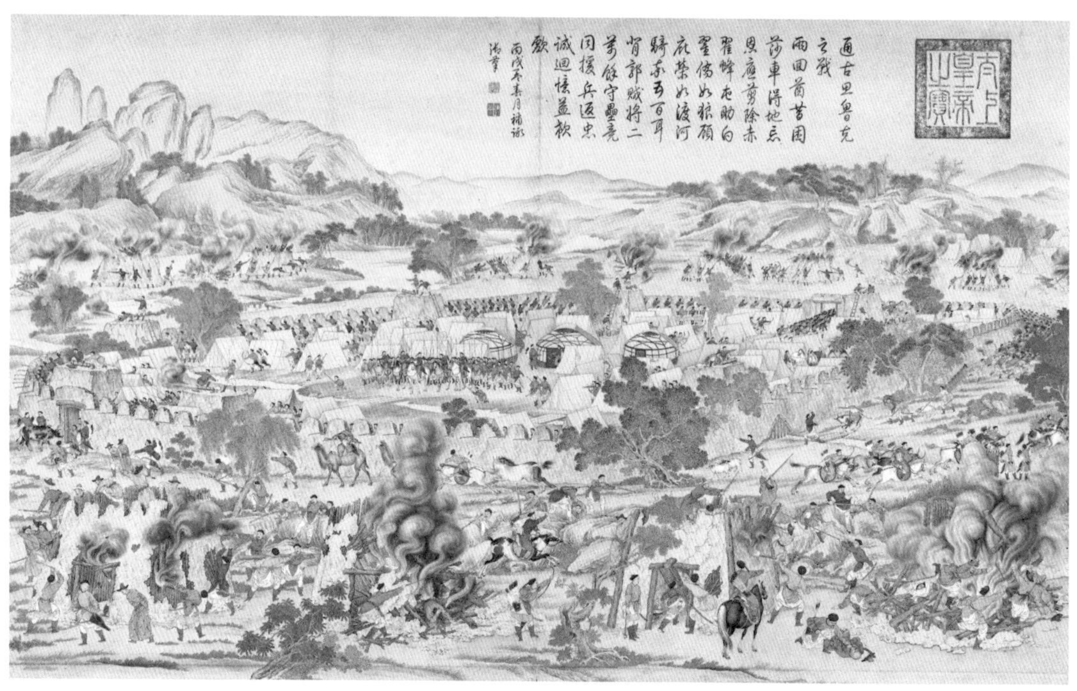
通古思魯克之戰
丙戌季春月補詠
御筆

霍斯庫魯克之戰
丙戌新正補詠
御筆

阿爾楚爾之戰
太上皇帝之寶

伊西洱庫爾淖爾之戰
太上皇帝之寶

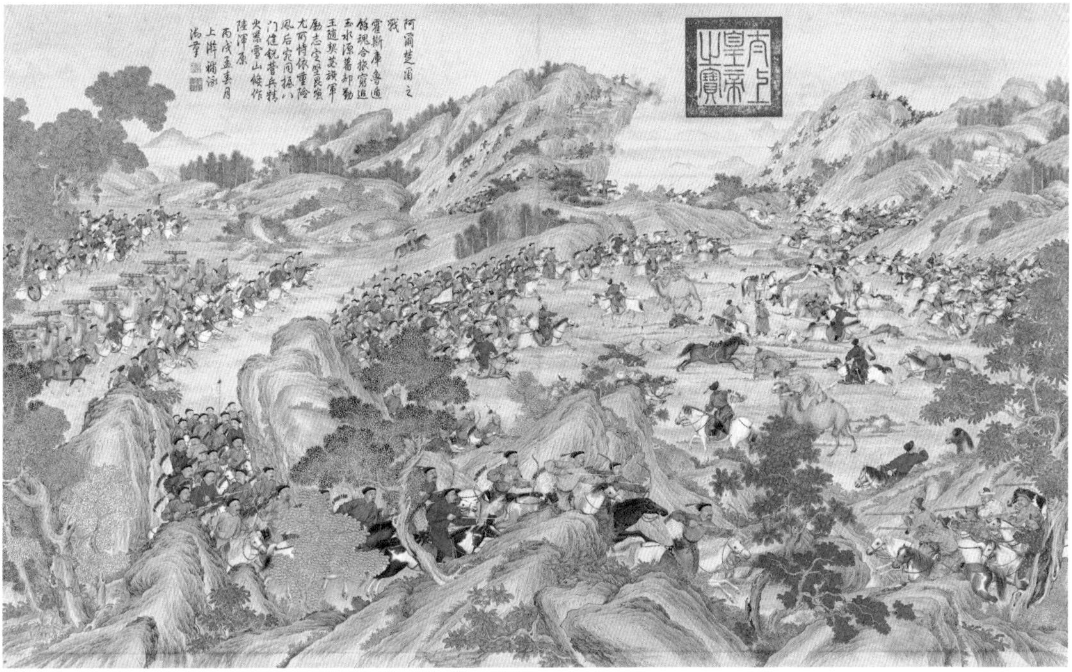

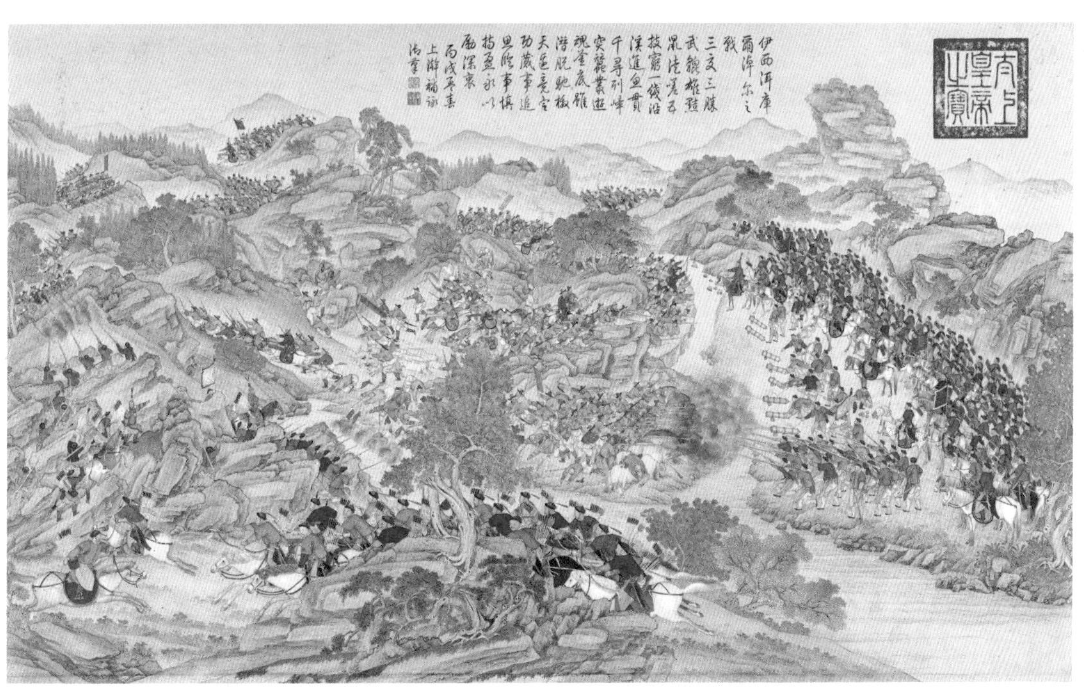

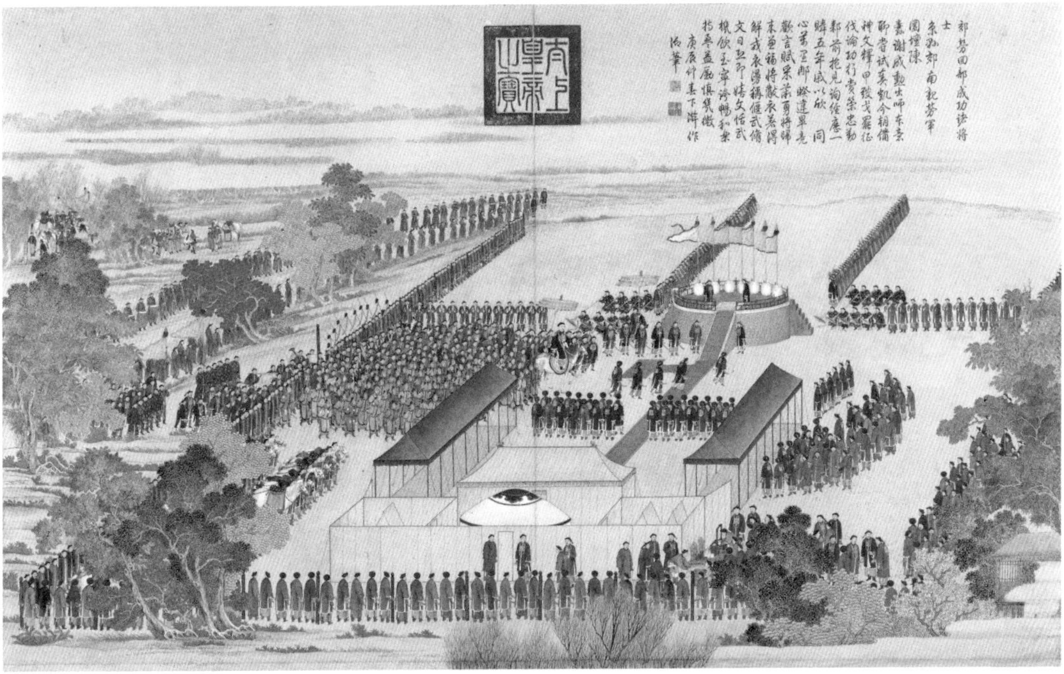

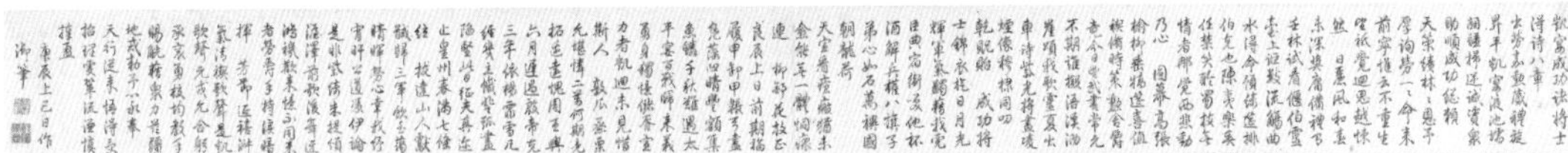

八国联军侵入故宫

八国联军发动侵华战争，清王朝战败，被迫签订《辛丑条约》，中国从此彻底沦为半殖民地半封建社会。

及守旧派的打压下，收效甚微。国家财政严重赤字，清王朝不可避免地走向灭亡。

1911 年（宣统三年），统治阶级与广大人民之间的社会矛盾已经激化到了极点。10 月 10 日晚，武昌起义爆发，革命军于 11 日攻取汉阳，12 日占领汉口。随后短短 2 个月内，湖南、广东等 15 个省相继宣告独立，脱离清政府的统治。1912 年 2 月 12 日，隆裕太后发布清帝退位诏书，清王朝宣告灭亡。1924 年，溥仪被驱逐出紫禁城。1925 年 10 月 10 日，故宫博物院宣布成立。

故宫博物院从成立之日起，就肩负着保护宫殿建筑、保管历史文物和图书档案，以及整理研究和陈列展览等职责。然而创建初期，正值民国乱世，军阀割据，战争频繁，中国社会 30 余年一直处于动荡之中。不仅故宫内文物的大量流失，让人无限惋惜；曾经富丽堂皇的宫殿，也由于战火损毁以及长期缺乏

奉
旨朕欽奉
隆裕皇太后懿旨前因民軍起事各省響應九夏沸騰
生靈塗炭特命袁世凱遣員與民軍代表討論大局
議開國會公決政體兩月以來尚無確當辦法南北
睽隔彼此相持商輟於途士露於野徒以國體一日
不決故民生一日不安今全國人民心理多傾向共
和南中各省既倡議於前北方諸將亦主張於後人
心所嚮天命可知予亦何忍因一姓之尊榮拂兆民
之好惡是用外觀大勢內審輿情特率皇帝將統治
權公諸全國定為共和立憲國體近慰海內厭亂望
治之心遠協古聖天下為公之義袁世凱前經資政
院選舉為總理大臣當茲新舊代謝之際宜有南北
統一之方即由袁世凱以全權組織臨時共和政府
與民軍協商統一辦法總期人民安堵海宇乂安仍
合滿漢蒙回藏五族完全領土為一大中華民國予
與皇帝得以退處寬閒優游歲月長受國民之優禮
親見郅治之告成豈不懿歟欽此
宣統三年十二月二十五日
內閣總理大臣臣袁世凱
署外務大臣臣胡惟德
民政大臣臣趙秉鈞
署度支大臣臣紹英假
學務大臣臣唐景崇假
陸軍大臣臣王士珍假
署海軍大臣臣譚學衡
司法大臣臣沈家本假
署農工商大臣臣熙彥
署郵傳大臣臣梁士詒
理藩大臣臣達壽

清帝退位诏书

宣统三年十二月二十五日（1912 年 2 月 12 日），由于溥仪年幼，隆裕皇太后便以太后名义颁布了《退位诏书》。溥仪退位，意味着自秦始皇以来历时 2100 多年的帝制的结束。《退位诏书》的起草人是清末民初实业家、教育家张謇。

维护修缮，已有多处建筑倒塌，就算未倒塌的建筑也大多墙皮脱落，砖瓦缺损。原本秀丽的园林，一度池水枯竭，荒草满地，破败不堪。

江头宫殿锁千门，细柳新蒲为谁绿？历史悠久的故宫也如同一艘年久失修的大船，在近代的滔天巨浪中风雨飘摇，似乎随时会沉没消逝。

# 第七节　故宫博物院的建设和开放

1912年溥仪退位后，紫禁城宫殿本应全部收归国有，但按照拟定的《清室优待条件》，溥仪退位后“尊号不变，民国政府待以外国君主之礼”，且被允许“暂居宫禁，侍卫人等照常留用”。封建帝制虽被废除，但溥仪以及原来的皇室大臣等却仍然堂而皇之地居住在皇宫里。溥仪仍旧发布“上谕”，以宣统年号纪年。溥仪和所谓的“侍卫”“大臣”们依旧穿戴清朝衣冠，宫内依然

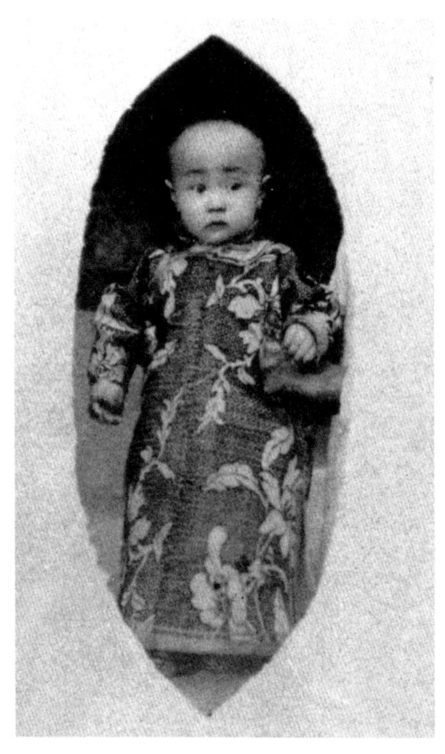

幼年溥仪像

爱新觉罗·溥仪（1906—1967年），清宣统帝。清朝末代皇帝，也是中国历史上的最后一个皇帝。1912年被迫退位，1931年九一八事变后做了伪满洲国的傀儡皇帝。日本投降后，被苏联红军俘虏，于1950年被押解回国，在抚顺战犯管理所改造，直到1959年被特赦，随后成为全国政协委员。1967年病逝，现葬于清西陵内的华龙皇家陵园。

清逊帝溥仪复辟时登基照

1917 年，在张勋和清朝遗老的策划拥护之下，溥仪重新登基，且举行了隆重的登基仪式。但在段祺瑞的讨伐下，这场复辟闹剧仅在维持了 12 天后便夭折。

留有内务府、慎刑司等机构。就这样，在号称民主共和的中华民国，因为这个不合理的《清室优待条件》和袁世凯出于“感念旧主恩德”的扶持下，紫禁城俨然成为一个独立的封建小朝廷。

在此期间，溥仪与旧臣们一直在暗中谋划复辟以及自己的后续出路。为了筹措所需资金，紫禁城中的大量国宝级文物被溥仪以各种名义盗出变卖。消息泄露后，引起社会各界人士的强烈愤慨。蔡元培等学者提议学习西方的博物馆教育法，将紫禁城中收藏的文物向公众开放展览。可惜在民国乱世之中，这个先进的建议如石沉大海，多年未得以实行。1917 年，军阀张勋拥立溥仪复辟，后被北洋政府制止。此次事件更加激发了整个社会对清室的抵制。

1924 年 10 月 23 日，冯玉祥发动“北京政变”，包围了总统府，迫使直系控制的北京政府下令停战并解除吴佩孚的职务，监禁总统曹锟，宣布成立“国民军”。政变成功后，在冯玉祥的授意下，摄政内阁通过了《修正清室优待条件》，废除溥仪帝号，将清室驱逐出紫禁城；紫禁城中的藏品，明确规定一切公产归国民政府所有。这场“国中之国”的闹剧才终于结束。

11 月 7 日，政府发布公告，将组织“清室善后委员会”，专门负责紫禁城中藏品的清点、保管和后续展出工作。消息传至清朝遗民耳中，他们竟向当时执政的段祺瑞进言，提出古物不分时代，清廷发现即为清室所有的荒唐主张。一些清朝旧臣更是公然主张不要成立“清室善后委员会”，而应设置“清宫管理处”，紫禁城中藏品全由长期偷盗、倒卖文物的清室保管。这实在是痴心妄想。

11 月 20 日，“清室善后委员会”正式宣告成立，委员 10 人，北京大学教授李煜瀛任委员长。“清室善后委员会”的成立被后世称为“故宫博物院之第一步”。当天，“清室善后委员会”通过了《点查清宫物件规则》，对清点工作的人员分配、各类藏品的登记造册、清点报告的发布时间等做了详细规定。但这项意义重大的工作还未开始，就遇到了巨大的阻力。清室的代表（自绍英以下 5 人）拒不承认“清室善后委员会”的合法职权，段祺瑞也与清室沆瀣一气，发出公函阻止委员会清点紫禁城藏品。

委员会的先辈们顶住了段祺瑞政府和清室旧臣的压力，坚持按照 11 月 20 日会议的安排，于 23 日上午集合准备开始清点工作。由于当天部分军警长官畏惧段祺瑞政府的压力没有到场，于章程不合，清点工作没能实行。对于这些人，委员们分别登门，以民族大义劝谏。24 日，所有人终于到齐，首次清点工作正式开始。

此时，受邀北上的孙中山也表明了自己的态度：修改《清室优待条件》，请溥仪出宫，合乎情理。孙中山还列举了大量事实证据，揭露了溥仪退位后在紫禁城居住期间，违反《清室优待条件》，阴谋复辟、倒卖文物等种种恶行，对委员会的工作明确表示支持。因此，段祺瑞政府不敢再暴力阻挠委员会行使职权，清点工作得以顺利进行。

在进行清点工作的同时，委员会还成立了博物馆筹备会，开始筹备博物馆的展览工作。第一次清点工作历时将近 1 年，初步清点完成后，委员会出版了《清室善后委员会点查报告》，为皇宫向博物馆的转变发挥了巨大推动作用。

1925 年 10 月 10 日，故宫博物院正式建立，对外开放。作为皇宫禁地 500

余年的紫禁城，终于向广大人民敞开了大门。

蒋介石执政时期，定都南京，以重庆为陪都，北京的政治地位下降。故宫因此长期缺乏维护，逐渐变得破败不堪。

1949年10月1日，中华人民共和国在北京宣告成立，故宫终于迎来了新的生机。由政府拨款，在院长吴仲超的主持下，对故宫进行了全面的修缮工作。除了清理垃圾杂草、翻修倒塌建筑、重新整理藏品这些基础工作，还设立了专门的古建筑维护及文物保管部门，进一步健全了故宫管理的规章制度。此外，故宫还不断征集民间文物，扩充馆藏。1958年，出版了《故宫博物院院刊》。1961年，国务院颁布故宫为全国重点文物保护单位。在此期间，故宫博物院共举办文物展览116次，直至1966年“文化大革命”发动后，被迫停止开放。

1971年，故宫博物院得以重新开放。1979年，改革开放的春风给沉寂多年的故宫注入了新的活力，《故宫博物院院刊》复刊。此后，随着各界专家学者的不断努力，与故宫相关的学术论著如雨后春笋般不断涌现。1987年，联合国教科文组织将故宫列为世界文化遗产。

21世纪以来，故宫博物院长盛不衰，来访游客数量年年递增。2014年11月23日，故宫吉祥物：龙“壮壮”和凤“美美”在厦门首度对外亮相。这对吉祥物体现了“龙的精神，凤的内容”，丰富了故宫博物院的文化形象，是新时代对中华民族传统文化传承的代表作品。据统计，从2012年1月到2018年6月，故宫博物院接待国内外参观者数量已超过1亿人次。

2020年，故宫迎来了它建立以来的第六百个年头；9月10日，“丹宸永固——紫禁城建成六百年”展览开幕，向观众们介绍了故宫悠久的历史、宏大的布局、精妙的工艺、丰富的文物和有趣的宫廷故事。如今，600余岁的故宫历久弥新，向全世界展示着中国深厚的文化底蕴。

# 第二章 一横一纵贯坤舆

## 第一节　明清故宫的位置与规模

天有紫微星，地有紫禁城。依照中国古代的天文学说，星官可划分为“三垣二十八宿”。紫微垣是三垣的中垣，居于北天中央，众星环绕。孔子曰：“为政以德，譬如北辰，居其所而众星共之。”因此，自称“受命于天”“有德之君”的明清两代皇帝，自然也把皇宫建立在都城中央位置，被群臣吏民所拱卫。不过，“中央”的定义，要考虑政治、经济、军事等多方面的需求，并非绝对的几何中心。

明代紫禁城是在元大都的皇宫遗址上建设的，但基于战略需要，又进行了多方面的改良。明初的北方边境并不太平，常年受到蒙古（元）残余势力的侵扰。而元代皇宫遗址所在的位置过于靠近边境，缺乏足够的缓冲空间，不利于抵御蒙古骑兵的南下入侵。所以，永乐年间初建皇宫时，便将城址整个南移，建立在北京城中心偏南的位置，背靠万岁山（今景山），面向金水河。由于时间和经济的限制，当时只修建了皇城和内城，并未修建外城。这时北京城的建筑布局与古人理想中完美的帝都形制相比，还差着一段距离，且在抵御游牧民族南下方面的功能上也存在着不足。

嘉靖年间，蒙古俺答汗频繁出兵侵犯北方边境。嘉靖二十九年（1550 年），俺答汗亲率大军兵临北京城下，史称“庚戌之变”。因北京城“未为王制”，明世宗朱厚熜早就有意修建外城，但由于国家财力不足，迟迟未予动工。“庚戌之变”后，又有大臣提议修筑外城以加强城防，明世宗当即照准。嘉靖三十二年（1553 年），北京的南侧外城修筑完成，将南方大片土地划入城区，因此紫禁城的相对位置变成了在城中心偏北一些。明代晚期政府财力枯竭，无力再修筑剩余的三面外城。清朝统治时期也未对外城进行增建，因此紫禁城的相对位置也就没有再发生变化。

明世宗朱厚熜

1507—1567 年，兴献王朱佑杬之子，明武宗朱厚照堂弟，明朝第十一位皇帝，年号嘉靖。

紫禁城严格按照《周礼·考工记》中帝都的营建原则“前朝后市，左祖右社”的规制建造。紫禁城正前方区域称为外朝，是皇帝举行大典以及百官朝见皇帝、商议国政的场所。

明代时，紫禁城后方有一个特许在皇城之内为宫廷服务的交易市场，称为“内市”，每月初四、十四日、二十四日开放交易。由于购物者多为皇亲贵族，“内市”中的商品档次也很高，多为优质丝绸、貂皮、鹿茸、犀角、象牙以及各类珍宝、古董等。据《明史》记载，明武宗朱厚照常年不理朝政，荒嬉无度，工科给事中潘埙曾上书劝谏他关闭“内市”：“阛阓骈阗，内市安用？”这也从侧面反映了当时“内市”的豪奢。

紫禁城的左面为太庙，于永乐十八年（1420 年）建成，占地 13.9 万平方米。太庙是明清两代皇帝祭祀先祖的场所，长期供奉本朝历代皇帝的神位。自永乐十八年建立太庙以来，一直为合祀，直到嘉靖年间才有所改变。

明世宗朱厚熜是明宪宗朱见深之孙，兴献王朱祐杬之子。朱厚熜 13 岁的时候，父亲去世，开始承袭兴献王位。正德十六年（1521 年），明武宗朱厚照去世，没有留下后嗣。慈寿皇太后和大学士杨廷和商议后，决定迎兴献王朱

## 太庙与社稷坛

选自日本冈田玉山等编绘的《唐土名胜图会》。太庙是供奉皇家历代列祖列宗的宗庙，社稷指的是社神（土地神）和稷神（五谷神），社稷合称，代指国家。社稷坛则是祭祀社神和稷神的场地，祈求国泰民安。太庙和社稷坛分别在紫禁城的东边和西边，是按照《周礼·考工记》的“左祖右社”而布局的。

太庙　明清皇帝祭祖的地方。

社稷坛

厚熜入京为帝。朱厚熜即位后，追尊自己的父亲朱祐杬为兴献帝，并一直想让身为藩王的父亲进入太庙接受供奉。但依明太祖朱元璋定下的制度，太庙最多供奉 9 个神位，而当朱厚熜即位时，太庙中的神位已满。于是，在嘉靖十四年（1535 年），朱厚熜将太庙一分为九，改合祀制度为分祭；嘉靖十五年（1536 年），按照“亲尽则祧”的原则，将明仁宗朱高炽的神位移至太庙后的偏殿，而将自己父亲的神位供奉于太庙中。九庙的形制一直沿用了明清两代。中华人民共和国成立后，太庙被辟为北京市劳动人民文化宫，并正式对外开放。

紫禁城的右面为社稷坛，用于祭祀土地神和五谷神，祈求风调雨顺、五谷丰登。最初，土神和谷神的祭坛是 2 座，分别为太社坛、太稷坛。洪武十年（1377 年），明太祖朱元璋认为社稷分祭，配祀不当，下交礼部官员商议。最终议定社稷二神适宜共同祭祀，于是将两坛合二为一，在皇宫午门右边重新建造了社稷坛。永乐年间营建北京城时，也依照这项制度，在元代万寿兴国寺的基础上修建了社稷坛，并沿用了明清两代。辛亥革命后，清王朝灭亡，社稷坛被辟为中央公园。1925 年，中国民主革命的伟大先驱孙中山先生病逝，曾于社稷坛拜殿停放灵柩，举行公祭。1928 年，为纪念孙中山先生，中央公园改名为中山公园，原来的拜殿被称为中山堂。

紫禁城整体的平面布局为矩形，南北长 961 米，东西宽 753 米，城围 3428 米，占地面积约 72.36 万平方米；宫城中总建筑面积约 17 万平方米，以外朝三大殿和内廷后三宫为中心，各类大小宫殿共计 70 余座；在宫殿区的外围，还有很多附属建筑，以作为仓库、侍卫值班房、御用厨房等，房屋共计 9000 余间。紫禁城代表着封建统治时期最高的建筑水平，也是封建礼制在建筑上最直接的体现，其形制之高、规模之大、建筑之美，世所罕见，堪称中国建筑史上的瑰宝。

## 第二节　宫墙、城门、角楼与护城河

封建时期的紫禁城，宫墙高大，戒备森严。故宫四面禁垣总长为 3428 米，墙高 9.9 米，横截面为梯形，底部最宽处可达 8.62 米，顶部的宽度也有 6.66 米，内外两侧各向中间收拢 0.96 米，结构非常稳固。宫墙地基是由多层灰土和碎砖层层夯实的，上铺 15 厘米厚的衬脚石。内外两侧，由 4 层大城砖砌成，并用白灰浆和江米汁混合后灌注缝隙，每侧宽度约为 2 米；墙体的中间部分，用黄土填充夯实。如此层层堆砌、填充，最终铺砖封顶。

内外两侧最外层的面砖砌筑时，采用了极为费时费力的高级建筑工艺——磨砖对缝。即先用磨器把城砖砍磨成需要的形状，砌墙时城砖干摆，不抹泥灰；砌好几层后，以江米浆为黏合剂，使砖的缝隙弥合，待江米浆干后，再继续往上砌。这样砌成的宫墙，表面光滑平整，严丝合缝。宫墙所用的面砖都是山东临清砖窑的澄浆砖，长 48 厘米，宽 24 厘米，厚 12 厘米，且硬度很高。即使是熟练的建筑工人，一天也只能磨 20 块左右的城砖，而整个宫墙所用的面砖有 1200 多万块，足见工程的浩大。

宫墙封顶之后，还在外侧砌筑了城防所用的堞墙。堞墙高 1.34 米，厚 0.37 米，辟有“凹”字形的垛口；垛口之间，还留有方形瞭望口。宫墙内侧，砌筑有宇墙。宇墙也是由城砖砌成，城砖顶部铺檐砖，檐砖上铺琉璃披水条，琉璃披水条上盖脊瓦。宇墙下每隔 20 米，留有一条排水沟。宫墙顶部并非水平，而是留有一定的坡度，便于雨水从宇墙流下，通过排水沟再流入护城河，可以避免宫城内积水。

四面宫墙之上，辟有 4 座城门，分别是午门、神武门、东华门、西华门。每座城门上方都建有门楼。城楼高度超过 30 米，楼顶均采用最高等级的重檐

午门

图片节选自 1927 年出版的《燕京胜迹》，中国国家图书馆藏。
午门是故宫也就是紫禁城的正门，始建于明朝永乐十八年（1420 年）。午门因居中向阳，位居子午，故称为午门。

午门

内金水河与太和殿

金水河又称筒子河、护城河，流经故宫内的称为内金水河，流经天安门前的称为外金水河。古人把金木水火土五行和五方位联系在一起，此河的源头来自西方，对应的是“金”，故称金水河。金水河不仅美化了故宫环境，而且还起到灭火、引水排水的作用，一举三得。

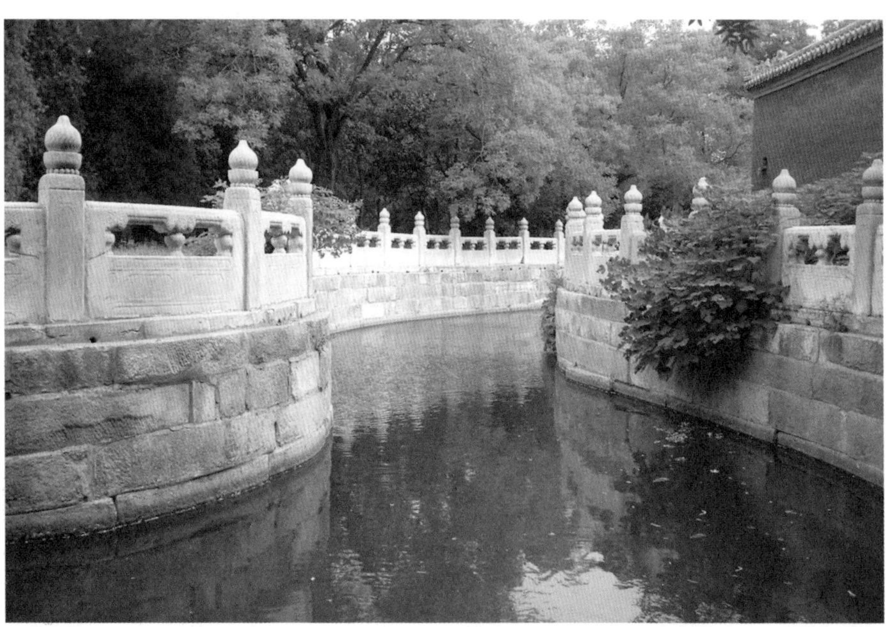

内金水河

庑殿顶，5 条屋脊（1 条正脊和 4 条垂脊），四面斜坡，上覆黄色琉璃瓦。城楼下方为墩台，墩台中间是砖石砌成的券门，两侧有通往城楼和宫墙顶部的马道，马道外侧还有与宇墙相连的扶手墙。清代在四门之外，还设有下马碑，以满、汉、藏、蒙、维五族文字镌刻了“官员人等至此下马”。

午门位于南面宫墙之上，是紫禁城的正门。古人以“子”为正北，以“午”为正南，午门因此得名。午门的位置非常重要，皇帝亲征以及祭祀太庙、社稷坛，都是从这儿出入。因此，午门的高度是最高的，达到了 37.95 米，规模也明显大于其他 3 门。午门的城楼格外宽大，面阔 9 间，进深 5 间，寓意“九五至尊”；两侧各有廊庑 13 间，成雁翅形向左右伸展，两端还各有一座重檐攒尖顶阙亭（明代时为盝顶阙亭，清代重建时改为攒尖顶）。午门的墩台高度也达到了 12 米，整体为“凹”字形，中间开有 3 个券门，两侧各有一个掖门，所以旧时有“明三暗五”的说法。正中央的券门为皇帝专用，左侧券门供文武百官出入，右侧券门供皇室亲属出入。两侧的掖门平时关闭，只有在举行大型活动时才开启。午门前三面城台相连，中间留有一个大广场，整个建筑群错落有致，气势恢宏，展示着皇家的威严。

东华门和西华门，分别位于紫禁城东西两侧的宫墙上。东、西华门对应皇城的东、西安门，是连接皇城与宫城的交通枢纽。为便于外朝交通以及降低外部人员进出对内廷生活的影响，东、西华门并不在紫禁城城垣正中，而是在三大殿的中轴线上。清代时，东、西华门匾额上的文字为满、蒙、汉 3 种，后减为满、汉 2 种。辛亥革命推翻帝制后，匾额上只留汉字。东华门底部为汉白玉须弥座，上筑红色墩台，墩台中间开有 3 个券门；墩台上筑城楼，汉白玉栏杆基座，重檐庑殿顶。清代时，东华门主要供内阁官员出入，乾隆中期时也曾特许年长的一二品大员通行。皇室一般不走东华门，仅死后的棺椁由东华门运出。西华门形制与东华门相同。西华门外，是皇家园林西苑，附近还有多个园林。皇室出宫到西郊园林游览，以及游览后回宫，都是从西华门进出。

神武门位于北面宫墙之上，是紫禁城的后门，明代称玄武门。清代时，为避康熙皇帝爱新觉罗·玄烨讳，改称神武门。神武门同样是以汉白玉须弥座为基，上筑墩台，开有 3 个券门；墩台上筑城楼，重檐庑殿顶，檐下悬挂“神武门”匾额，书满、汉 2 种文字。神武门主要供后宫人员出入。明清两代皇后率众嫔妃到先蚕坛祭祀蚕神、行亲桑之礼时，即从此门出宫。清代选秀女时，备选者也从此门入宫。

紫禁城宫墙的四个角上，还分别建有一座角楼，以供登临眺望，也是皇宫防卫系统的一部分。角楼整体高 27.5 米，底部为须弥座，上建方亭，方亭四面各有抱厦 1 间。每座角楼有 3 层檐，72 条脊，错落有致，在保证功能性的同时，也有不错的装饰效果。角楼与宫墙和谐呼应，完美地融入了紫禁城建筑群中。

宫墙外，就是紫禁城的护城河——金水河，俗称筒子河。四象之中，西方白虎属金，金水河的“金”字，说明了河水的源头。据《元史》记载：“金水河源出玉泉山，流入皇城，故名金水。”这里提到的玉泉山，就在如今北京西部的海淀区。金水河宽 52 米，最深处达 6 米，河堤上下几乎垂直，由大块条石垒成，坚固稳定。清代时，金水河内侧密布守卫，戒备森严。金水河的主要功能是排出宫城中的积水。清代时，宫人曾在河中种植莲花，对皇宫周边环境也具有一定的美化效果。

## 第三节　外朝三大殿

外朝，是皇帝举行朝会，与文武百官商议国政的场所。外朝以中路的太和、中和、保和三大殿为主，武英、文华 2 座偏殿为辅翼，并设内阁等办公机构。

穿过午门进入宫城，迎面便是三大殿的前引——太和门。太和门是外朝的正门，面阔 9 间，进深 4 间，占地 1300 平方米，是紫禁城中规模最大的一座宫门。太和门建筑底部为汉白玉基座，雕梁画栋之上为重檐歇山顶。明代所铸的 1 对铜狮、4 尊铜鼎，分列在门前两侧。

依照明太祖朱元璋定下的“御门听政”制度，明代皇帝早朝，百官朝拜皇帝、商议国政，就是在太和门中。

太和门后，依次是太和、中和、保和三大殿，三大殿都建在三台之上。所谓“三台”，是指上、中、下三层的汉白玉须弥座台基。台基平面为“工”字形，面积足有 25000 平方米，高达 8.13 米，周围环绕有汉白玉栏杆。栏杆下方有排水沟，出水口饰有石雕螭首。每逢雨季，三台上的雨水从螭首中流出，会形成“千龙吐水”的奇观。

三大殿之中，又以太和殿等级最高、规模最大。太和殿于明永乐十八年（1420 年）建成，最初称奉天殿，嘉靖时重修后更名为皇极殿，清顺治时改为太和殿。太和殿的高度为 26.92 米，面阔 11 间，进深 5 间，总建筑面积达 2377 平方米。殿前为丹陛，俗称月台，即一宽阔的平台。台上有日晷、嘉量各 1 尊，寓意皇帝为天下仪表；铜鹤、铜龟各 1 对，象征着吉祥长寿；铜鼎 18 座，象征着至高无上的皇权。

殿外朱红色的漆柱上，是绘有和玺彩画的梁枋，梁枋上方为密集的斗拱，斗拱上托着金碧辉煌的重檐庑殿顶，屋顶全由黄色琉璃瓦覆盖。正脊两端，各

太和门广场及金水桥

太和殿内景

太和殿宝座

保和殿宝座

有一个巨大的鸱吻。鸱吻由 13 块黄色琉璃件组成，高 3.4 米、重约 4.3 吨。每条垂脊之上，安放着龙、凤、狮、天马、海马、押鱼、狻猊、獬豸、斗牛、行什共 10 尊神兽，龙的前方还有 1 尊骑凤凰的仙人，均为琉璃材质。

殿内金砖铺地，正中为金漆御案和宝座。御案两侧，设有宝象、甪端、仙鹤、香亭各 1 对，象征江山永固，吉祥长寿。宝座两侧排列有 6 根直径 1 米的巨柱，柱身有沥粉贴金工艺绘制的云龙图案。宝座正上方为向上隆起的藻井，藻井正中雕有口衔宝珠的蟠龙，周围是绘有金龙图案的井字天花。宝座后有屏风，屏风上方悬挂"建极绥猷"大匾，为乾隆皇帝御笔书写（原匾已丢失，现存匾额是专家依《清朝皇室写真》中旧照片复制的）。至高无上的建筑形制和精妙绝伦的装饰工艺，使太和殿在中国古代宫殿建筑中独占鳌头。

太和殿也是皇帝举行大典的场所，皇帝登基、大婚、寿诞以及重大节日的庆典，科举殿试（乾隆五十四年，1789 年）、公布皇榜、大军出征等大型仪式，都在这里举行。

太和殿后即为中和殿。中和殿于明永乐年间建成，最初称华盖殿，嘉靖时重修后更名为中极殿，清顺治时改为中和殿。中和殿为明堂形制，与另两殿有明显的不同。大殿整体为方形，面阔、进深各为 3 间，四面出廊，建筑面积 580 平方米，规模大约只有太和殿的 1/4、保和殿的 1/2，但装饰也极为豪华。中和殿四面开门，正面有朱漆槅扇门 12 扇，三交六椀棂花样式；东、北、西 3 面，各有朱漆槅扇门 4 扇。东西门前各有石阶 1 处，南北门前各有石阶 3 处，中间为御路，饰有云龙浮雕。大殿屋顶为单檐攒尖式，每条垂脊安放脊兽 7 尊，外檐饰有金龙图案的和玺彩画。殿内铺金砖，设地屏宝座，宝座后上方悬挂"允执厥中"匾额，也是乾隆皇帝御笔书写。天花板有沥粉贴金的云龙图案，内檐同样有金龙和玺彩画。

到太和殿举行大典前，明清两朝的皇帝会在中和殿休息，接受内阁、礼部、内务府等执事人员的参拜。大型祭祀活动前一天，皇帝会在中和殿阅视祝文；到先农坛祭祀农神，行"籍田"之礼前，还要在此查验种子和农具。此外，玉牒（即皇族族谱）每 10 年编修一次，每次编修完成后也会送到中和殿，供皇帝御览。为皇太后上尊号时，皇帝也在此阅视奏疏。

最后一座大殿是保和殿。保和殿于明永乐年间建成，初名谨身殿，嘉靖时重修后更名为建极殿，清顺治时改为保和殿。保和殿高度为 29.5 米，面阔 9 间，进深 5 间，建筑面积 1240 平方米。屋顶为黄色琉璃瓦覆盖的重檐歇山顶，上下檐均为斗拱结构，内外檐均饰有金龙图案的和玺彩画。正脊两端有琉璃鸱吻，每条垂脊安放琉璃脊兽 9 尊。殿内金砖铺地，中间设金漆宝座，雕镂龙纹。宝座后悬挂“皇建有极”匾额，同为乾隆皇帝御笔。

明代时，到太和殿举行大典前，皇帝常在保和殿更换朝服。清初，顺治皇帝和康熙皇帝都曾在保和殿长期居住。每年除夕、上元节，皇帝会在保和殿设宴，宴请王公大臣。年末时，宗人府、吏部会在保和殿编修黄册。乾隆五十四年（1789 年）后，科举殿试也在保和殿举行。

## 第四节　文华殿与武英殿

中路三大殿东西两侧，分别为文华殿、武英殿。两殿均为明永乐年间建成，清代时又多次修缮，但建筑形制基本保持原状。

东侧为文华殿。明代初期时，文华殿作为便殿，供皇帝休息消闲。明代天顺、成化年间，文华殿一度成为“太子视事之所”，储君即位之前，都在文华殿学习经史，处理简单的政事。当时朝廷设有文华殿大学士一职，专门辅导太子读书。依古代“五行”学说，东方青龙属木，对应四时中的春季、五色中的绿色，促进万物生长，故太子多居东宫。为附和“五行”学说，在此期间文华殿的屋顶均覆绿色琉璃瓦，希望太子在此顺利成长为合格的帝王。

宣德十年（1435 年），明宣宗朱瞻基驾崩，长子朱祁镇即位，是为明英宗。当时，朱祁镇年幼，杨士奇、杨荣、杨溥 3 位重臣执政。为尽快培养朱祁镇处理政事的能力，“三杨”上疏请开经筵，于春秋两季每月初二、十二日、二十二日，在文华殿为皇帝讲经论史。此后明朝历代太子也大都年幼，没有参与政事的能力，文华殿作为“太子视事之所”长期空置，便逐渐发展为皇帝举行经筵专用的场所。殿区东侧，还有一座传心殿，内设伏羲、神农、轩辕、尧、舜、禹、汤、文、武、周公、孔子牌位，皇帝举行经筵的前一天，要在此行祭告礼。

明朝中后期，数位皇帝荒嬉无度，常以身体不适或严寒酷暑为由逃避经筵，文华殿和传心殿因此长期闲置。嘉靖十五年（1536 年），文华殿被重新改为皇帝便殿，屋顶也换成了黄色琉璃瓦。两年后，又在文华殿后增建了圣济殿。明朝末年，李自成被迫离开北京时，下令放火焚毁紫禁城，文华殿毁于火灾。清康熙二十二年（1683 年）重建文华殿，沿用明代形制。

文华殿鸟瞰

武英殿

清朝入关后，统治者吸取了前朝经验，对经筵制度较为重视。每逢春秋仲月，皇帝都要到传心殿祭告圣贤，然后在文华殿听经筵讲官讲授经史。当时，经筵讲官通常由翰林出身的大臣兼任，如大学士、尚书、左都御史、侍郎等。讲官共设 16 名，满汉各 8 名，分别讲授“经”和“书”。讲授完毕之后，皇帝还要根据讲授的内容，总结自己的学习心得，撰写御论。经筵结束后，皇帝通常会在东西配殿为讲官赐茶、赐座。此外，科举殿试之时，阅卷工作也在文华殿进行。乾隆年间，仿效浙江宁波范氏天一阁，在文华殿后圣济殿遗址上修建了文渊阁，用于储藏《四库全书》。

如今的文华殿殿区由文华门、前后殿和东西配殿组成，整体平面为“工”字形。自午门进入紫禁城，穿过协和门到外朝东路，便可看到文华门。文华门中甬路直通前殿。前殿就是文华殿，坐北朝南，面阔 5 间，进深 3 间。殿基为须弥座，围绕有汉白玉栏杆。明间开 6 扇门，次间、梢间各开 4 扇窗，均为朱漆，三交六椀菱花槅扇样式。门窗上方是绘有和玺彩画的梁枋，繁复的斗拱上托着歇山式屋顶，顶上覆黄色琉璃瓦。殿内铺彩色瓷砖，梁枋、天花板均绘有

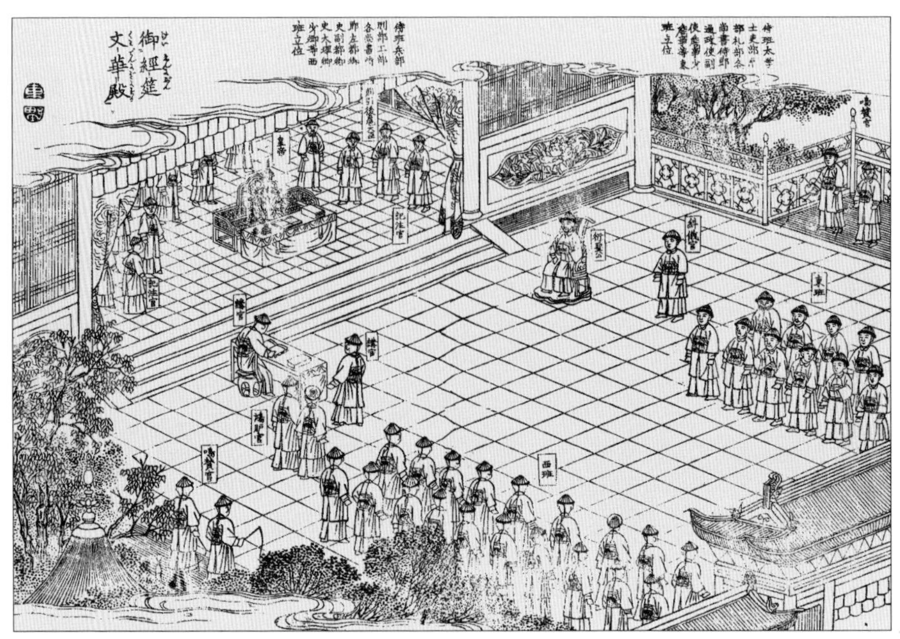


文华殿御经筵

选自日本冈田玉山等编绘的《唐土名胜图会》初集。经筵，是指皇帝亲自参加讲习，由讲官为帝王讲论经史等内容。

和玺彩画。通过前殿北侧穿廊，可到达后殿。后殿被称为主敬殿，进深稍浅，形制与文华殿类似。东配殿为本仁殿，西配殿为集义殿。

西侧为武英殿。明代初期，武英殿是皇帝斋戒的别居，也经常在此召见大臣。《明史》“三杨”的列传中记载，永乐五年（1407 年），杨荣奉命到山西视察军务，详细考察了当地的地理环境、城池守备和军民生活情况，回来时就在武英殿向明成祖朱棣报告。当时正值酷暑，朱棣听完杨荣的报告后龙颜大悦，亲手切瓜给杨荣吃。明代中后期，斋居和召见活动逐渐转移至文华殿。

明末崇祯年间，曾在武英殿为皇后举办千秋节（生日），命妇（受皇帝封诰的二品以上的大臣的妻子、母亲）及后宫妃嫔，都到此跪拜朝贺。崇祯八年（1635 年），农民起义在各地相继爆发，明军多次溃败。为此，崇祯皇帝在十月初下“罪己诏”，搬到武英殿居住，并削减自己的饮食，停止演奏音乐，以示自己与将士同甘共苦。崇祯十一年（1638 年），抗清名将卢象升率军救援北京，崇祯皇帝还曾在武英殿召见他。崇祯十七年（1644 年），起义军领袖李自成攻入北京，曾于武英殿处理军务；自立为大顺皇帝时，还曾在武英殿举行即位仪式。之后，李自成兵败山海关，离开北京时下令焚烧紫禁城，而武英殿得以幸免。

清顺治元年（1644年），睿亲王多尔衮率清兵入关。当时，顺治皇帝年幼，多尔衮摄政，进入北京后曾在武英殿处理军务。之后一段时间，武英殿变为举行小型朝贺、赏赐功臣的便殿。康熙八年（1669年）正月到十一月修缮乾清宫，其间康熙皇帝一直在武英殿居住。康熙十九年（1680年），武英殿的左右廊房被改为修书处，用于刊印、装订书籍，在武英殿刊印的书籍，被称为"殿本"。此后很长一段时间，武英殿作为皇家书局，刊印了大量精美书籍。乾隆年间修《四库全书》，曾在《永乐大典》中辑选138种书籍，在武英殿刊印，称为《钦定武英殿聚珍版丛书》。嘉庆年间清查宫内存书，完本都储藏于武英殿中。道光二十年（1840年）后，武英殿刊印的书籍很少，书局已名存实亡。同治八年（1869年）、光绪二十八年（1902年），武英殿2次遭受火灾，殿中珍藏书籍、版片几乎全毁。

与文华殿殿区对应，武英殿殿区也是由武英门、前后殿和东西配殿组成。自午门进入紫禁城，穿过熙和门到外朝西路，便可看到武英门。武英门中甬路直通前殿。前殿名曰武英殿，坐北朝南，面阔5间，进深3间。装饰也与文华殿类似，须弥座殿基，三交六椀菱花槅扇门窗，绘有和玺彩画的梁枋，覆有黄色琉璃瓦的歇山式屋顶。经前殿北侧穿廊，可至后殿。后殿名曰敬思殿，形制与武英殿类似，曾储藏武英殿所用版片及刊印未发的书籍。东配殿为凝道殿，西配殿为焕章殿，左右廊房共计63间。武英殿南侧还有3间专门存放历代皇帝画像的小殿，在多次火灾中得以幸免，仍保存着明代时的建筑架构和装饰彩画，对研究明代古建筑形制具有重要意义。

## 第五节　内廷后三宫

内廷指的是紫禁城的后半部分，主要供皇帝及其家属日常居住，大致可分为 6 个区域：以中路后三宫（乾清宫、交泰殿、坤宁宫）为主体的早期皇帝、皇后寝宫区；东六宫和西六宫为妃嫔寝宫区；自雍正时期起，以养心殿为主体的皇帝寝宫区；以宁寿宫为主体的太上皇寝宫区；以慈宁宫、寿康宫为主体的太后、太妃寝宫区；以毓庆宫为主体的皇子寝宫区。

保和殿后方，便是紫禁城内廷的正宫门——乾清门。乾清门是一座屋宇式大门，建筑在汉白玉须弥座台基上，面阔 5 间，进深 3 间，单檐歇山式屋顶，上覆黄色琉璃瓦，檐下梁枋及内部井字天花板上均绘有和玺彩画。门前有石阶 3 处，中间为巨大的御路石，长 16.57 米，宽 3.07 米，厚 1.7 米，重量超过 200 吨，表面有云龙图案浮雕。御路石两侧各有 1 尊铜质鎏金狮子。中间开 3 道朱漆大门，门两侧为宽大的八字形琉璃影壁，壁心及岔角均饰以彩色琉璃花。

乾清门于明永乐十八年（1420 年）初建，明末乱世中焚毁，清顺治十二年（1655 年）重建。明代时，乾清门仅作为通道，沟通外朝和内廷。清代初年，“御门听政”自太和门移至乾清门，乾清门逐渐开始承担一些行政功能。之后一段时间，皇帝祭祀前的斋戒仪式也会在乾清门举行。

沿着乾清门内的高台甬路继续往里走，就到了乾清宫前的月台。月台前方为 4 座鎏金香炉，台上设有日晷、嘉量各 1 尊，铜龟、铜鹤各 1 对，与太和殿前的相比要小一些。在内廷所有建筑之中，乾清宫的等级最高、规模最大、装饰最豪华。乾清宫高 20 余米（不含台基），面阔 9 间，进深 5 间，建筑面积 1400 平方米。正面看过去，汉白玉的台基上矗立着 10 根朱漆大柱，柱上是沥粉贴金双龙和玺彩画的梁枋。梁枋上面是两层密集的斗拱，下层为单翘单昂五踩斗拱，上层为单翘双昂七踩斗拱，两层斗拱上托着的是重檐庑殿顶。屋顶上覆黄色琉璃瓦，檐角置琉璃脊兽 9 尊。走近一些，可以看到极具传统风格的三交六椀菱花槅扇门窗。

打开槅扇门进入大殿。殿内铺金砖，明间设宝座，宝座上方悬挂“正大光明”匾，后方两金柱间设有屏风。殿内梁枋同样绘有金龙和玺彩画，天花板饰以蟠龙图案彩画。东西两次间与明间相通，东西两梢间为暖阁，两尽间为穿堂形式，通往北侧交泰殿。

明永乐到清康熙年间，乾清宫一直作为皇帝的寝宫。康熙五十二年（1713 年）、六十一年（1722 年），康熙皇帝曾 2 次在乾清宫举办千叟宴，乾隆时期也有效仿。自雍正皇帝即位移居养心殿起，乾清宫逐渐演变出更多的功能。皇帝多次在乾清宫正殿接见外藩属国使者、宴请王公大臣；大型节日期间，皇帝还在此接受百官朝贺。东庑端凝殿，用于存放皇帝的冠袍带履；西庑懋勤殿，皇帝在此读书、批阅奏章。南庑的功能性更加丰富：西侧南书房，有翰林学士为皇帝解答读书中遇到的疑难问题；东侧上书房，皇子在此读书；北侧还设有寿药房、内侍值班房等。

坤宁宫是明代皇后的寝宫，面阔 9 间，进深 3 间，朱漆大柱，彩画梁枋，密集的斗拱托着重檐庑殿顶，上覆黄色琉璃瓦，与乾清宫形制相似，只是规模略小。坤宁宫始建于明永乐十八年（1420 年），明末毁于战火，清顺治二年（1645 年）依明代旧制重建。

因清朝习俗信奉萨满教，顺治十二年（1655 年）时，坤宁宫再次重修，兼作萨满教祭祀场所。此次重修仿照沈阳盛京清宁宫形制，正门从明间被移到东次间，菱花槅扇门窗被改为双扇板门、直棂吊搭式窗。坤宁宫东侧两间暖阁为皇后居住的寝室，后逐渐演变为皇帝大婚时的洞房，康熙、同治、光绪、宣统四代皇帝，都在此处行合卺礼；西侧 4 间暖阁增设了火炕、锅灶，火炕作为祭神的场所，锅灶用于祭祀时烹煮祭肉，供奉萨满神。自雍正皇帝移居养心殿起，皇后也搬离了东侧暖阁，坤宁宫名为皇后正宫，实际已成为萨满教祭祀专用场所。

交泰殿在乾清宫后、坤宁宫前。明初，紫禁城内廷中路只有乾清、坤宁两宫，嘉靖年间，在乾清、坤宁两宫之间增建了交泰殿。“乾清”意为上天得道

乾清门

▼乾清宫宝座

◀乾清宫内景

乾清宫始建于明永乐年间，为重檐庑殿顶式宫殿建筑。明朝至清朝康熙以前，乾清宫都作为皇帝居住的寝殿。自清雍正皇帝将寝宫移至养心殿后，这里便成了皇帝召见臣子、批改奏折、处理政务的场所，一些重要的宴会也会在这里举办。

而清明，风调雨顺；“坤宁”意为大地得道而安宁，生养万物；交泰殿的命名，取天地交泰、社会和谐、国家兴旺之意。

交泰殿在后三宫中体积最小，建筑布局类似中和殿，整体为方形，面阔、进深均为 3 间，正面可看到 4 根朱漆大柱，梁枋饰以龙凤和玺彩画，双昂五踩斗拱托单檐四角攒尖顶，上覆黄色琉璃瓦。明间四面开三交六椀菱花槅扇门，南面次间开槛窗。殿内铺金砖，明间设宝座。宝座后有屏风，上书《交泰殿铭》，为乾隆皇帝御制。屏风上方悬挂“无为”匾，为康熙皇帝御笔书写。宝座正上方为蟠龙衔珠藻井，周围天花板也绘有和玺彩画。东西次间分别设有铜壶滴漏、机械自鸣钟，后宫中以此计时。

明代时，每逢重大节日及千秋节（皇后生日），皇后到此接受妃嫔、公主、命妇的朝贺。此外，行亲蚕礼前一天，皇后会在此检查采桑器具。清朝入主中原后沿袭此制。吸取前代教训，清朝初期严禁后宫干政，顺治时曾在交泰殿立一铁牌，上书“内宫不许干预政事”。乾隆时，重新整理了御用印玺，从中选出 25 方宝玺，重刻后密藏于交泰殿中。

# 第六节　东六宫

后三宫两侧，各有 6 座掖庭，称为东西六宫。东六宫分别为景仁宫、承乾宫、钟粹宫、景阳宫、永和宫、延禧宫；西六宫分别为永寿宫、翊坤宫、储秀宫、咸福宫、长春宫、启祥宫（太极殿）。

明代时，这些宫殿形制相近，都由前殿、寝殿和配殿 3 部分组成，每个占地约 20000 平方米，布局整齐。前殿主要用于举行接见仪式，面阔 5 间，正面可以看到朱漆大柱、彩画梁枋，斗拱托歇山顶（景阳宫前殿为庑殿顶），上覆黄色琉璃瓦；殿前设有月台，明间开双交四椀菱花槅扇门，次、梢间有槛墙、槛窗。殿内方砖铺地，内檐和天花板上也绘有彩画。后面是寝殿，同样是 5 间，明间开门，梁枋饰有龙凤和玺彩画，斗拱托硬山顶（景阳宫寝殿为歇山顶），上覆黄色琉璃瓦。两侧有 6 间配殿，东西各 3 间。配殿也都是明间开门，绘有彩画的梁枋，斗拱托硬山顶，上覆黄色琉璃瓦。东西六宫之间，街道纵横相交，宫门开在街道两端，旁边还设有警卫亭。

景仁宫初称长安宫，明嘉靖十四年（1535 年）更名为景仁宫。前殿明间悬挂“赞德宫闱”匾额，为乾隆皇帝御笔。明代住在景仁宫的大多是地位较高的妃嫔，清代时也有皇后入住。宣德年间，明宣宗朱瞻基的第一任皇后胡善祥因“无子多病”被废后就居住于此。康熙皇帝的生母孝康章皇后佟佳氏在还是佟妃的时候就居住于此，康熙皇帝也在这里出生。康熙四十二年（1703 年），裕亲王福全去世，康熙皇帝曾暂时移居景仁宫悼念。据史料记载，之后曾在景仁宫居住过的后妃有：康熙时孝圣宪皇后钮祜禄氏（乾隆皇帝生母），乾隆时纯惠皇贵妃苏氏、颖贵妃巴林氏，嘉庆时孝淑睿皇后喜塔腊氏、孝和睿皇后钮祜禄氏，咸丰时婉贵妃索绰络氏，光绪时珍妃他他拉氏。

景仁宫

始建于永乐十八年（1420 年），由景仁门、正殿及东西配殿、后殿及井亭等建筑组成。

景仁宫“二龙戏珠”天花局部

毓庆宫鸟瞰

位于内廷斋宫一旁，是康熙十八年（1679年）在明代奉慈殿基址上修建而来。毓庆宫是四进长方形院落，正门前星门内为第一进院落，其西墙阳曜门与斋宫相通；过祥旭门为第二进院落，正殿为惇本殿；穿过拥有众多围房的第三进院落后，进入第四进院落，即正殿毓庆宫。

毓庆宫前星门

承乾宫初称永宁宫，明崇祯五年（1632 年）更名为承乾宫。前殿明间悬挂“德成柔顺”匾额，为乾隆皇帝御笔。明代时，只有贵妃才能住进承乾宫；清代时，限制则没有那么严格，很多宠妃都曾入住。据史料记载，曾在承乾宫居住过的妃嫔有：明崇祯时恭淑贵妃田秀英，清顺治时孝献皇后董鄂氏，雍正时纯懿皇贵妃耿氏，乾隆时愉贵妃珂里叶特氏、婉贵妃陈氏、舒妃叶赫那拉氏、豫妃博尔济吉特氏，嘉庆时孝和睿皇后钮祜禄氏，道光时庄顺皇贵妃乌雅氏、佳贵妃郭佳氏、恬嫔富察氏，咸丰时端恪皇贵妃佟佳氏、婉贵妃索绰络氏、云嫔武佳氏。

钟粹宫初称咸阳宫，明嘉靖十四年（1535 年）更名为钟粹宫。前殿明间悬挂“淑慎温和”匾额，为乾隆皇帝御笔。明代前中期为妃嫔居所，明隆庆五年（1571 年）曾辟为太子寝宫，前殿改称兴龙殿，后殿改称圣哲殿，之后复称钟粹宫。清代沿用为后妃居所。据史料记载，曾在钟粹宫居住过的后妃有：雍正时孝敬宪皇后乌拉那拉氏，乾隆时慧贤皇贵妃高佳氏、忻贵妃戴佳氏，道光时孝全成皇后钮祜禄氏、孝静成皇后博尔济吉特氏，咸丰时孝贞显皇后钮祜禄氏、庄静皇贵妃他他拉氏，光绪时孝定景皇后叶赫那拉氏。

景阳宫初称长阳宫，嘉靖十四年（1535 年）更名为景阳宫。前殿明间悬挂“柔嘉肃敬”匾额，为乾隆皇帝御笔。东西六宫之中，景阳宫最为冷清。明代时，多为不受宠的妃嫔所居，甚至一度成为冷宫，万历时的孝靖皇后王氏就是一个例子。王氏本为宫女，在慈宁宫侍奉李太后。明神宗朱翊钧路过慈宁宫时偷偷地临幸了她，王氏因此有了身孕。后来，王氏为明神宗生下庶长子，就是后来的明光宗朱常洛。明神宗独宠郑贵妃，想立她的儿子朱常洵为太子。但群臣和太后一直坚持立长子朱常洛，明神宗始终不能如愿。因此王氏备受冷落，生前被幽禁在景阳宫将近 30 年，死后也未得厚葬。清康熙二十五年（1686 年）重修后，改作藏书之地，寝殿改为御书房。

永和宫初称永安宫，嘉靖十四年（1535 年）更名为永和宫。前殿明间悬挂“仪昭淑慎”匾额，为乾隆皇帝御笔。明代为妃嫔所居，清代也有皇后入住。据史料记载，曾在永和宫居住过的后妃有：康熙时孝恭仁皇后乌雅氏（雍正皇帝生母），乾隆时愉贵妃珂里叶特氏、芳妃陈氏，道光时孝静成皇后博尔济吉特氏，咸丰时庄静皇贵妃他他拉氏，光绪时端康皇贵妃他他拉氏（瑾妃）。

延禧宫初称长寿宫，嘉靖十四年（1535 年）更名为延祺宫，清代又改名为延禧宫。延禧宫本与东侧其他五宫形制相同，前殿明间曾悬挂乾隆皇帝御笔“慎赞徽音”匾额。道光二十五年（1845 年），延禧宫失火，宫殿几乎全毁，仅残存宫门。宣统元年（1909 年），端康皇贵太妃（即光绪时瑾妃）提议在延禧宫遗址修建一座三层西洋风格的水殿，因国库空虚，直至清王朝被推翻，水殿仍未完工。1917 年，为阻止张勋拥立溥仪复辟，直系军阀对紫禁城实施空袭，水殿北部被炸毁。明清两代，延禧宫居住的都是妃嫔。据史料记载，曾在延禧宫居住过的后妃有：康熙时惠妃乌拉那拉氏、乾隆时婉贵妃陈氏、道光时恬嫔富察氏。

东六宫南侧为斋宫和毓庆宫。明代及清初，皇帝祭祀前需要到紫禁城外的天坛、地坛的斋宫中斋戒，多有不便。雍正九年（1731 年），勤政务实的雍正皇帝将此处改建为斋宫，斋戒活动被转移到宫内。斋宫东侧为毓庆宫，清康熙时为太子东宫。雍正皇帝即位后取消了明立皇储制度，毓庆宫变为诸皇子的居所，乾隆皇帝、嘉庆皇帝、光绪皇帝少年时均曾在此居住，同治皇帝、光绪皇帝还曾在此读书。

## 第七节　西六宫

明代和清代前中期，西六宫和东六宫相对应，布局规划和建筑形制大致相同。清代晚期，储秀宫和咸福宫、长春宫和启祥宫（太极殿）之间被打通，布局规划和建筑形制都有了较大变化，不再与东六宫对称。

永寿宫初称长乐宫，嘉靖十四年（1535 年）更名为毓德宫，万历四十四年（1616 年）又改名为永寿宫。前殿明间悬挂“令仪淑德”匾额，为乾隆皇帝御笔。明代为妃嫔所居，明孝宗生母纪淑妃生前曾暂居于此。明末乱世，天灾人祸不断，崇祯皇帝朱由检曾在此斋居祈祷。据史料记载，清代曾在永寿宫居住过的后妃有：顺治时废后博尔济吉特氏、皇贵妃董鄂氏、恪妃石氏，康熙时敬敏皇贵妃章佳氏、温僖贵妃钮祜禄氏、良妃卫氏，雍正时孝圣宪皇后钮祜禄氏，乾隆时慧贤皇贵妃高佳氏、颖贵妃巴林氏、舒妃叶赫那拉氏，嘉庆时恭顺皇贵妃钮祜禄氏。

翊坤宫初称万安宫，嘉靖十四年（1535 年）更名为翊坤宫。前殿明间曾悬挂“懿恭婉顺”匾额，为乾隆皇帝御笔；现悬挂“有容德大”匾额，为慈禧太后所题。明清两代翊坤宫均为妃嫔所居。光绪十年（1884 年），翊坤宫后殿和后方储秀宫之间被打通，后殿被改建为穿堂式的体和殿。光绪十三年（1887 年），慈禧太后在体和殿为光绪皇帝选妃，强迫光绪皇帝娶了自己的侄女叶赫那拉氏，也就是后来的隆裕太后。据史料记载，曾在翊坤宫居住过的后妃有：明万历时郑贵妃，明崇祯时袁贵妃，清康熙时宜妃郭络罗氏，雍正时敦肃皇贵妃年氏，乾隆时继皇后乌拉那拉氏、忻贵妃戴佳氏、庆恭皇贵妃陆氏、惇妃汪氏，嘉庆时和裕皇贵妃刘佳氏、安嫔瓜尔佳氏，道光时祥妃钮祜禄氏。

储秀宫初称寿昌宫，嘉靖十四年（1535 年）更名为储秀宫。前殿明间悬

永寿宫正殿宝座

储秀宫前殿

1 | 2
3

1. 储秀宫北房明间御用宝座

2. 储秀宫西梢间卧室

3. 储秀宫殿内陈设

长春宫正殿宝座（一）

长春宫正殿宝座（二）

挂“大圆宝镜”匾额。明代时，储秀宫仅为妃嫔所居；清代时，慈禧太后及数位皇后也曾在此居住。储秀宫对慈禧太后意义重大。咸丰二年（1852 年），慈禧太后被选入宫后，就居住在储秀宫，并在此生下了同治皇帝。光绪十年（1884 年），慈禧太后五十大寿，她又搬回储秀宫居住，斥巨资对储秀宫进行了大规模修整，并将储秀宫与前面的翊坤宫打通。据史料记载，曾在储秀宫居住过的后妃有：康熙时平妃赫舍里氏，乾隆时孝仪纯皇后魏佳氏（嘉庆皇帝生母），嘉庆时孝和睿皇后钮祜禄氏，道光时孝慎成皇后佟佳氏，咸丰时孝钦显皇后叶赫那拉氏（慈禧太后）、庄静皇贵妃他他拉氏，同治时孝哲毅皇后阿鲁特氏，清末溥仪皇后婉容。

咸福宫初称寿安宫，嘉靖十四年（1535 年）更名为咸福宫。明代时，咸福宫仅为妃嫔所居；清代时，乾隆皇帝偶尔在此居住。乾隆皇帝去世后，嘉庆皇帝曾在此守孝。道光皇帝去世后，咸丰皇帝也曾在咸福宫守孝，守孝期结束之后，也经常在这里居住。据史料记载，曾在咸福宫居住过的后妃有：明万历时敬妃李氏，清康熙时宣妃博尔济吉特氏，道光时庄顺皇贵妃乌雅氏、成贵妃钮祜禄氏、彤贵妃舒穆禄氏、常妃赫舍里氏。

长春宫于嘉靖十四年（1535 年）曾改称永宁宫，万历四十三年（1615 年）复名长春宫。前殿明间悬挂“敬修内则”匾额。明代时，长春宫仅为妃嫔所居；清代时，数位皇后也曾在此居住。同治到光绪十年（1884 年），慈禧太后在此居住。咸丰九年（1859 年），打通启祥宫和长春宫时，启祥宫寝殿被改建为穿堂式的体元殿。体元殿后有 3 间抱厦，一直延伸到长春宫院内，作为长春宫戏台。光绪十年，慈禧太后五十大寿时，曾在此戏台上演戏半月。据史料记载，曾在长春宫居住过的后妃有：明嘉靖时尚寿妃，天启时李成妃，清乾隆时孝贤纯皇后富察氏，咸丰时孝贞显皇后钮祜禄氏（慈安太后）、孝钦显皇后叶赫那拉氏（慈禧太后）、禧妃察哈喇氏，民国时溥仪淑妃文绣。

启祥宫初称未央宫，嘉靖十四年（1535 年）更名为启祥宫，晚清时又改称太极殿。明清两代均为妃嫔居所。明万历时，因后三宫毁于火灾，明神宗朱翊钧曾在启祥宫暂居。咸丰年间，启祥宫与后方的长春宫之间被打通。明清两代，启祥宫均为后妃住所。据史料记载，曾在启祥宫居住过的后妃有：明成化时邵宸妃、崇祯时愍皇后周氏、清乾隆时淑嘉皇贵妃金佳氏、民国时同治皇帝瑜妃赫舍里氏。

东西六宫自紫禁城建成以来，入住的后妃难以计数，其中不乏贤良淑德的女子，也颇多争宠善妒的宫妇；既有怯懦本分的皇妃，也有临朝称制的太后。对于大多数后妃来说，宫廷生活虽然养尊处优，但精神上却饱受折磨。得不到皇帝宠幸的妃嫔们只能独守空房，一举一动都要遵守宫中严苛的礼节，没有自由，更无欢乐可言。一旦皇帝早死，很多只有十几岁、二十几岁的妃嫔，大好年华也只能守寡。作为封建礼教在宫廷中的具象表现，妃嫔制度对女性的压迫和奴役持续了数千年，终于在近代的革命浪潮中结束了。

## 第八节　养心殿

养心殿位于乾清宫西侧，西六宫南侧，始建于明嘉靖年间。一开始，养心殿只是作为皇帝临时休息的便殿。后来，明世宗朱厚熜沉迷修道，曾在养心殿南侧建了一座无梁殿，专门用于炼丹。明代时，皇帝基本都住在乾清宫。关于皇帝在养心殿居住的情况，最早的记载是《明神宗实录》中明神宗朱翊钧躲过火灾的故事：万历二十四年（1596年）三月初八，乾清宫和坤宁宫失火，恰好当天朱翊钧在养心殿暂居，因此躲过一劫。

清初，养心殿沿用为皇帝小憩之所。顺治十八年（1661年），顺治皇帝在此殿病逝。康熙皇帝即位后，曾在养心殿西暖阁设造办处，用于制造、修缮、收藏御用品；东暖阁仍供皇帝休憩。康熙六十一年（1722年），清圣祖康熙皇帝去世，雍正皇帝守孝期满后，并未搬到乾清宫居住，而是搬进了养心殿，将养心殿改造成了自己的寝宫。

相比宏伟壮丽的乾清宫，当时的养心殿空间狭小，装潢简陋，雍正皇帝为什么要搬到养心殿住呢？据史料记载，雍正皇帝的说法是：乾清宫是自己父亲康熙皇帝居住了61年的寝宫，一进乾清宫就会触景生情，勾起自己对父亲的回忆。自己不忍到乾清宫居住，所以把寝宫搬到了旁边的养心殿。但从雍正皇帝后来的一系列政治行为来看，他迁居养心殿实际的原因可能更加复杂一些。

从当时的时代背景来看，康熙皇帝留给雍正皇帝的不仅是大清皇帝的尊位，还有以国议和内阁为代表的权倾朝野的贵族阶级。如果任其发展，不但会限制皇权、架空皇帝，还会导致贵族日益骄奢，兼并土地，压迫底层人民，激化社会矛盾，危及国家稳定。康熙时曾设立南书房以强化皇权，削弱国议和内阁的权力。但直到雍正皇帝即位，皇权仍然受到诸多限制，国议和内阁在一定程度

养心殿正殿

养心殿位于内廷乾清宫西侧，始建于明代嘉靖年间，是古代皇帝理政和居住用的宫殿。主要由正殿、东暖阁、西暖阁、前殿东配殿、后殿、体顺堂、燕禧堂、三希堂等建筑组成。

上仍然可以左右皇帝的决定。

雍正是一位勤政务实的皇帝，面对这样急需整顿的局面，自然需要提高办公效率。相比乾清宫，养心殿距离紫禁城的宫门更近，包含重要信息的奏折可以更快地到达皇帝手中，皇帝下达的旨令也可以更快地传递出紫禁城。养心殿和慈宁宫、寿康宫、御膳房之间的距离也更近，给太后问安和用餐等日常活动都能节省不少时间。此外，皇帝本人起居从简，也是为贵族和官员做表率，有利于扭转朝廷上下的奢靡之风。

雍正七年（1729 年），朝廷征讨准噶尔时，为提高指挥作战的效率，雍正皇帝在养心殿旁设立了军机处，协助自己处理军务。作为一个临时机构，军机处既没有固定的属官，也没有严格的制度限制皇帝行使权力，这给了雍正皇帝加强中央集权的机会。在这里，雍正皇帝可以绕过国议和内阁，直接召见军机大臣了解战况并下达命令，国议和内阁对皇权的限制被削弱了。战事结束后，军机处仍被保留，这种处理军务的方式逐渐延伸到全国各类政务，养心殿殿区成为实际的权力中心。乾隆皇帝即位之后，沿用养心殿为寝宫，对殿区进行了较大规模的改造、增建，并进一步扩大了军机处的职责范围，权力进一步集中，国议和内阁对皇权的限制已经微乎其微。

现在的养心殿整体布局为“工”字形，殿前设有一道琉璃门，名叫“养心门”，穿过养心门即可看到正殿。前殿面阔 3 间，进深 3 间，朱漆方柱，彩画梁枋，斗拱托歇山式顶，上覆黄色琉璃瓦；殿内方砖铺地，内檐和天花板均饰有金龙和玺彩画。养心殿虽远不如太和殿、乾清宫那般宏大豪华，但也处处显露着皇家的威严。

养心殿内虽然空间不大，但陈设颇多，功能齐全。明间正中设皇帝宝座，上方悬挂“中正仁和”匾额，为雍正皇帝御笔。东暖阁内也设有宝座，但不是坐北朝南，而是坐东朝西，这并非皇帝的座位，而是慈禧太后和慈安太后垂帘听政时所坐。西暖阁被分隔为数室：前室是乾隆皇帝的书房，其中藏有晋代书法大家王氏的 3 张书帖（王羲之的《快雪时晴帖》、王献之的《中秋帖》和王珣的《伯远帖》），故得名“三希堂”，匾额为乾隆皇帝御笔。中室是皇帝批阅奏折、召见大臣、下达圣旨的场所，上方悬挂“勤政亲贤”匾额，为雍正皇帝御笔。后室有小型佛堂所用，供皇帝日常礼佛。乾隆时，还在此处增建了一座耳殿，称为“梅坞”，用于临时休息。

三希堂

三希堂，清乾隆皇帝的书房，位于故宫中养心殿的西暖阁。原名温室，后改为三希堂。“三希”为“士希贤，贤希圣，圣希天”，乾隆皇帝勤奋自勉，期望可以成为贤明、圣明的天子。在此书房内，乾隆皇帝收藏了大量古代珍稀书法字画，例如，晋朝书法大家王羲之的《快雪时晴帖》、王献之的《中秋帖》和王珣的《伯远帖》。三希堂的东墙上，悬挂着乾隆皇帝御书三字匾“三希堂”。匾两侧悬挂的是乾隆皇帝集结来的对联：“怀抱观古今，深心托豪素。”

后殿面阔 5 间，硬山式屋顶，上覆黄色琉璃瓦，是皇帝的寝宫。东西梢间内设有床铺，作为皇帝寝室。后殿两侧还建有耳房，东侧耳房称为“体顺堂”，雍正之后的皇后到养心殿随侍皇帝时，暂居于此；西侧耳房称为“燕禧堂”，为贵妃等级别较高的妃子随侍时暂居。寝宫两侧另设有十几间低矮的围房，供妃嫔随侍时暂居。同治时，垂帘听政的两宫太后也住在东西耳房里，体顺堂住的是慈安太后，燕禧堂住的是慈禧太后。

养心殿成为皇帝寝宫以来，历经雍正、乾隆、嘉庆、道光、咸丰、同治、光绪、宣统八代，见证了 189 年间清王朝到达鼎盛和走向衰败的过程。从这里发出的许多政令，极大地影响了国家和民族的命运走向，也给这座宫殿增加了非凡的历史意义。

军机处　又称“军机房”和“总理处”，是清朝的中枢权力机关。

军机处内景

# 第九节　宁寿宫

宁寿宫区位于紫禁城内廷外东路，东六宫东侧，建于清康熙二十八年（1689年）。明代时，这片区域建有哕鸾宫、仁寿宫，供太后、太妃居住，建筑整体较为矮小。清康熙时，为改善太后的晚年生活，将这里改建为规模更大的宁寿宫。

如今我们说的宁寿宫，实际上是康熙时宁寿宫的后殿。乾隆三十七年（1772年）至四十一年（1776年）期间，乾隆皇帝命人将宁寿宫前后殿分开，前殿改为皇极殿，后殿为宁寿宫。乾隆皇帝在位时，想要把宁寿宫作为自己养老的宫殿，所以仿照紫禁城的布局对宁寿宫所在区域做了大规模的改建，最终建成了一座富丽堂皇的“太上皇宫”。

仿照紫禁城外朝和内廷的建筑布局，宁寿宫区前半部分建九龙壁、皇极门、宁寿门、皇极殿、宁寿宫；后半部分，中路建养性门、养性殿、乐寿堂、颐和轩、景祺阁；东路建扮戏楼、畅音阁、阅是楼、寻沿书屋、庆寿堂、景福宫、梵华楼；西路建宁寿宫花园，包含古华轩、旭辉亭、抑斋、遂初堂、竹香馆、萃赏楼等。我们简单介绍一下中路的主要建筑。

九龙壁是一座单面琉璃影壁，长29.4米，高3.5米，厚0.45米，建于乾隆三十七年（1772年）。影壁倚宫墙建造，底部为汉白玉须弥座台基，周围环绕有汉白玉栏杆。顶部为庑殿顶，覆黄色琉璃瓦，正脊上饰有9条龙，中间1条坐龙，两侧4条行龙。檐下还有仿木质的琉璃梁枋、斗拱。壁面主体为水天之间的九龙浮雕，下半部分为绿色的海水，上半部分为蓝色的天空，4道纵向的崖石贯穿壁心，将9条蟠龙分隔于5个空间，合“九五”之数。黄龙占据正中的空间，前爪向上环抱，如托青天，后爪踏浪而行，纵横四海。龙头居中，

九龙壁

九龙壁局部

宁寿门　　宁寿宫正门。

圆睁二目，大张金口；龙身盘曲，将一颗火焰宝珠托于颌下。黄龙两侧空间各有 2 条龙，1 条蓝色升龙，1 条白色降龙，左侧两龙相对，右侧两龙相背，各自追逐一颗火焰宝珠。边上 2 个空间中，也都有一黄一紫两条龙，黄龙居外侧，紫龙居内侧，两龙相对，正在争夺中间的一颗火焰宝珠。浮雕的最高处高出壁面 20 厘米，立体感非常强，画面极为生动。

九龙壁北侧，就是宁寿宫区的正门——皇极门。皇极门建于汉白玉须弥座上，单檐庑殿顶，上覆黄色琉璃瓦，中间开有 3 个券门。皇极门北侧正对的是宁寿门。宁寿门仿乾清门形制，面阔 5 间，进深 3 间，歇山式屋顶，上覆黄色琉璃瓦。两门中间形成一个宽大的庭院，院内栽种藏松，古典风雅。

宁寿门内即为皇极殿和宁寿宫。皇极殿被设计为乾隆皇帝禅位后临朝受贺之所，仿乾清宫形制。皇极殿面阔 9 间，进深 5 间，取“九五”之数。大殿建在青白石须弥座上，朱漆大柱，金龙彩画梁枋，斗拱托重檐庑殿顶，上覆黄色琉璃瓦。殿前出丹陛，乾隆时两侧分设日晷、嘉量各 1 尊，铜龟、铜鹤各 1 对，鼎炉 2 对，现仅存日晷和嘉量。殿内方砖铺地，4 根金漆大柱，内檐和天花板均饰有金龙彩画，天花中央为八角浑金蟠龙藻井。明间设有金漆雕龙宝座，宝座后设金漆雕龙屏风，上方悬挂“仁德大隆”匾额。嘉庆元年（1796 年），乾隆皇帝禅位后，曾在此举行千叟宴。慈禧太后六十大寿时，曾在此举办寿礼，死后还曾在此停灵。

宁寿宫被设计为乾隆皇帝禅位后祭祀萨满神之所，仿坤宁宫形制。宁寿宫面阔 7 间，进深 3 间，与皇极殿建在同一个青白石须弥座台基上。正面朱漆大柱，彩画梁枋，斗拱托单檐歇山式顶，上覆黄色琉璃瓦。殿前廊柱间饰有浑金镂空云龙套环，枋下饰有浑金云龙雀替，东次间设光面板门，殿内设萨满教神位、煮肉锅灶，一如坤宁宫。乾隆御制《宁寿宫铭》中记载了这样改建的原因：“盛京大政殿后曰清宁宫，祖宗时祀神之所，祭毕，召王公大臣进内食祭肉。国初定鼎燕京，则于乾清宫后殿坤宁宫行祀神礼，一如清宁宫之制，至今仍循旧章。余将来归政时，自当移坤宁宫所奉之神位、神竿于宁寿宫，仍依现在祀神之礼。”乾隆时，宁寿宫均为龙凤和玺彩画，光绪年间慈禧太后移居于此，外檐围廊的彩画被改为苏式彩画，1979 年重修时复为和玺彩画。

宁寿宫区的后半部分被设计为乾隆皇帝禅位后的休养之所。最前面为养性门，门涂朱漆，梁枋、天花板均饰有金龙彩画。养性门内第一座宫殿称为养性殿，仿养心殿形制。养性殿面阔3间，进深4间，明间开门4扇，次间开门2扇，原为三交六椀菱花槅扇式，现存均为玻璃镶嵌。殿内彩画梁枋，片金升降龙天花，中间为八角浑金蟠龙藻井。明间设宝座，西暖阁设书房、佛堂，装修陈设与养心殿类似。乾隆时，养性殿均为和玺彩画，光绪十七年（1891年）受慈禧太后之命重修此殿，和玺彩画大部分被改为苏式彩画。

养性殿后为乐寿堂，被设计为乾隆皇帝禅位后的寝宫，仿长春园淳化轩形制。乐寿堂面阔7间，进深3间，高18.7米，建筑面积839平方米。殿前朱漆大柱，金龙彩画梁枋，斗拱托单檐歇山顶，上覆黄色琉璃瓦。明间开五抹头槅扇门，最上层为步步锦，下方均镶嵌玻璃。次间和梢间开3层槛窗，上两层为步步锦支窗，底层镶嵌玻璃。明、次间内部被分隔成南北两厅，著名的“大禹治水图玉山”于乾隆五十二年（1787年）雕琢完成后，便陈设于乐寿堂北部大厅。东、西暖阁为居住区，光绪年间慈禧太后移居宁寿宫时，曾以西暖阁为寝室。乐寿堂后门的甬路直通颐和轩。

颐和轩面阔7间，进深1间，朱漆大柱，彩画梁枋，斗拱托单檐歇山顶，上覆黄色琉璃瓦。明间开五抹头槅扇门，次间开槛窗，上层步步锦，下层镶嵌玻璃。颐和轩明间建有穿廊，通往北端景祺阁。景祺阁面阔7间，进深3间，梁枋饰有彩画，歇山式屋顶上覆黄色琉璃瓦。景祺阁檐下彩画在乾隆时均为金龙和玺彩画，光绪十七年（1891年）修缮时改为苏式彩画，后复为和玺彩画。

# 第十节　慈宁宫与寿康宫

明清两代，外西路区域都长期作为太后、太妃的养老地。这片区域的核心建筑为慈宁宫和寿康宫。

慈宁宫坐落于隆宗门西侧，建于明嘉靖年间。明初，这里建有一座仁寿宫供太后、太妃起居，后毁于火灾。嘉靖十五年（1536 年），明世宗朱厚熜下令拆掉了仁寿宫前方的大善殿，在仁寿宫和大善殿的地基上修建了规模更大的慈宁宫，嘉靖十七年（1538 年）建成，万历时因火灾曾重建。慈宁宫建成后多供前朝皇贵妃居住，如隆庆时贵妃李氏，万历时贵妃郑氏、昭妃刘氏，天启时贵妃任氏等。明末慈宁宫毁于战火，清顺治十年（1653 年）重建。康熙二十八年（1689 年）、乾隆十六年（1751 年）有过修缮，乾隆三十二年（1767 年）改建，将原来的单檐改为重檐大殿，乾隆三十四年（1769 年）完工。清顺治十年（1653 年），孝庄文皇后博尔济吉特氏（顺治皇帝生母）移居慈宁宫，此后慈宁宫便成为太后的正宫。孝庄文皇后培养了顺治、康熙两代皇帝，在清代威望甚高，后世太后多不敢与其相比，故很少入住慈宁宫。慈宁宫逐渐演变为太后大典的礼堂，册封皇太后、为太后举办圣寿节（寿诞）等大型活动，都在此举行。太后去世后也会在此停灵，供皇帝祭奠。

慈宁宫前是一座广场，四面开门。东侧为永康左门，西侧为永康右门，南侧为长信门，北侧为慈宁门。慈宁门是一座殿宇式的建筑，建于汉白玉须弥座

▶ 孝庄文皇后便服像

清太宗文皇帝皇太极的侧福晋，皇太极称帝建立大清后，封为永福宫庄妃。顺治皇帝的生母，顺治皇帝亲政后，尊号“昭圣慈寿皇太后”。是历史上有名的贤后，清初杰出的女政治家，前后培养辅佐了顺治、康熙两代皇帝。

《慈宁燕喜图》（局部）

此图描绘的是崇庆皇太后生辰万寿庆典的盛况，场面声势极其浩大，礼仪规格不亚于皇帝的“万寿节”。崇庆皇太后，雍正皇帝孝圣宪皇后钮祜禄氏，乾隆皇帝的生母。

慈寧燕喜

上，面阔 5 间，进深 3 间，朱漆大柱，彩画梁枋，斗拱托歇山顶，上覆黄色琉璃瓦。门前有石阶 3 处，中间为龙凤浮雕御路石，石阶前有 2 尊铜质鎏金瑞兽。

通过慈宁门，便可看到慈宁宫正殿。正殿即为礼堂，面阔 7 间，进深 3 间，朱漆大柱，龙凤和玺彩画梁枋，斗拱托重檐歇山顶，上覆黄色琉璃瓦，垂脊上饰有 9 尊琉璃脊兽。明间和次间各开 4 扇门，外侧两梢间开 4 扇窗，门窗均为双交四椀菱花槅扇式。明代及清初，后殿本为太后寝宫。清康熙时，孝庄文皇后笃信佛教，将自己的寝宫腾出改为大佛堂，供太后、太妃礼佛。大佛堂面阔 7 间，进深 3 间，殿前出月台，设香炉、香筒。正面朱漆大柱，彩画梁枋，斗拱托歇山顶，上覆黄色琉璃瓦。明间和东暖阁为佛堂主要区域，清代时明间原本悬挂“万寿无疆”匾额，东暖阁原本悬挂“四星客华”匾额，均为康熙皇帝御笔。当时，殿内有大量佛塔、佛像、佛龛、供案、经卷、法物、供器等礼佛设施，其中不乏前代遗物、稀世珍品。大佛堂现已辟为佛教造像馆，内部佛像等陈设借出，供奉于洛阳白马寺。

慈宁宫西侧为寿康宫。雍正十三年（1735 年），雍正皇帝去世，乾隆皇帝即位。乾隆皇帝生母孝圣宪皇后被尊为崇庆皇太后，暂居慈宁宫。出于纪念孝庄文皇后的需要，以及寝殿大部分已辟为佛堂的现状，慈宁宫不宜长期入住；而当时用于太后、太妃养老的宁寿宫中，还有康熙皇帝的几位太妃居住，也不太适合崇庆皇太后入住。因此，雍正十三年，乾隆皇帝便开始在慈宁宫西侧营建新的宫殿。乾隆元年（1736 年），新宫殿落成，取名寿康宫。寿康宫建成后，便长期作为太后、太妃居所，内部陈设多为太后寿诞时所收各类贺礼。封建时期极重孝道，崇庆皇太后入住寿康宫后，乾隆皇帝经常到此问安；崇庆皇太后去世后，乾隆皇帝还曾多次到此上香悼念。

与慈宁宫门前布局类似，寿康宫门前也是一个小广场。广场东侧是徽音右门，通往慈宁宫；西侧有小门通往西院；南侧为寿康宫南群房；北侧为琉璃质的寿康宫正门——寿康门。通过寿康门，就是寿康宫正殿。正殿坐落于青石台基上，面阔 5 间，进深 3 间。前檐出廊，廊前有月台，月台前有 3 处石阶，中间为御路石。正面朱漆大柱，彩画梁枋，斗拱托歇山顶，上覆黄色琉璃瓦，檐角有 7 尊琉璃脊兽。明间、次间开门 4 扇，梢间开槛窗 4 扇。后檐明间开门 4 扇，次间和梢间开槛窗 4 扇，门窗均为三交六椀菱花槅扇式。殿内设宝座，宝座上

寿康宫正殿

方悬挂“慈寿凝禧”匾额，为乾隆皇帝御笔。内檐和天花板均饰有彩画，天花中央为浑金盘龙藻井。两侧梢间均被辟为暖阁，西暖阁为卧室，东暖阁是一座小佛堂，供太后礼佛。

正殿两侧设有配殿，北侧为寝殿。东、西配殿面阔均为 3 间，单檐硬山顶，前出廊，南侧有耳房，北侧为庑房。寝殿与正殿建在同一台基上，面阔 5 间，进深 3 间，朱漆大柱，彩画梁枋，斗拱托歇山顶，上覆黄色琉璃瓦。正面明间开步步锦槅扇门、玻璃风门，次间及梢间开窗，上为步步锦，下为玻璃镶嵌；后方明间开槅扇门，穿堂通往后罩房。

据史料记载，曾在寿康宫居住的太后、太妃有：乾隆时崇庆皇太后钮祜禄氏、嘉庆时颖贵太妃巴林氏、道光时孝和睿太后钮祜禄氏、咸丰时康慈皇太后博尔济吉特氏。

# 第十一节　御花园

御花园是明清两代皇帝及后妃游玩、休憩之所，位于坤宁宫正北方，明代时称宫后苑，清雍正时更名为御花园。御花园主体于永乐十八年(1420年)建成，之后多有增建，但整体布局与初建时差别不大。全园平面大致为矩形，东西方向宽140米，南北方向长80米，占地面积约12000平方米。御花园南侧为钦安殿院落的正门——天一门，北侧为园中主体建筑——钦安殿，东侧分布有堆秀山、摛藻堂、浮碧亭、万春亭、绛雪轩，西侧分布有位育斋、澄瑞亭、千秋亭等。

天一门建于明嘉靖十四年（1535年），最初名为“天一之门”，清代时简化为天一门。与紫禁城中绝大部分建筑的土木结构不同，天一门是一座青砖砌成的大门。据上古《河图》《洛书》记载：“天一生水，地六成之”，后来衍生出的五行学说称水能克火；从实际的防火性能来讲，砖石结构也远优于土木结构。嘉靖时，紫禁城多发火灾，在紫禁城北部用青砖筑门并取名“天一”，以表达平息火患的愿望，便也不足为怪。

天一门前有3级石阶，石阶前为甬路，甬路两侧各有1尊铜鎏金獬豸。正中开一券门洞，门洞内装有两扇朱漆宫门，上面钉着9路铜鎏金门钉。青砖门洞上方为仿木的琉璃质彩画梁枋和斗拱，斗拱托歇山顶，上覆黄色琉璃瓦。门洞两侧延伸出琉璃影壁墙，与钦安殿院墙相接。穿过天一门，迎面是奇树连理柏。连理柏高约3丈，两根树干底部分开，中间合拢，上方枝叶交错，犹如一道拱门，可供人穿行。连理柏后面就是钦安殿。

钦安殿位于紫禁城南北中轴线的北端，面南背北，坐落在汉白玉须弥座台基上。院落内广植翠竹，修长挺拔，郁郁葱葱。殿前有月台，月台前出丹陛，左右出石阶。大殿面阔 5 间，进深 3 间，周围环绕有汉白玉栏杆。北面正中的栏板浮雕有双龙戏水纹，其余栏板为穿花龙纹，望柱头为龙凤纹，雕刻都极为精美。

殿内供奉北方水神玄天上帝。清代时，每年元旦都会在天一门设祭坛，春节时在钦安殿设道场，以祭祀玄天上帝，为皇家祈福消灾。传说嘉靖、乾隆年间紫禁城失火时，玄天上帝曾 2 次显灵指挥救火，还留下了 2 个巨大的脚印。此事虽虚无缥缈，但也可以从侧面看出宫廷祈求水神保佑紫禁城免于火灾的愿望。

在钦安殿东北方向，有一座人工假山，名曰堆秀山。明初此地为观花殿，万历十一年（1583 年）改建时，在此堆石为山，称堆绣山，清代更名为堆秀山。假山倚北侧宫墙而筑，高约 10 米，正面开岩洞，洞门上有匾额，书“堆秀”二字，洞内为石雕蟠龙藻井。假山两侧有石阶可通往山顶御景亭。御景亭是一座四柱方亭，彩画梁枋，斗拱托攒尖顶，顶部覆绿色琉璃瓦，边檐覆黄色琉璃瓦。每逢重阳节，皇帝、皇后会在此登高望远，俯瞰紫禁城宫苑。

堆秀山东侧为摛藻堂。摛的意思是舒展、铺陈，藻的意思是文华、辞藻，摛藻堂即为施展文采之堂，实际为藏书之所。此堂坐北朝南，面阔 5 间，彩画梁枋，斗拱托硬山顶，上覆黄色琉璃瓦。明间开门，次间、梢间开槛窗，室内设书架，《四库全书荟要》编修完成后曾贮藏于此。

摛藻堂南面是浮碧亭。浮碧亭于明万历十一年（1583 年）修建，清雍正十年（1732 年）时在前檐增建了抱厦。这是一座建在桥上的方亭，南北两侧出二级石阶，东西两侧筑有石雕栏板。方亭和抱厦均为朱漆方柱，苏式彩画梁枋，单檐攒尖顶，顶部覆绿色琉璃瓦，边檐覆黄色琉璃瓦。内檐也饰有彩画，天花板饰有百花图案，中央为二龙戏珠八方藻井。

浮碧亭以南是万春亭。此亭四面出抱厦，抱厦前出汉白玉石阶，石阶两侧及亭四周有汉白玉护栏。四面开槅扇门、槛窗，均为三交六椀菱花式。龙锦彩画梁枋，斗拱托上圆下方重檐攒尖顶，上覆黄色琉璃瓦。亭内天花板绘有双凤彩画，中央为贴金蟠龙藻井，龙口衔宝珠，造型生动，色彩丰富。

万春亭南侧为绛雪轩，绛即深红色。轩前原本栽有 5 棵海棠树，每到落花时节，深红色的海棠花瓣瓣飘落，宛如下了一场红雪，故得名绛雪轩。晚清时

御花园东北角鸟瞰

御花园御景亭

御花园摛藻堂

御花园堆秀山

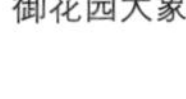

御花园大象

御花园浮碧亭

受慈禧太后之命，移走了海棠树，改种太平花。此轩倚东侧宫墙而建，面向西方，面阔 5 间，前檐出抱厦 3 间，明间开门，次间、梢间开槛窗。门窗均为原木色，梁枋饰斑竹纹彩画，这在富丽堂皇的紫禁城中，显得格外清丽淡雅。轩前建有一座精美的琉璃花坛。花坛底部为饰有行龙及缠枝西番莲图案的五色琉璃须弥座，座上架汉白玉石条枋，枋上是一圈绿色栏板和绛紫色望柱围成的护栏，色彩丰富而协调。此外，轩前还有一座木化石盆景，看上去像一段朽木，摸上去却是坚硬的石质，石上刻有乾隆皇帝御题五言诗《咏木变石》，极为珍贵。

钦安殿西北方为位育斋。此斋建于明代，初称对育轩，嘉靖年间更名为玉芳轩，清代又改称位育斋。雍正十年（1732 年）时前檐增建抱厦，曾作为佛堂。位育斋坐北朝南，面阔 5 间，彩画梁枋，单檐硬山顶，上覆黄色琉璃瓦。斋前有一矩形水池，池上横跨一座石拱桥，桥上建有一座方亭，即为澄瑞亭。

澄瑞亭装饰与浮碧亭类似，龙锦彩画梁枋，单檐攒尖顶，顶部覆绿色琉璃瓦，边檐覆黄色琉璃瓦。亭内天花板饰有金龙彩画，中央为二龙戏珠八方藻井。澄瑞亭南侧为千秋亭。千秋亭内外的构造和装饰，与万春亭几乎一致，仅藻井彩画图案略有差异。

园中建筑布局大体上整齐对称，展现出皇家的威严，细节处又错落有致，充满了生活情趣。这些建筑之间广植青松翠柏，散布盆景奇石，将御花园点缀得典雅别致，生机盎然。园内甬路均以彩色鹅卵石铺就，不同颜色的卵石在路面上组成“福”“禄”“寿”等吉祥文字，以及人物、花卉、历史典故等图案，共 900 多种，精妙绝伦。

# 第十二节　乾隆花园和慈宁花园

乾隆花园位于宁寿宫后区西路，也叫宁寿宫花园，原设计为乾隆皇帝禅位后赏玩之所，建于乾隆三十七年（1772 年）至四十一年（1776 年），占地面积约 6400 平方米，南北长 160 米，东西宽约 40 米。乾隆花园是一座颇具江南风情的花园，在南北方向上被划分为四进院落，容纳了 27 座建筑，布局参差错落，紧凑却不显拥挤。

自南侧衍祺门入第一进院。院内最前方堆砌有一座假山，作为花园入口的屏障。绕过假山，迎面就是第一进院的主体建筑古华轩。轩前有古楸树一株，建轩前此树已存在百余年，乾隆三十七年（1772 年）倚树建轩，古华轩因此得名。此轩坐北朝南，面阔 3 间，卷棚歇山顶，顶部覆黄色琉璃瓦，边檐覆绿色琉璃瓦；轩内天花板不绘彩画，而是用楠木贴雕的卷草花卉图案装饰，相比之下显得朴素典雅。

古华轩东侧堆砌假山，山上建承露台。露台面积约 7 平方米，地面铺米黄色斑石，周围环绕有汉白玉栏杆，南北两侧有石阶通至台下石洞。洞内供奉佛龛，洞壁嵌有乾隆皇帝御书佛经石刻。东南角是一座小院，由曲廊、矩亭、抑斋环绕而成，院内堆砌假山，山上建撷芳亭。

西侧为禊赏亭，亭名出自王羲之《兰亭集序》，建筑风格也是仿照序中所描述的兰亭，极为幽静雅致。此亭坐西朝东，面阔 3 间，进深 3 间。亭前出抱厦，三面出歇山顶，中间为四角攒尖顶，顶部覆黄色琉璃瓦，边檐覆绿色琉璃瓦，内外檐下均饰竹纹。亭中凿“流杯渠”，亭北山上建旭辉庭。

穿过古华轩后的垂花门，就到了第二进院。这是一座典型的三合院，正房、配房和垂花门之间有转角廊、倒座廊连接，围成一座方正的庭院。正房名曰遂

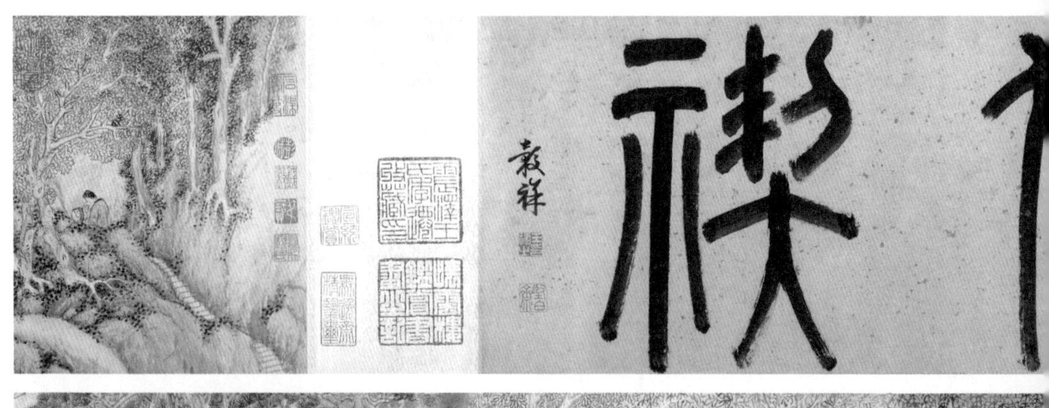

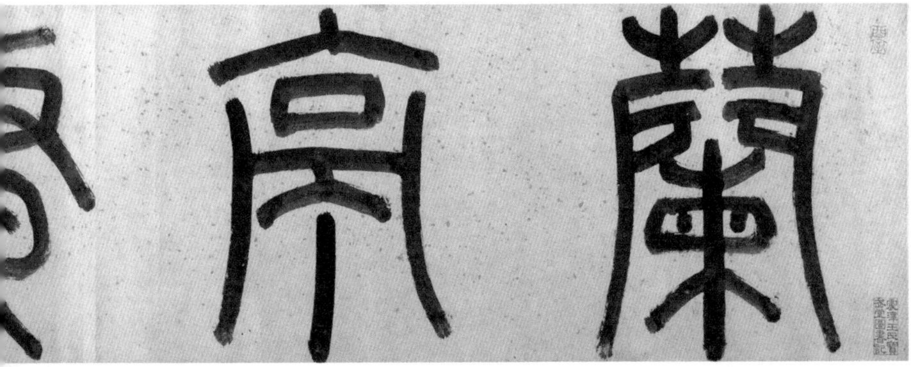

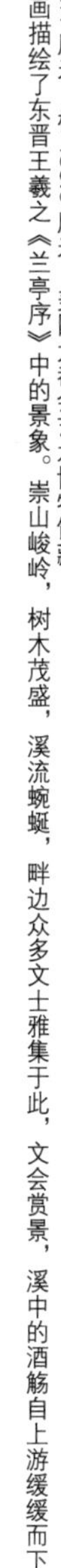

明　钱穀《兰亭修禊图》卷

纵 24.1 厘米，横 435.6 厘米，美国大都会艺术博物馆藏。

这幅画描绘了东晋王羲之《兰亭序》中的景象。崇山峻岭，树木茂盛，溪流蜿蜒，畔边众多文士雅集于此，文会赏景，溪中的酒觞自上游缓缓而下。

禊赏亭

宁寿宫花园玉粹轩通景画

清乾隆时期贾全、姚文瀚等绘线法通体画。此画描绘了一群皇子在厅堂内嬉戏的场景，画作绘于墙面之上，画师以高超的焦点透视表现方式，营造出一种奇妙的立体视错感。其最佳的欣赏点是玉粹轩对面的符望阁二楼，倚窗望去，画面与建筑空间产生互动感。

初堂，坐北朝南，面阔5间，进深3间，苏式彩画梁枋，卷棚歇山顶，顶部覆黄色琉璃瓦，边檐覆绿色琉璃瓦。院内布景较为简洁，有一座假山，几处奇石花木，整体风格也是幽静雅致的。

第三进院以山景为主，院内重峦叠嶂，山间留有深谷，山上架有天桥，山下开凿有通往四方的隧洞。自蹬道拾级而上，可到山顶的耸秀亭。耸秀亭是一座方亭，四角攒尖顶，屋脊和边檐覆黄色琉璃瓦，中间部分覆绿色琉璃瓦，檐下有倒挂楣子装饰，亭中设坐凳栏杆。

院内东南方有一座三开间式小轩，名曰三友轩。三友轩坐北朝南，倚山而建，东侧为硬山顶，西侧为歇山顶，上覆黄色琉璃瓦。明间开槅扇门、窗各2扇，次间开灯笼锦支摘窗。轩外广植松、竹、梅，轩内装饰也以松、竹、梅为主要题材，其中最为精美的是紫檀木透雕的圆光罩，以玉片为竹叶镶嵌其中，设计得极为巧妙。

西侧为延趣楼。延趣楼是一座二层楼，东、南、北3面檐下出廊，连廊面阔5间，进深3间，苏式彩画梁枋，歇山卷棚顶，屋脊和边檐覆黄色琉璃瓦，中间部分覆绿色琉璃瓦。北侧是第三进院的主体建筑萃赏楼。萃赏楼也是二层楼，前后出廊，面阔5间，苏式彩画梁枋，歇山卷棚顶，顶部覆黄色琉璃瓦，边檐覆绿色琉璃瓦。

萃赏楼北侧就是第四进院，院内的主体建筑为符望阁。符望阁是乾隆花园中规模最大、装修最豪华的建筑，整体形制仿建福宫延春阁。此阁外观为两层，阁内实际建有3层，外侧梁枋饰金龙苏式彩画，斗拱托四角攒尖顶，屋脊和边檐覆蓝色琉璃瓦，中间部分覆黄色琉璃瓦；内檐、天花板也绘有金龙苏式彩画，天花中央为龙凤角蝉云纹随瓣枋八角浑金蟠龙藻井。它被分隔成许多小空间，如果不熟悉环境，很容易在这里迷路，因此民间称符望阁为“迷楼”。乾隆皇帝在位时，每年腊月二十一日在此给王公大臣赐饭。

阁东是一道曲廊，曲廊东临颐和轩；阁西建有玉粹轩，仿建福宫凝晖堂阁形制；阁北倚墙建倦勤斋，仿建福宫敬胜阁形制；阁南堆砌假山，山上建有碧螺亭。碧螺亭的建筑形制和装饰件均为梅花图案，亭南架一石桥，可通萃赏楼二层。假山西南是云光楼，形制仿建福宫玉壶冰，楼前悬挂“养和精舍”匾额。云光楼是一座曲尺形二层楼，前檐出廊，北侧为歇山顶，东侧为硬山顶。

慈宁花园是明清两代太后、太妃游玩、礼佛之所，位于慈宁宫西南方，始建于明初，清乾隆三十四年（1769 年）进行了较大规模的改建。全园南北长约 130 米，东西宽 50 米，占地面积约 6800 平方米。

慈宁花园内的建筑数量不多，左右对称，布局整齐。花园东墙开一随墙门，名曰揽胜门，作为花园入口。穿过揽胜门，迎面是一座山石屏障。绕过山石向北望去，就可以看到慈宁花园的主体建筑——咸若馆。咸若馆坐北朝南，正殿 5 间，彩画梁枋，斗拱托歇山式顶，上覆黄色琉璃瓦；殿前出抱厦 3 间，四周出围廊。馆内东、西、北 3 面连通为一座大佛龛，饰有金漆毗庐帽，内部梁枋绘有龙凤和玺彩画，天花板绘有花卉彩画。

咸若馆东侧为宝相楼，西侧为吉云楼，北侧为慈荫楼，围成一座三合院。宝相楼、吉云楼、慈荫楼均为二层楼，卷棚歇山顶，顶部覆绿色琉璃瓦，边檐覆黄色琉璃瓦。宝相楼南侧为含清斋，是个朴素的小院，崇庆皇太后（雍正皇帝熹贵妃）在世时，乾隆皇帝曾在此侍奉太后汤药；太后去世后，乾隆皇帝还曾在此守孝。吉云楼南侧也有一座小院，名曰延寿堂，太后、太妃患有疾病时，在此召见太医诊断病情、开具药方。慈荫楼下层东梢间有一道小门，可通往慈宁宫前的广场。

慈宁花园南部有一东西向的矩形水池，池边环绕有汉白玉栏杆。水池上架一座砖石券桥，桥上建有一座方亭，名为临溪亭。临溪亭面阔 3 间，进深 3 间，彩画梁枋，斗拱托四角攒尖顶，顶部覆黄色琉璃瓦，边檐覆绿色琉璃瓦。亭四面开斜方格槅扇门，门两侧开斜方格槛窗，窗下贴黄绿色琉璃花砖，东西两侧有木质护栏。亭内天花板饰有花卉图案彩画，中央为蟠龙藻井。临溪亭东西两侧原建有翠芳亭、绿云亭，现为两座面阔 5 间的庑房，南北两侧各有一座砖砌花坛。两座花坛形制相同，均为方形，宽 6.5 米，高 1 米，内植芍药、牡丹等花卉。

乾隆花园和慈宁花园都是为养老所建，却有完全不同的风格。究其原因，乾隆花园是专为乾隆皇帝所建，为迎合他本人的审美，园内多设山景，地势较为险峻，建筑布局紧凑而又错落有致。慈宁花园则是历代太后、太妃养老休憩的公共园林，老人体弱不宜过多跋涉，同时受礼法约束较多，因此园中地势平坦，环境素雅，建筑布局严谨。

# 第三章

# 一砖一瓦夺天工

## 第一节　传承千年的“砖瓦”技艺

故宫是国内现存规模最大、保存最完好的古代宫殿建筑群。建造和修葺这座宏伟的皇宫所使用的砖瓦不仅数量庞大，种类繁多，烧制和铺砌工艺也极为精湛。

按不同的用途，故宫建筑用砖大致可分为 3 种：城砖、面砖和地砖。城砖多为粗泥砖，主要产地为河北和北京东郊，制砖工艺相对简单。工人先将粗黄黏土搅拌，摔打制成泥坯，待泥坯风干后入窑烧制成砖，因此被称为“停泥城砖”。这样制成的砖硬度很高，但质地相对粗糙，容易崩碎，难以打磨成需要的形状，所以主要用于城墙内层和垫层。

面砖是一种细泥砖，主要产地为山东临清，制砖工艺较为复杂，共有选土、澄浆、练泥、制坯、晾坯、验坯、装窑、焙烧、洇窑、出窑、成砖检验等十几道工序。制砖的泥土是“黏而不散，粉而不沙”的黄黏土，工人先将黏土晒干、粉碎，用大小筛子各筛一遍，去除石子等大颗粒杂质；然后用水冲洗滤出泥浆，滤满一池后，静待泥浆沉淀；澄出细泥，用脚踩匀后制坯，因此被称为“澄浆砖”。

澄浆砖制坯的技术要求较高，通常由经验丰富的窑把式操作。窑把式们先在砖模中铺一层布，以便之后脱模；然后取一大块泥，滚成团后摔入砖模中，刮掉多余的泥后，端到旁边将泥坯倒出，晾干备用。为保证砖的强度和美观，取泥的量要恰到好处，一般在 60 斤左右，泥少了只能重做，太多了后面又不好刮。摔入砖模时，也要求抛投准确，力度适中，既要填满棱角，也要保证泥坯大体平整。摔好的泥坯有专人检查，确定 6 面光滑平整、棱角分明后，才能入窑烧制。

当时，临清窑烧砖很少用煤，多用农作物秸秆，因此效率比较低。据史料记载，当时一窑“澄浆砖”需要烧制半个月，耗费八九万斤柴。烧制完成后还需要洇半个月，因此一个月才能出一窑“澄浆砖”。砖出窑后通过一系列检验，符合“敲之有声，断之无孔，坚硬茁实，不碱不蚀”的标准，才能运往北京用于建筑皇宫。这样制成的砖质地细腻，易于打磨，通过磨砖对缝工艺可以砌出光滑的平面，因此多用于城墙和大殿外层的墙面。

地砖也是一种细泥砖，主要产地为苏州、松江一带，制砖工艺与临清“澄浆砖”类似，但更为精细。与筑墙用的城砖、面砖不同，地砖主要用于室内铺墁地面，都是方砖，因此对外观精细度的要求也更高。明代时，一块地砖砖坯入窑后，需要用糠草烧 1 个月，片柴烧 1 个月，棵柴烧 1 个月，松枝柴烧 40 天，才能洇水，仅烧的过程就需要 130 天。清代时，地砖的烧制时间有所缩短，但也采用类似的逐渐升高窑内温度的方法，对窑工的操作细节要求更高。

地砖有多种规格，较小的隔间一般铺一尺二寸见方的砖，中等大小的配房铺尺四的砖，较大的房间铺尺七的砖。尺七以上的墁砖也被称为金砖，一般为二尺或二尺二寸见方，用于铺墁各个大殿的地面。相比普通方砖，金砖不仅体积更大，质量标准也更高，成品率较低。一块合格的金砖质地细腻，形状端正，

太和殿内金砖

东六宫内左门琉璃瓦及琉璃装饰

颜色青黑发亮，表面光滑平整，敲击时声音响亮。

金砖名称的来历有很多，一说是此类方砖大多运往京城建设皇宫，故称“京砖”，后逐渐演变成金砖；另一说是此砖烧成后质地坚硬，敲击时发出的声音如金属一般清脆响亮；还有一说是此砖制造工艺复杂，质量标准高，成品率低，因此价格不菲，甚至当时一块砖价值一两黄金，故称金砖。

金砖除了烧制工艺复杂外，铺墁时的要求也很高。在垫层、定高、冲趟、样趟、揭趟、灌浆、上缝、铲缝、刹趟、打点、墁水活这些基础工序完成后，还需要进行泼墨、钻生、烫蜡等修饰工作。所谓“泼墨”，就是将红木、黑矾、烟子等材料熬制成黑矾水，趁热分两次涂抹在地砖上，使地砖表面颜色更深，更均匀。等地砖完全干透后，则开始“钻生”。首先，在地砖上浇灌桐油，让桐油渗入地砖的细小孔隙中；其次，将青灰和生石灰按一定比例混合，配制成与金砖颜色相近的青黑色灰粉，然后均匀地撒在地砖上，静待两三天后刮去多余的灰粉；最后，烫蜡，即将石蜡烤化，让滚烫的蜡油均匀地覆盖在地砖上，等蜡完全凝固后，用布反复揉擦将地砖表面擦至光亮，去除多余的蜡油，再用软布蘸油擦拭数遍。通过这些烦琐的工艺，将金砖铺墁的地面处理得温润如玉，走上去既不滑，也不涩。

故宫建筑的屋顶所用的瓦主要有 3 种，大多数建筑使用的是琉璃瓦，少数建筑为青瓦，极个别建筑为金属瓦。

关于制瓦的工艺，史料记载较少。金属瓦多为铜水浇铸。青瓦也称黑瓦，以深层黏土为主要原料，筛去沙砾后加水和成熟泥，用圆筒形的模具制坯，风干后烧制而成，工艺与烧砖有些类似。琉璃瓦则是用坩子土为主要原料制坯，一次烧制定型后涂上特制的釉料，再进行二次烧制，形成鲜艳明亮的彩色釉面。在这里，我们着重介绍一下最具代表性的琉璃瓦。

故宫中使用的琉璃瓦以金黄、翠绿两色为主，黑、白、红、蓝、紫等颜色为辅，经过建筑师精心地排布，组成了一座座金碧辉煌的琉璃瓦顶。按形状和铺设的位置，琉璃瓦大致可分为板瓦、筒瓦、滴水瓦、沟头瓦、当沟瓦 5 类。

板瓦弧度为圆的 1/4 或 1/6，形状较扁，前宽后窄。板瓦铺设时凹面朝上，一块压着一块，沿着屋顶的坡度铺成一排，露出的部分上釉。筒瓦弧度为半圆，后部有一个舌形的榫头，称为“熊头”，用于连接上面的另一片筒瓦，瓦背全部上釉，后部“熊头”则无釉。筒瓦铺设时凹面朝下，扣住两排板瓦的边缘，层层覆盖，连为一垄。板瓦和筒瓦相结合，构成了房坡上大面积的瓦面。

滴水瓦形状与板瓦类似，前宽后窄，后部与板瓦相同，前端多了一个下垂的如意形舌片，用来封护板瓦瓦垄的垄头，避免漏雨。滴水瓦铺设在檐边，即板瓦瓦垄最下端，后部覆盖在板瓦下。下雨时，雨水顺着前端舌片滴下，滴水瓦也是因此得名。

沟头瓦形状与筒瓦类似，也是半圆形，后部与筒瓦相同，前端多了一个圆盘形的挡头，用于封护筒瓦瓦垄的垄头，以便雨水顺利流下。沟头瓦铺设在筒瓦瓦垄的最下端，后部覆盖在筒瓦下。

当沟瓦弧度接近半圆，形似牛舌，瓦背全部上釉。当沟瓦的主要作用是防止两坡瓦垄交会处漏水。根据使用位置的不同，还可分为正当沟瓦、斜当沟瓦和拖泥当沟瓦。正当沟瓦用于正脊上的瓦垄之间，斜当沟瓦用于垂脊、戗脊的瓦垄之间，拖泥当沟瓦用于垂脊末端。

明代时，琉璃瓦的主要产地在今北京和平门外的琉璃厂，距离京城较近，但烧制琉璃瓦时造成的空气污染比较严重，影响了京城生活环境。清顺治十五年（1658 年）、康熙二年（1663 年），都曾规定窑厂要远离京城。最终，琉璃厂被迁到西山门头沟琉璃渠，并一直延续至今。

为保证皇宫建筑所用砖瓦的质量，除了生产过程中的数道检验工序外，还有一项特殊的制度。当时，皇宫用的每一块砖、每一片瓦，上面都刻有烧制的时间和窑户、作头的姓名，有些砖瓦上还刻有匠人的姓名，如果砖瓦出现质量问题，可直接追责烧制砖瓦的人。这项制度延续了明清两代，乾隆中期的砖瓦工艺可谓盛极一时。晚清到民国时期，因为时局动荡，许多精湛的砖瓦制造工艺都失传了，着实可惜。

## 第二节　宏大庄严的须弥座台基

台基是建筑突出的底座，大多用砖石砌成，不仅能加固建筑，防潮避水，还起到了一定的装饰美观作用。台基的类型主要分为普通台基和须弥座台基 2 种，普通台基结构简单，平整方正，不加雕饰，用于普通建筑；须弥座台基层层叠加，结构复杂，雕刻精美，用于等级较高的建筑。故宫中大多数建筑的台基是须弥座，为了凸显封建等级制度，一些大殿甚至采用三层须弥座台基。

须弥座源自印度，随佛教一起传入中国，本来是指佛像的台座，又名“金刚座”“须弥坛”。须弥来源于印度神话中世界的中心须弥山，以须弥山为座，凸显佛的地位崇高。目前，我国境内发现的最早的须弥座在云冈北魏石窟中，也是用于佛像的台座，是一种上下向外凸出、中间凹入的形式，凸出的部分称为“涩”，凹入的部分称为“束腰”，结构还比较简单。唐宋时期，须弥座上下“涩”的层数变多，称为“叠涩”，同时在“涩”上增加莲瓣等装饰，形成了影视剧中较为常见的莲台造型；“束腰”部分变高，中间由束腰柱分隔为数段，这种形制被称为“隔身版柱造”，束腰柱也被称为“蜀柱、侏儒柱”。五代时的唐塔上，不仅佛像的底座使用须弥座形式，塔幢、坛台这类建筑物的台基也是二层须弥座。由此，须弥座逐渐发展成一种建筑台基，普遍用于等级较高的建筑物。元代时，须弥座束腰又开始变矮，并使用大量花草和几何图案作为装饰，明清两代沿用此形制。

故宫中的须弥座大致可分为 3 类：单层须弥座高台、三层须弥座高台、须弥座月台及甬路。单层须弥座高台的应用较为广泛，武英殿、奉先殿、钦安殿等偏殿、配殿，太和门、乾清门、皇极门等门楼以及角楼，都是建在单层须弥座台基上的。

太和殿

太和殿下的三层汉白玉石雕基座是最高级的，是故宫中最高的宫殿，也是故宫最尊贵的宫殿。

太和殿广场及弘义阁

太和殿须弥座上向外延伸的石雕便是排水用的石雕螭首。

三层须弥座高台主要体现在太和、中和、保和三大殿的台基上。太和殿这座巨大的台基通体为汉白玉材质，由 3 层须弥座堆叠而成，总高度达 8.13 米，在故宫中属等级最高。

一些等级特别高的宫殿，殿前月台和甬路也是须弥座形式，比如乾清宫门前的月台和乾清宫通往乾清门的甬路。

一个完整的须弥座台基由 7 部分组成，分别是土衬、圭角、下枋、下枭、束腰、上枭、上坊。顾名思义，土衬直接接触地面，是须弥座的最底层。它由一层较厚的石板构成，略高于地面，没有过多的装饰。三大殿的三层须弥座台基，只有最下面一层有土衬，上面两层是没有的。土衬上方为须弥座主体，总高度可分为 51 份。

圭角又称龟脚，位于土衬上方，高度占 10 份。圭角是须弥座底部的水平划分层，雕刻有精美的如意祥云图案。清代乾隆年间，也有部分建筑的须弥座不设圭角，如建福宫中的延春阁、宁寿宫养性门以北的部分建筑。

圭角上为下枋，高度占 8 份。一些等级特别高的建筑，须弥座的下枋会雕成双层，比如太和门和三大殿。相比圭角，下枋的雕饰要更多，更精细一些，题材以宝相花、卷草纹、云龙纹为主，栩栩如生。下枋上有一皮条线，占 1 份，将下枋与上层的下枭隔开。

下枭高度占 6 份，表面雕刻有“巴达马”，即莲花瓣装饰纹样。与现实中的莲花相比，“巴达马”纹样更加庄严规整，还增加了一些细节。纹样中的莲花瓣顶端全部呈收敛状，花瓣表面还雕刻有苞皮、云子等。下枭上有皮条线，占 1 份，将下枭与上层的束腰隔开。

束腰高度占 8 份，雕饰纹样以碗花结带为主，但不同时期又有不同的形式。明初的须弥座束腰纹样主要有 2 种，主体都是成串碗装卷曲的花草，碗花头部均为 3 片花瓣，区别在尾部。第一种尾部处理得较为复杂，以剪刀状收束，转角处为如意金刚柱式，这一阶段的如意金刚柱为直线型，表面雕刻祥云如意，这种纹样的束腰在现在的故宫里基本见不到了。第二种尾部仅以简洁的飘带收束，转角处有如意金刚柱和玛瑙柱 2 种形式。玛瑙柱又称马蹄柱，表面雕刻的是“巴达马”花纹。这种纹样的束腰在故宫中也相对较少，主要见于午门、神武门、东华门、西华门 4 道宫门的台基。

明代中后期及清代大部分时期，束腰纹样中碗花的数量增加了一些，碗花头部为 2 片花瓣，尾部为平行对称的飘带，转角处基本都是玛瑙柱式。这一时期较早的纹样中，碗花头部之后会雕刻较大的圆形花瓣，排列紧密，视觉效果上较为厚重；晚一些的纹样中，碗花头部之后雕刻较小的圆形花瓣，中间有较大面积的留白，视觉效果上较为轻灵。故宫中大部分须弥座的束腰都是这 2 种纹样。

清乾隆时期的束腰纹样比较特殊，束腰纹样的头部为半个宝相花，有些还会在宝相花中心雕刻太极图案；中段为碗花结带式，以平行对称的飘带收尾；转角处有如意金刚柱和玛瑙柱 2 种形式。这一时期的如意金刚柱变为曲线型，柱上雕刻的还是祥云如意。这种束腰纹饰主要见于宁寿宫区部分建筑。

束腰上也有皮条线，占 1 份，再上一层为上枭。上枭和下枭是对称式的，高度占 6 份，表面雕刻“巴达马”纹样。上枭上有皮条线 1 份。最上层是上枋，与下枋对称，高度占 9 份。部分高等级建筑的须弥座会雕刻两层，雕饰纹样以宝相花、卷草纹、云龙纹为主。

雕刻工艺方面，上枋、下枋主要采用“压地隐起”和“减地平钑”技法，浮雕的花纹相对较低；上枭、下枭和束腰则采用“剔地起突”技法，浮雕的花纹高出底面很多，立体感较强。

为了防止跌落和有更好的装饰效果，故宫中的须弥座上大多建有栏杆，比如三大殿的三层须弥座台基，每层都有一圈栏板望柱式栏杆。栏板多为汉白玉材质，上部掏空，雕刻寻杖和净瓶，净瓶上刻荷叶或祥云图案；下部落地做盒子心或雕刻龙凤图案。望柱有些是汉白玉材质，有些是青石，柱身为盒子心，柱头雕刻云龙、云凤、狮子、莲花、石榴、火焰等图案。栏板和望柱两端都凿有榫卯的沟槽，两块栏板通过榫卯结构与凸起的望柱连接。

三大殿栏杆的望柱下方，还设有排水用的石雕螭首，螭首的嘴部与须弥座上的排水沟连通。这种探出式的排水口可以使排出的积水离须弥座更远，避免泥水玷污洁白的须弥座，减少养护成本。当下大雨的时候，“千龙吐水”，蔚为壮观。

## 第三节　式样繁复的梁架与屋顶

为了美观，现代钢筋混凝土建筑往往用各种方式遮挡全部的梁架。故宫中的传统建筑则不同，梁架的下半部分大多暴露在外。能工巧匠对梁枋构件的精心搭配，以及在其表面施加的各种彩绘，使得故宫建筑暴露在外的梁架结构不仅不影响美观，反而成为一种建筑装饰艺术。

经过建筑工匠千年的探索，到明代修建紫禁城时，建筑的木构架已经高度标准化，形成了 3 种主要的结构体系：井干式、穿斗式、抬梁式。井干式结构最简单，不用专门的立柱和大梁，只需将原木粗加工成圆形、方形，两端开榫卯凹槽后嵌接成长方形的框，然后逐层平行堆叠木料，制成墙体。这种结构的稳定性非常高，但用料极大，建筑规模受木材长度的限制，建成后外观也比较厚重，一般只用于盛产木材的林区民房。

穿斗式是用穿枋把柱子串联起来，形成一排房架，檩条直接搁在柱头，再用斗枋沿檩条方向把柱子串联起来形成屋架。这种结构的框架稳定，用料少，但室内的柱子排列较紧密，只适用于空间较小的房屋。

抬梁式也称叠架式，是在立柱上纵向架梁，梁上立矮柱，柱上再抬梁，逐层缩短，层层叠架，形成屋顶所需的坡度；再在梁架之间横向架枋，将矮柱上端连接在一起；在各层梁的两端和矮柱上架檩，檩上再钉椽，组成一个纵横交错的框架，来承担屋顶的重量。这种结构的稳定性略低，用料也比较多，但地面上的立柱排列不用那么紧密，受木材长度的限制也比较小，可以建造出规模更大、室内空间也更大的房屋，因此被广泛应用于官式大型建筑。所以，故宫中的房屋全部采用抬梁式架构。

在这些梁架上，还绘有多种彩绘图案，让梁架的整体更加美观，比如梁和

穿斗式建筑模型

抬梁式建筑——佛光寺大殿模型

单檐四角攒尖顶亭阁

堆秀山御景亭

节选自《中国建筑彩绘笔记—工具与样式》。

耸秀亭

重檐四角攒尖顶亭阁

节选自《中国建筑彩绘笔记—工具与样式》。

重檐攒尖顶亭阁

节选自《中国建筑彩绘笔记—工具与样式》。

御花园千秋亭

枋上多绘双龙、龙凤图案，圆椽上多绘圆寿字、龙眼宝珠、虎眼宝珠，飞椽上多绘“卍”字、栀子花、金井玉栏杆等。

故宫中的房屋有 9000 余间，出于封建等级制度的要求，屋顶的形制自然也多种多样。最基础的屋顶形式是硬山顶。这种屋顶有 1 条正脊，4 条垂脊，以中间横向正脊为界，分前后两面坡。屋顶两侧起山墙，同屋面齐平或略高出屋面，当发生火灾时，一定程度上可以阻止火势蔓延，因此也叫防火墙。这种屋顶常见于百姓或品阶较低的官员住宅，故宫中则一般用于耳房、廊庑。

比硬山顶高一级的是悬山顶。这种屋顶有 1 条正脊，4 条垂脊，两端的山墙相对较低，檩也不像硬山顶那样被限制在两端的山墙内，而是向外侧挑出，延伸到山墙外，然后在上面钉椽、覆瓦。因此，悬山顶不仅前后有檐，两端也有檐，与前后檐尺寸相同。这种屋顶的防火性不如硬山顶，却利于排水，多用于较高等级建筑的配房，比如文华殿、武英殿的配殿，西华门前的班房等。

比悬山顶更高一级的屋顶形式是歇山顶。这种屋顶的正脊两端到檐角中间有一个转折，以转角为界，上下两段分别称为垂脊和戗脊，即有 1 条正脊、4 条垂脊和 4 条戗脊，共 9 条脊，因此也被称为“九脊顶”。歇山顶的上半部分与悬山顶类似，下半部分的两端增加了两厦，屋檐为四坡水式。歇山顶两端的梁架大多采用“扒梁法”，即用两根长扒梁和两根较短的扒梁垂直相交，组成一个井口形的架构，扒梁上托“踩步金”。“踩步金”是一个特殊的建筑构件，正身似梁，两端似檩，但既非梁，也非檩。踩步金上钉椽，椽上搭踏脚木，就组成了歇山顶两端的梁架。这样一来，屋顶两端就形成了三角形的墙面，叫作山花。为了使屋顶更美观，将山花向内侧收拢，这种技法称为“收山”。

通过上述一系列工作，歇山顶既庄严宏伟，又不失精致玲珑。歇山顶在故宫中应用广泛，大多数的宫殿、轩阁以及门楼的屋顶，都采用这种形制，其中最具代表性的便是东西六宫（景阳宫除外）的前殿。

前面介绍的这三种屋顶形式，都有一个特殊的“变种”，称为卷棚顶。卷棚顶是将硬山顶、悬山顶或歇山顶耸起的正脊改成圆润的弧形曲线，使前后坡可以流畅过渡。在故宫中，卷棚顶被广泛应用于园林建筑，如乾隆花园中的古华轩、遂初堂，都是卷棚歇山顶。

再高一级的屋顶形式是庑殿顶。这种屋顶四面斜坡都是圆润的曲面，前后两坡相交处是正脊，左右两坡有四条垂脊，因此也被称为“四阿顶”或“五脊殿”。这种屋顶在故宫中的应用并不多，可见于一些等级不太高的配庑建筑，如景阳宫的前殿、体仁阁、弘义阁。

歇山顶和庑殿顶都有重檐“升级版”，就是在基础的歇山顶或庑殿顶之下，再加一层短檐，短檐四角各有一条短垂脊。重檐歇山顶的等级高于单檐庑殿顶，在故宫中的应用也比较多，如天安门、太和门、保和殿、慈宁宫。重檐庑殿顶的等级最高，应用于故宫中的核心建筑，如太和殿、乾清宫。

此外，还有一种攒尖顶。顾名思义，攒尖顶即屋顶上有一个高耸的顶尖，以顶尖为中心向斜下方辐射，形成屋檐。攒尖顶有圆形攒尖和角式攒尖两种：圆形攒尖顶整体呈圆锥形，没有垂脊和檐角；角式攒尖顶自尖顶延伸出数条垂脊，垂脊的底端形成檐角。角式攒尖顶的垂脊和斜面大多为内凹的弧线形，也有上半部外凸，下半部内凹的，形似头盔，被称为“盔顶”。攒尖顶也有单檐和重檐之分，重檐即在檐下再加一层短檐。

攒尖顶多见于亭、榭、阁、塔，少数大殿也有使用。御花园中的御景亭、玉翠亭、凝香亭，乾隆花园中的撷芳亭、耸秀亭，故宫中路的中和殿、交泰殿都是单檐四角攒尖顶；午门的角楼、建福宫的惠风亭是重檐四角攒尖顶；乾隆花园中碧螺亭为重檐五角攒尖顶，千秋亭、万春亭则为重檐圆形攒尖顶。

## 第四节　稳定美观的斗拱结构

斗拱又称枓栱、斗科，是中国木架构建筑中特有的一种结构。搭建梁架时，在立柱顶、梁檩间，用方形垫块承托横木，横木上再施加垫块，再架横木，逐层叠加，将屋顶的重量逐层传递到立柱、台基，让房屋的梁架更稳定。方形垫块的外观很像古代的量具“斗”，削磨掉两端棱角的横木形状很像拱桥，因此这种建筑构件被称为斗拱。

斗拱有着非常悠久的历史。目前考古发现中最早的斗拱，是东周时期出土的文物。汉代时，斗拱得到更广泛的应用，房屋的檐下和墓葬的石阙中都可以见到这种结构。唐代时，官方建筑宏伟高大，出檐深远，斗拱也颇为巨大。宋代时，官方建筑的规模相对小一些，屋顶的重量减轻，檐角翘起，斗拱也随之变得小巧精致。到了明清时期，官方建筑要求更大的室内空间，对斗拱承重的要求又开始增加。但这一时期的斗拱并未恢复唐代时巨大的样子，而是增加了使用数量，延续了宋代斗拱小巧精致的外观。

斗拱的演变在一定程度上代表了中国古建筑技艺的发展。种类繁多、样式各异的斗拱已经成为中国建筑文化的瑰宝。在长期的发展改良中，斗拱的结构越发复杂，组成构件也在不断增加。明清时期的斗拱可分为“斗”“拱”“升”“翘”“昂”5种构件，每种构件也有多种不同的形式。一攒斗拱最底层是一个大斗，称为“坐斗”，其上十字形的卯口称为“斗口”，突出的榫头称为“斗耳”。“坐斗”上是一个较短的拱，通过斗口固定在“坐斗”上，向左右方向延伸，形似一片切好的瓜，称为“正心瓜拱”。

“正心瓜拱”上是一个最长的拱，称为“万拱”。两层拱之间或顶层拱两端，用于承托上层拱或枋的方形垫块，称为“升”。“升”和“斗”的结构类

故宫宫殿局部——琉璃斗拱

似，上方也有榫头，只是体积较小。“翘”和“拱”的外形相似，功能相同，但“翘”是纵向的，向前后方向延伸，因前后翘起而得名。“昂”位于斗拱前后中线，纵向伸出贯通斗拱，前端有向下的斜尖。“翘”和“昂”的后端多雕刻成圆润的祥云状，称为“麻叶头”。“坐斗”的斗口内出一拱或一昂，称为“出一跳”，通常不超过 5 跳。

“翘”或“昂”上有两层与之平行的构件，下层的称为“耍头”。角科斗拱中的 45° 斜线上，有一个与“耍头”齐平的“昂”，称为“由昂”。角科斗拱中还有一种特殊的没有“斗耳”的斗，用于承托两个方向的拱，称为“平盘斗”。多层的斗拱中，“翘”或“昂”两端上方会有一个较小的斗，承托着上一层“翘、昂”或拱。这个斗的长度相当于 1.8 个斗口，依宋代《营造法式》中“材”制度为十八分，所以又被称为“十八斗”。

斗拱的正中心称为“踩”，如果“翘、昂”自中心线向外或向里伸出，则称为“出踩”，每踩的长度等于三斗口。比如正中心一踩，一个“翘”或“昂”前后各出一踩，即为“三踩”。斗拱中最外一踩的拱称为“厢拱”，用于承托天花枋。清代时，一攒斗拱称为“科”。根据斗拱所使用的位置，可分为外檐下的柱头科、平身科、角科，内檐下的品字科、隔架科。柱头科位于室外立柱上，平身科位于两柱头科之间的平板枋上，角科位于转角柱上，品字科位于室内立柱上，隔架科位于室内上下梁之间。

除了传递屋顶的重量、增强建筑的稳定性，斗拱还有增加屋檐外挑距离的功能。建筑等级越高，屋檐挑出得越远，需要的斗拱层数通常也越多。等级较低的配房、廊庑，出檐的距离比较短，斗拱的结构也相对简单，比如神武门的班房用的就是没有挑出的一斗三升斗拱。等级最高的太和殿，斗拱挑出的层次也最多，下檐的斗拱挑出 4 层，上檐的斗拱挑出 5 层，在故宫中仅此一例。

这些出檐深远的宫殿建筑，屋檐的重量极大。为了分散屋檐的重量，保持建筑内外的平衡，很多大殿中还使用了一种特殊的溜金斗拱。溜金斗拱外侧与普通斗拱相同，内侧“耍头”以上延伸出很长的秤杆，勾连住内部的金桁枋，以分担屋檐的重量。太和殿明间的上下檐用的就是这种溜金斗拱，为了承托沉重的屋檐，两柱之间所施斗拱足有八攒。此外，还有一种设计巧妙的挑金斗拱，也可以分担屋檐的重量。挑金斗拱的尾部没有多层支撑，利用屋檐的重量下压斗拱前端将尾部挑起，承托内侧的金桁枋，从而达到内外的平衡。

层层叠挑的斗拱结构扩大了梁柱的受力面积，增强了木质架构的弹性，极大地提高了建筑的稳定性。以太和殿为例，其屋顶重量超过 2000 吨，高度超过 35 米，历经数次地震也没有出现严重损坏，足见斗拱结构的稳定可靠。

飞檐斗拱竞红妆，殿锁烟霞列画廊。斗拱不仅是一种优秀的建筑结构，也是一种重要的装饰艺术。在等级森严的封建社会，具有强烈装饰性的古典建筑特征往往被皇家垄断。自唐代开始，已经有规定民间建筑不许使用斗拱，现存的斗拱建筑大多是皇家宫殿或神佛庙宇。皇家宫殿中繁复密集的斗拱，不仅是为了建筑结构的稳定，更是为了凸显皇家的尊贵身份。

故宫中的斗拱通过榫卯结构上下结合，左右穿插，尽错综之美，穷技巧之变，实现了建筑结构和外观装饰的和谐统一。斗拱上的彩画以青蓝和碧绿两种冷色为底，以温和的白色勾勒出边缘，再以金黄、朱红等暖色为点缀，使得檐下的色彩冷中有暖，明暗和谐。这一攒攒花篮般精美的斗拱，在内承托着厚重的屋顶，在外高挑出轻盈的飞檐，让整个建筑的线条更加流畅优美，堪称东方古建筑结构中的精髓。

如此种类繁多、构造精妙的斗拱，再加上能工巧匠的雕刻和彩绘，成为一种东方独有的建筑艺术，为宏伟壮丽的故宫增添了一种别样的文化底蕴。

## 第五节　流光溢彩的琉璃装饰

故宫中的建筑不仅本身的形制多种多样，上面的各种琉璃装饰更是色彩丰富、形状繁多。在这些琉璃件的装饰下，故宫建筑的造型显得更加优美，色彩光泽更加丰富。

琉璃装饰在建筑中的应用最早可以追溯到北魏时期。隋唐时，琉璃装饰主要为瓦件，用于装饰屋脊和边檐，宋代时出现了屋顶铺满琉璃瓦的建筑。明代建紫禁城时，琉璃件的烧制工艺已经相当成熟，除了在屋顶铺设琉璃瓦外，还使用了各种琉璃装饰。清康熙、雍正、乾隆三代，古代琉璃装饰工艺发展到了顶峰。

屋脊上的琉璃鸱吻、神兽、仙人，原本是瓦钉上的钉帽。为方便排水，屋顶都有一定的坡度，但这个坡度也导致正脊端和檐角的瓦片容易滑落。为加固屋脊的连接处，防止瓦片脱落、屋顶漏水，需要用瓦钉把这些位置的瓦片固定在木椽上，因此这些瓦片上都留有钉孔。但钉孔会渗水，为使瓦钉免遭雨水侵蚀，通常需要在钉孔上面罩一个凸起的钉帽。在后来漫长的发展过程中，钉帽被美化成了鸱吻、神兽、仙人等形象。通常来说，屋顶正脊两端安放正吻 1 对，垂脊或戗脊下半部分安放鸱吻 1 尊，鸱吻后安放数尊神兽，末端安放骑凤仙人 1 尊。

正吻和鸱吻的造型相近，寓意相同。鸱吻又名螭吻、鸱尾，《太平御览》中记载："唐会要目，汉相梁殿灾后，越巫言，'海中有鱼虬，尾似鸱，激浪即降雨'，遂作其像于尾，以厌火祥。"屋脊上安放鸱吻，体现了古人欲借神兽之力避除火灾的美好愿望。最开始，鸱吻就是鸱鸟尾部的形状。随着时间的推移，鸱吻的式样逐渐完善，头部多为龙头，翘尾张口，好像要吞掉屋脊，形

“五脊六兽”的庑殿顶宫殿

节选自《中国建筑彩绘笔记—工具与样式》。庑殿顶象征尊贵，只有重要的佛殿、皇宫的主殿才能用到，此图中可清晰看出屋檐上的兽件。

象极为生动。

脊兽同样由来已久，经历了很长时间的演变，才成为我们今天看到的形式。唐宋时期，大部分屋脊只有 1 尊脊兽，元、明、清三代逐渐增加，脊兽的数量也演变成为身份和地位的象征。因此不同等级的建筑，所用的神兽数量也不同，常见的为 3、5、7、9，均为奇数，只有等级最高的皇宫正殿，才安放 10 尊神兽，象征十全十美。10 尊神兽从下到上分别为龙、凤、狮子、天马、海马、狻猊、押鱼、獬豸、斗牛、行什，天马与海马、狻猊与押鱼的位置可互换。

这些神兽的种类和排列都有着特殊的寓意。龙为鳞虫之长，凤为百鸟之王，自古以来就象征祥瑞。到了明清时期，多用龙象征皇帝，凤象征皇后，代表皇家至高无上的地位。

狮子为百兽之王，是智慧和力量的化身。狮子作吼，群兽慑服，寓意勇猛威严。天马即神马，和海马一样，象征忠勇吉祥，智慧和威德通达四海。狻猊在传说中是龙的九子之一，能吞食烟火；押鱼是海中的异兽，传说中能行云布雨，这两尊神兽的寓意都是为了防范火灾。

影壁上的琉璃装饰

乾清门影壁上的琉璃装饰

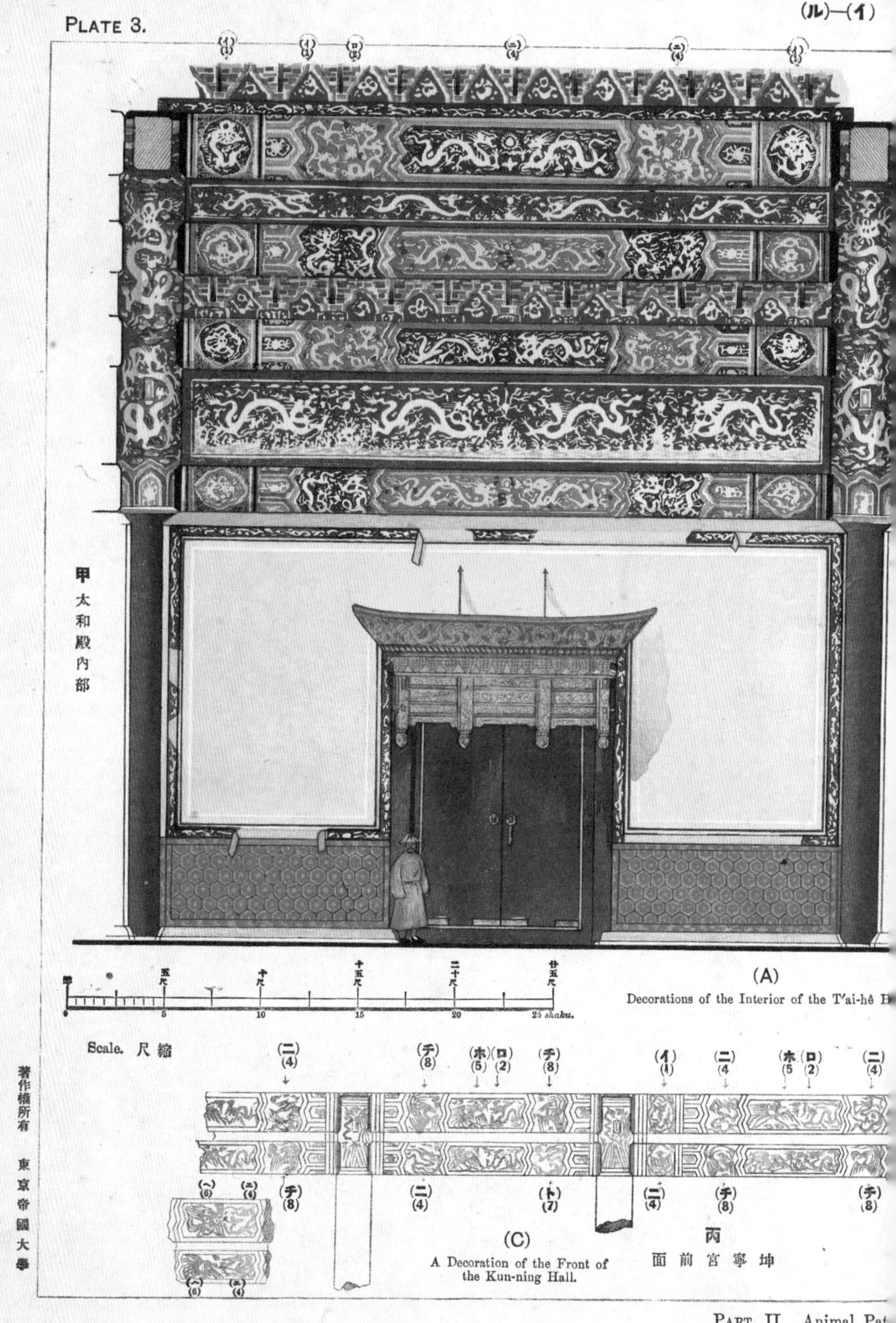


(A)

Decorations of the Interior of the T'ai-hê H

(C)

A Decoration of the Front of the Kun-ning Hall.

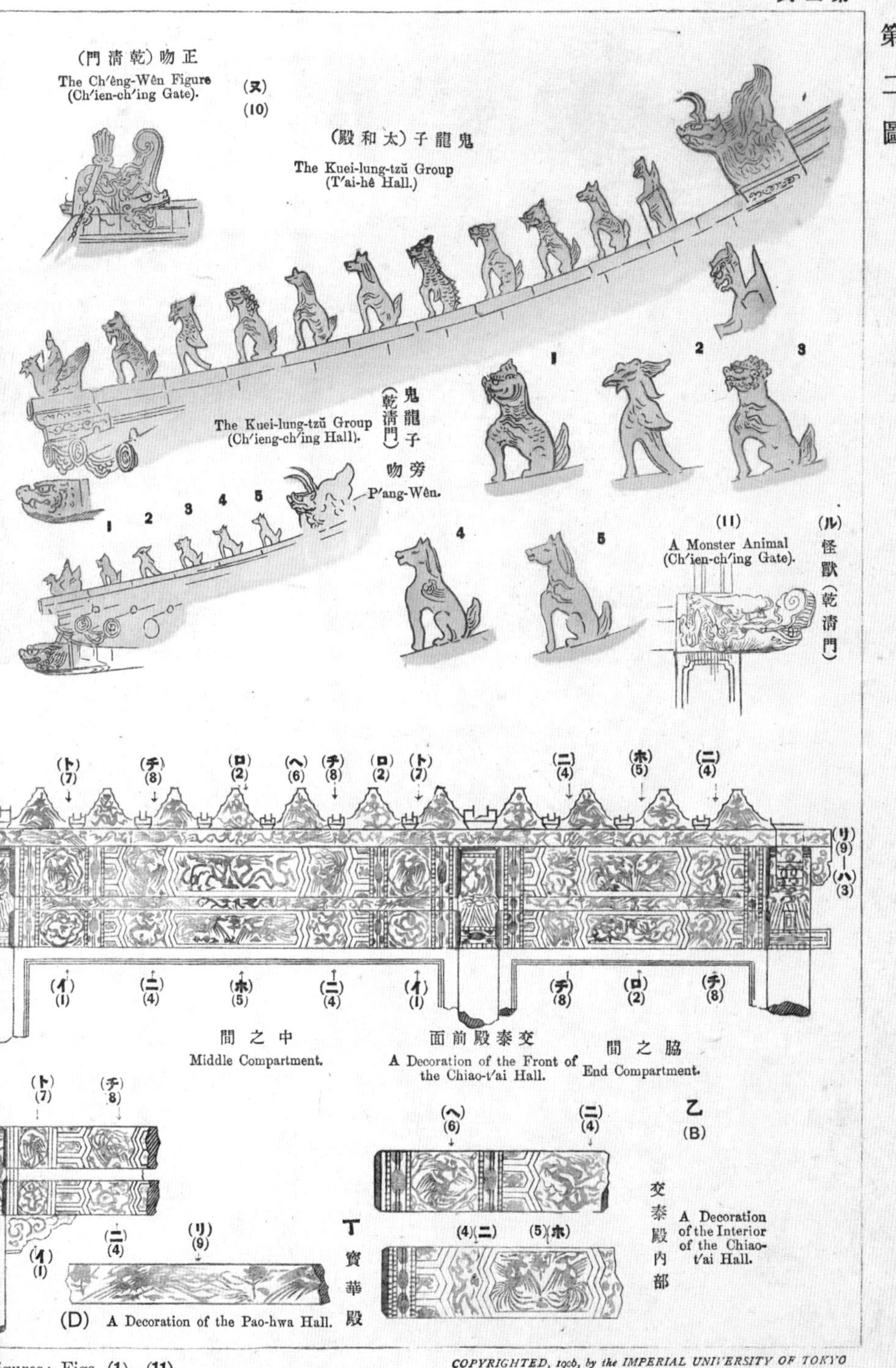
動
第三頁
第二圖
正吻(乾清門)
The Ch'êng-Wên Figure (Ch'ien-ch'ing Gate).
(ヌ) (10)
鬼龍子(太和殿)
The Kuei-lung-tzŭ Group (T'ai-hê Hall.)
鬼龍子(乾清門)
The Kuei-lung-tzŭ Group (Ch'ieng-ch'ing Hall).
旁吻
P'ang-Wên.
(11) A Monster Animal (Ch'ien-ch'ing Gate).
(ル) 怪獸(乾清門)
中之間
Middle Compartment.
交泰殿前面
A Decoration of the Front of the Chiao-t'ai Hall.
脇之間
End Compartment.
乙 (B)
交泰殿内部
A Decoration of the Interior of the Chiao-t'ai Hall.
丁 寶華殿
(D) A Decoration of the Pao-hwa Hall.
igures: Figs. (1)—(11).
COPYRIGHTED, 1906, by the IMPERIAL UNIVERSITY OF TOKYO

这些小走兽中领头的是『骑凤仙人』，后面依次为龙、凤、狮子、天马、海马、狻猊、押鱼、獬豸、斗牛、行什。

故宫太和殿神兽

东西六宫檐角上的神兽　　5 尊神兽依次为：龙、凤、狮子、天马、海马。

古人对獬豸的描述见于东汉杨孚所作《神异经》:“东北荒中有兽如羊,一角,毛青,四足,性忠直。见人斗则触不直,闻人论则咋不正。”因此,獬豸是忠诚正直的化身,寓意驱邪避凶。

斗牛在传说中是一种无角的龙,寓意是驱邪镇宅。《宸垣识略》中说:“西内海子中有斗牛,即虬螭之类,遇阴雨作云雾,常蜿蜒道旁及金鳌玉蝀坊之上。”行什是一种神猴,肋生双翼,手持金刚宝杵,寓意降魔除障、消灾灭祸。因其位列第十,故得名行什。

骑凤仙人相传是战国时的齐湣王(公元前 301 年—公元前 284 年在位)。齐湣王在位时妄自尊大、穷兵黩武,在诸侯中树敌甚多,最终引来五国联军的讨伐。传说齐湣王战败走投无路之时,一只凤凰飞到他眼前,齐湣王乘凤凰飞过大河,绝处逢生。因此这尊骑凤仙人寓意逢凶化吉,遇难成祥。

正吻

故宫中有大小宫殿 70 多座,每个建筑都有各自的功能和等级,屋顶上使用的琉璃装饰也不尽相同。作为皇帝的正殿,太和殿的屋顶形制采用了等级最高的重檐庑殿顶,顶上的琉璃装饰也是最豪华的。正脊两端,安放着两个巨型琉璃正吻,高 3.4 米、重约 4300 公斤,由 13 块琉璃件组成。这 2 尊大吻为螭龙形状,通体金黄色,张口吞脊,尾部向上翘卷,背上插有宝剑。垂脊上装龙头鸱吻,鸱吻下整齐地排列着 10 尊神兽,末端有 1 尊骑凤仙人。太和殿是故宫中唯一一座檐角装饰 10 尊神兽的建筑，这不仅象征着皇帝至高无上的地位，还体现出在封建等级制度影响下，只有皇帝才能享受十全十美待遇的建筑理念。

乾清宫的地位仅次于太和殿，檐角便只安放 9 尊神兽，没有行什，瓦件的体积与太和殿的相比也较小。坤宁宫则又低一级，檐角只安放 7 尊神兽，没有狮豸、斗牛和行什，瓦件进一步缩小。东西六宫的檐角上则安放 5 尊神兽，瓦件更小。其他配殿、庑房上的神兽数量依次减少，体积依次变小，一些小的房间檐角甚至没有神兽。

对于这些琉璃脊兽，著名的建筑历史学家梁思成先生曾这样评价："使本来极无趣笨拙的实际部分，成为整个建筑物美丽的冠冕。"毫无疑问，这些脊兽给屋顶带来了更丰富的曲线，使得整个建筑庄重而不沉寂，威严而不呆板，堪称屋顶上的灵魂。

琉璃装饰还广泛应用于宫殿区的门、影壁以及花园中的花坛上。宫门上的琉璃装饰形式通常是琉璃瓦顶和仿木质的琉璃梁枋、斗拱，比较典型的是养心殿前的养心门。琉璃装饰在影壁上的应用面积更大，像之前介绍过的乾清门前的八字形影壁和皇极门前的九龙壁，表面几乎都是琉璃装饰。御苑中花坛的须弥座和栏杆，也有使用琉璃装饰的，比如御花园中绛雪轩前的花坛。在阳光的照射下，这些琉璃装饰流光溢彩，将古建筑衬托得富丽堂皇。

# 第六节　结构精美的传统门窗

故宫中的古建筑数量庞大，不同等级和功能的建筑，其形制、构造和装饰都有严格的标准。为了符合建筑等级和功能方面的要求，故宫中建筑上开辟的门窗也是设计精美、样式繁多。经过能工巧匠的艺术加工，这些精美的门窗不仅能遮风挡雨、避暑防寒、调节室内采光，还具有重要的装饰意义。

故宫中门的样式以槅扇门为主，兼有少量板门、屏门等。槅扇门是中国古代木结构建筑中最常见的门扇形式，唐代时已经出现，宋代开始大量应用于民间和官方建筑。槅扇门主要由边梃、抹头、槅心、裙板、绦环板 5 部分组成。边梃是槅扇门两侧竖向的边框。抹头是组成槅扇门的横向木枋，可分为上抹头、中抹头和下抹头。上、下抹头即槅扇门的上、下边框；中抹头是门中间的横木，将槅扇分隔成槅心、绦环板和裙板 3 部分，同时起到加固框架的作用。

槅心是槅扇上部通风透光的部分，高度约占槅扇的 3/5，由内外两层棂条拼成各种图案，中间糊纸、夹纱或镶嵌玻璃。根据图案不同，可分为三交六椀菱花样式、双交四椀菱花样式、步步锦样式等。三交六椀菱花样式是用一根竖向的直棂与两根斜棂相交，3 根棂夹角均为 60°，组成 6 个等边三角形，交点两侧雕刻成花瓣形。交点用竹钉或木钉固定，装饰成花心，便成为一朵六瓣菱花。这种图案寓意“三生万物”，等级最高，象征着封建正统皇权，太和殿、乾清宫外檐的槅扇门都是这种槅心。

双交四椀菱花样式没有竖向的直棂，由 2 根斜棂相交，2 根棂之间夹角为 90°，交点两侧雕刻成花瓣形。交点用竹钉或木钉固定，组成放射状的菱花形。这种图案的等级略低，可见于慈宁宫、东西六宫的槅扇门上。

步步锦样式是由多条直棂和横棂共同组成的一个规律性的几何图案。每一

太和殿外檐的槅扇门（局部）

古代门房多采用槅扇门，槅扇门是由边梃、槅心、裙板、绦环板和抹头这些基本构件组成的。槅心部分为了采光的需要，采用透空的设计，即在木头上雕刻出镂空花纹，做工复杂，细腻精美。木块穿插拼合妙趣横生，且寓意美好，在中国古建筑的装饰中为精妙绝伦之手笔。

倦勤斋

槅心为步步锦式纹样，由直棂和横棂组成，直棂与横棂呈规则的几何形样式由内向外、由短变长，寓意步步高升，吉祥如意。

根棂条的两端都削成尖榫，与另一根棂条（或边框）“丁”字相交，交接处用胶粘合加固，一步步向外延伸，拼成一个个对称排列的矩形，寓意事业步步高升。这种图案在故宫中的槅扇门上应用较少，可见于宁寿宫区的乐寿堂。

裙板是一块矩形的木板，位于槅扇下部不通透的部分。故宫中槅扇门的裙板通常雕有花纹或绘有彩画，以凸显皇家的富贵。比如，太和殿外檐的槅扇门，裙板中间饰有浑金流云团龙浮雕，裙板框四角也用金色的卷草浮雕装饰，极尽奢华。

裙板上下都有 2 根抹头，较大的槅扇门还会在 2 根抹头中间安装一块窄长的木板，这就是绦环板。绦环板所占的面积很小，等级较高的建筑中，绦环板也会有雕饰或彩画。比如，太和殿外檐的槅扇门，绦环板上同样有上覆金漆的浮雕。

板门是用大块木板穿暗带拼成的门，比较厚重，在装饰性方面不如槅扇门。

江山社稷金殿

乾清宫前的通体镏金的建筑，被称作江山社稷金殿，始建于顺治年间，也是故宫中最小的宫殿。每日由太监供奉香烛，每逢初一、十五，侍卫会集体前来参拜。这座江山社稷金殿彰显出帝王对江山社稷的重视。槅扇、裙板上雕镂着精美的龙纹装饰，其槅心样式亦十分独特。

江山社稷金殿的槅扇门

故宫中的板门主要用于部分满式建筑，如清代改造后的坤宁宫、宁寿宫。屏门是中国传统建筑中遮隔内外院的门，一般用于大门的后檐柱间、室内明间后金柱间，起屏风的作用，故称屏门。

窗的样式则以槛窗为主，兼有部分横披窗、什锦窗、支摘窗、直棂吊搭窗等。槛窗多用于庄严郑重的宫殿，外形和槅扇门的上半部类似，也有槅心和绦环板，安装在槛墙上。槛窗的槅心样式更加丰富，除了三交六椀菱花、双交四椀菱花、步步锦外，还有灯笼锦、盘肠纹、“卍”字纹、“回”字纹、钱纹、冰裂纹等。

灯笼锦槅心是用直棂和横棂拼成多个层层嵌套的矩形，在上下左右 4 个方向的矩形中间，嵌入各种灯笼及谷穗、蜜蜂图案浮雕，寓意前途光明，五谷丰登。在等级较高的建筑中，槛窗灯笼锦槅心上还会涂金漆。

盘肠纹和“卍”字纹都源于佛教。盘肠纹是用曲线的棂条组成无头无尾的龙蛇盘绕的形状，以此象征着生生不息、绵延不绝，现今的中国结也是盘肠纹的一种表现形式。“卍”字纹槅心是用拐折的棂条拼成“卍”字，呈现出一种旋转的状态，象征无限循环的宇宙，寓意诸事吉祥，万寿无疆。“回”字纹槅心是用横竖的短棂条拐折拼成的方形或圆形的回环状花纹，形如“回”字，寓意吉利永长、富贵不断。

钱纹又称轱辘钱样式，槅心中每个圆棂与上下左右 4 个圆棂相切，与四角的圆棂相交，呈现出圆圈中有内向弧形方格的图案，形似圆形方孔钱，寓意招财进宝。冰裂纹槅心是用斜的短棂条拐折拼成一种不规则的形状，如冰面龟裂，线条流畅，榫卯严密，风格素雅，多见于园林建筑。

故宫中的很多宫殿都极为高大，如果只开槛窗，就会显得较为闭塞，通风和采光也不够好。为了让整个建筑看起来更和谐，加强通风和采光，建筑师便在槛窗上方增设了几个小窗，称为横披窗，也叫横风窗、横坡窗。横披窗通常为 3 扇连续的长方形窗，装在上槛和中槛之间，槅心与槛窗样式相同，只是不能开启。

什锦窗也是一种小窗，多为六边形，用于园林建筑中厚墙的装饰。做什锦窗时，需要在厚墙上方预留的孔位中用木板贴一圈，两侧装木质贴脸，形成筒子口，口内架窗框，框内镶仔屉，仔屉上安装棂条或镶嵌玻璃。什锦窗槅心的图案极为丰富，除了常见的步步锦、冰裂纹，还有花卉、器皿、蔬果等图案。

支摘窗又称和合窗，与槛窗的结构区别较大。支摘窗是长方形，多为横向安装，分上下两段，中间以横木分隔。上段可以向外推出支起，多用步步锦或灯笼锦槅心，中间夹纱或糊纸；下段可以摘下，通常镶嵌玻璃，以便采光。这种样式的窗户大多用于内廷和园林建筑，如西六宫之一的储秀宫、乾隆花园中的三友轩。

直棂吊搭窗是直棂窗的改进版。直棂窗是用竖向的直棂条在窗框内均匀排列，形如栅栏，利于通风，但不能开启。直棂吊搭窗在直棂窗的基础上，在上下两端和中部各加一根横木支撑，下部不与窗框连接，上部的边框两侧出头形成一根转轴。这样一来，就可以从下部向外推开，再用挂钩吊住，因此被称为直棂吊搭窗。这种窗的结构简单，装饰性不如槛窗，通常与板门搭配，用于部分满式建筑，如坤宁宫、宁寿宫。

# 第七节　纹饰华丽的天花藻井

中国古代建筑早期大多为“彻上明造”，望板和椽檩裸露在外，容易落灰，而这样的空间结构也不利于保温，往往冬冷夏热。后来，建筑师在屋内铺设了天花，用于遮蔽室内梁以上的部分，可以让室内的环境更整洁，又有利于维持室内温度。

故宫中的天花按等级和构造大致可分为两类：硬天花和软天花。硬天花又可分为平闇类和平棊类。平闇类的做法比较简单，即用很多木质支条纵横相交，将天花区域分隔为若干密集的小方框，然后在方框上覆盖素木天花板。这种天花虽非常实用，但装饰性不足，在故宫建筑中较为少见。

平棊类是以内檐下的斗拱为基础，在上面架天花梁、天花枋、帽儿梁，再在这些梁枋上架纵横的支条，将天花区域分隔成五六十厘米见方的大方框，方框上覆盖彩画天花板。因为支条拼接的形状像“井”字，因此也被称为井口天花。天花板的中心部位称为“圆光”，通常用天青色作底色，上绘龙、凤、仙鹤、花卉、果实等。4 个角称为“方光”，也叫岔角，通常用淡青色作底色，上绘流云、卷草，以衬托“圆光”。“方光”外井口多为草绿色，支条交会处大多饰有沥粉贴金的莲瓣图案，莲瓣四边饰有燕尾形的云纹。这种天花不仅具有足够的实用性，还具有极佳的装饰性，广泛应用于高等级的大殿，如太和殿、皇极殿。

软天花又称海漫天花。这种做法不用帽儿梁，是在天花梁上用木条贴梁形成边框，框内架小支条组成木格蓖，作为骨架，然后在木格蓖上糊麻布或纸，再在麻布或纸上面绘出井口支条和各类彩画。软天花的等级较低，主要用于内廷的东西六宫。

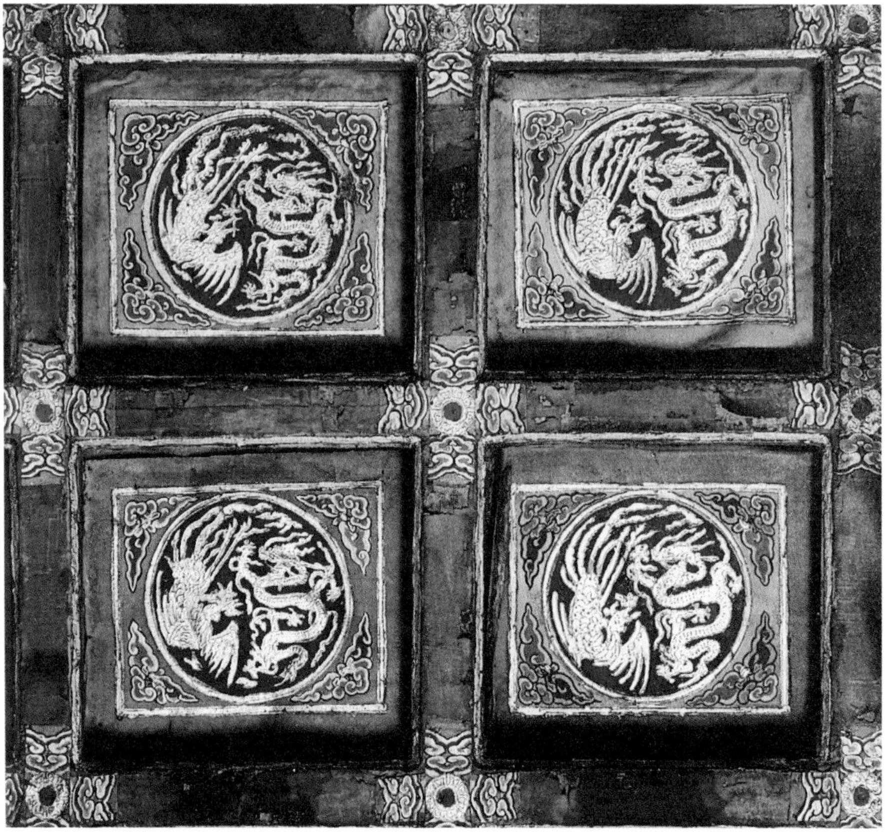

慈宁宫大佛堂天花

畅音阁天花

为符合封建等级制度的要求，天花上的彩画也被区分为多个等级。龙、凤图案的等级是最高的，前朝三大殿、内廷后三宫的天花上的彩画都是这一类。仙鹤、花卉等题材的等级较低，广泛应用于东西六宫和园林建筑，如景阳宫的天花是双鹤图案，储秀宫和御花园浮碧亭的天花是用牡丹、水仙、兰花等组成的百花图案，文渊阁的天花则是金莲水草图案。

出于建筑功能性与装饰和谐的需要，天花上彩画的内容和颜色也有不同。以皇帝举行大典的太和殿为例，天花图案选择了沥粉贴金坐龙，与明堂的雕龙金漆宝座，宝座前方金柱上的蟠龙纹，梁枋上的金龙和玺彩画互相呼应，更加凸显皇帝的尊贵地位。

也有一些天花不绘彩画，而是用贴雕装饰，带来更强的立体感。比如，宁寿宫区的乐寿堂、古华轩，天花上贴的都是本色楠木，上面浮雕卷草花卉图案，与室内的其他装饰配合，显得雍容华贵，别具一格。

在一些等级较高的宫殿中，天花中央或宝座上方的天花处，还装饰有藻井。藻井来源于我国古代的“镇物”文化，历史非常悠久。东汉时的民俗著作《风俗演义》中记载：“今殿作天井。井者，东井之像也。菱，水中之物，皆所以厌火也。”东井，即二十八宿中的井宿，有 8 颗星，古人认为是主水的。由此可见，藻井一开始就是身份和地位的象征，只有宫殿和神佛庙宇中才能使用藻井装饰，承载着人们防火避灾的愿望。最初的藻井是一个较为简单的井的形状，有圆形藻井、方形藻井、八角形藻井、螺旋形藻井等。在后来的发展过程中，建筑师越发注重藻井的装饰性，经常会把多种形状结合在一个藻井中，用榫卯层层拼接，一些大型的藻井甚至还需要用斗拱承重。藻井的形态越来越精致繁复，变成了“穹然高起，如伞如盖”的独特装饰物。

明清时期，藻井的样式形成了大致的标准，通常都由上、中、下 3 部分组成，造型大多为上圆下方，借“天圆地方”之意。在故宫中，只有等级很高的建筑才用藻井装饰，如太和殿、养心殿、皇极殿、斋宫等。

太和殿的藻井，全称为龙凤角蝉云龙随瓣枋套方八角浑金蟠龙藻井，位于宝座前上方、天花正中央，高度约 1.8 米，分为上、中、下 3 层。上层为圆井，中层为八角井，下层为方井，每层都贴满两色金。圆井和方井下各有一圈斗拱承重，八角井的表面遍布云龙浮雕。藻井正中的穹顶上，雕刻着一条蟠卧的巨节选自《北京皇城建筑装饰》。藻井又叫作天井、复海、斗八等，是中国古代建筑顶部的装饰物。

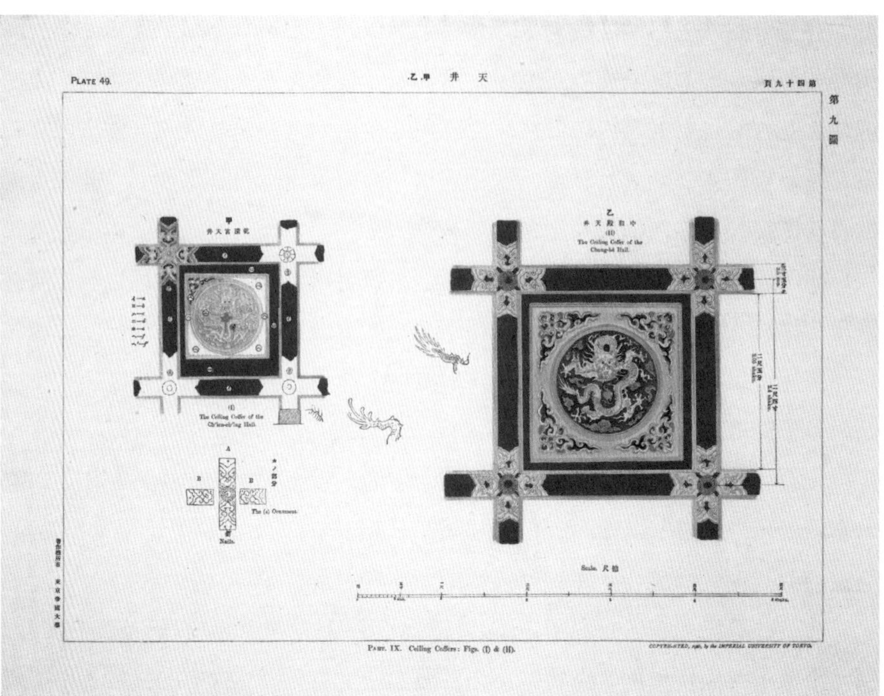


中和殿藻井和乾清宫藻井

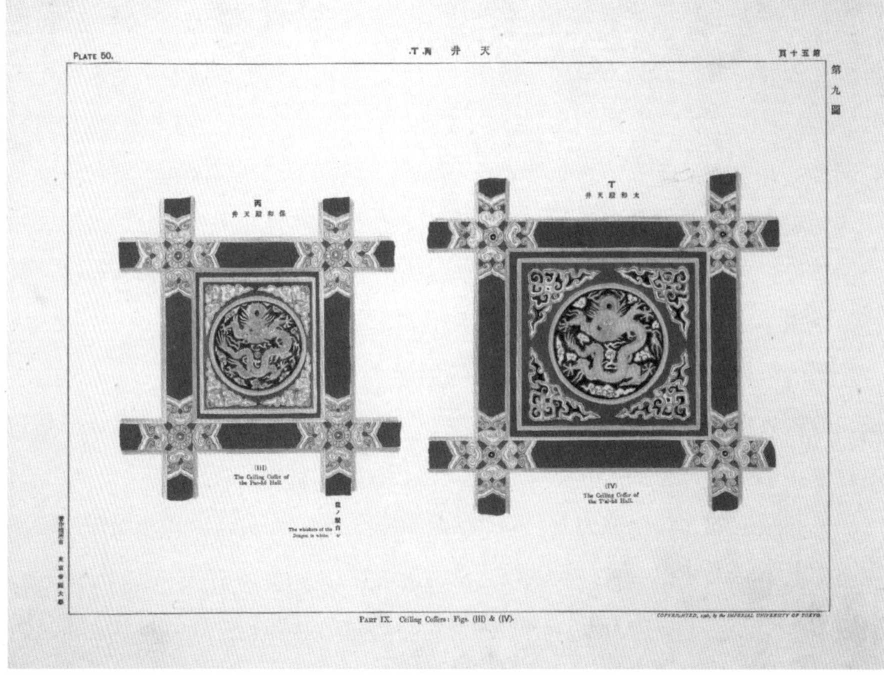


太和殿藻井和保和殿藻井

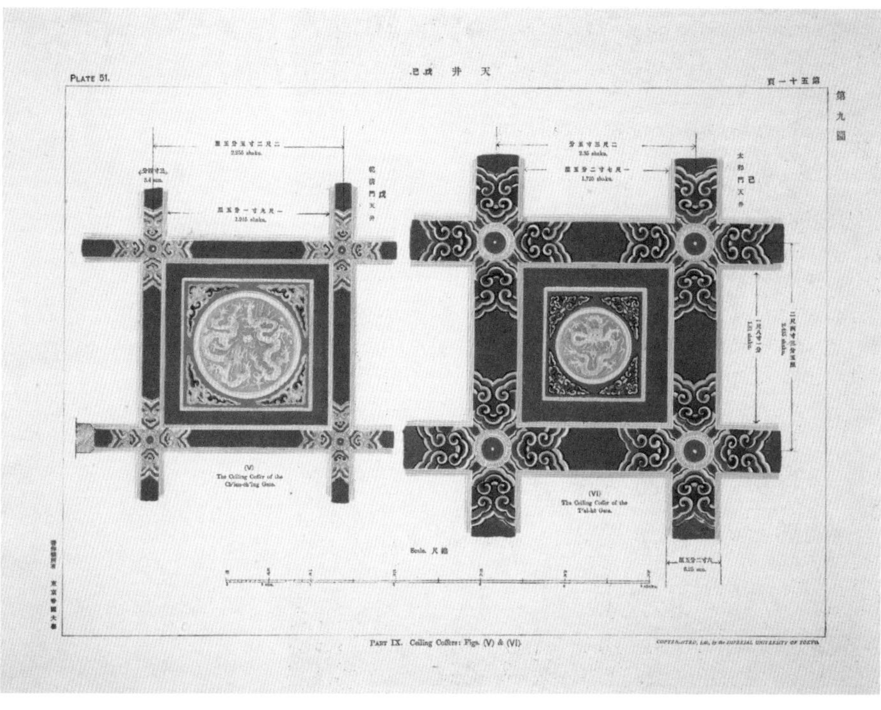


太和门藻井和乾清门藻井

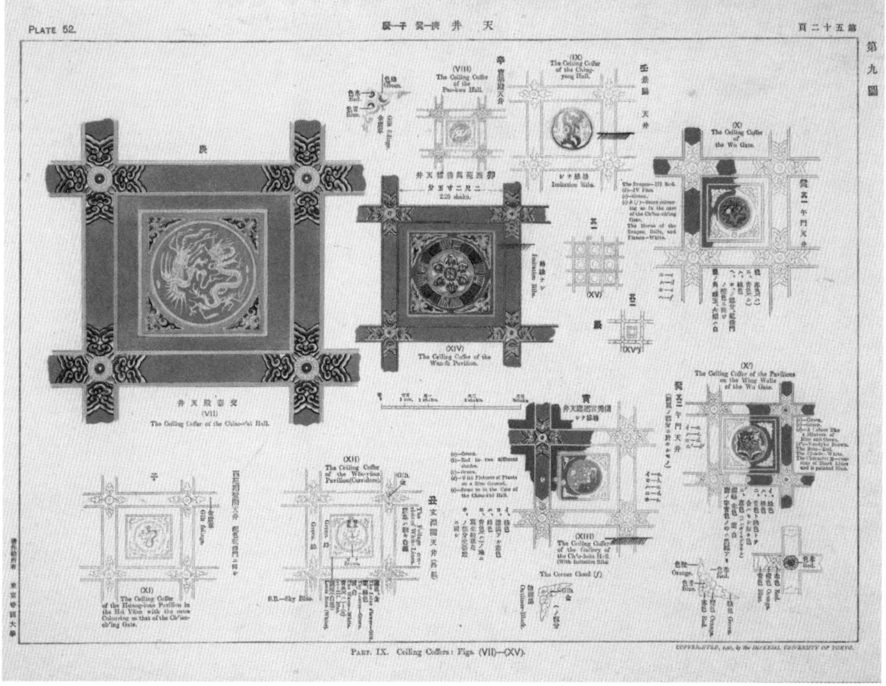


西苑万佛楼藻井和交泰殿藻井等

皇极殿藻井

太和殿藻井

龙，通身贴金，俯身探首，口衔宝珠。宝珠名曰轩辕镜，代表皇帝的权力和尊位继承于轩辕黄帝，毋庸置疑，是封建正统思想在建筑装饰上的具体体现。相传这颗宝珠可以辨别真假天子，如果假的天子坐在宝座上，轩辕镜就会落下将他砸死。李自成不在太和殿举行登基仪式，而是改在武英殿；袁世凯在紫禁城自立为帝时，下令将龙椅往后移了 3 米，都是因为害怕被轩辕镜砸死。金碧辉煌的藻井和下方的雕龙金漆宝座、两侧的蟠龙金柱交相辉映，将这座大殿衬托得更加庄严华贵。

养心殿的藻井与太和殿的相比，除了规模较小外，形状和配色也有所不同。太和殿的藻井，中层八角井内部是由 2 个正方形相交形成的八角星，三层全部为金色。养心殿藻井内的八角星是由 16 根等长的支条直接拼成的，星角内侧没有横木；上层圆井的外沿和中心的穹顶底色为蓝色，中层八角井的外沿底色为绿色，八角井边框以及下层方井边框也是绿色，井中的蟠龙和其他雕饰是金色。相比之下，太和殿的藻井风格更加庄重，养心殿的藻井风格则相对轻盈。

皇极殿的藻井形制、配色都与太和殿的藻井相似，只是规模较小。斋宫的藻井形状虽与养心殿的藻井类似，但只有穹顶底色是蓝色，其他部位均为金色。

作为皇帝御用的园林，御花园中也有多个建筑饰有藻井。钦安殿中供奉玄天上帝，建筑的等级也非常高，因此殿中藻井的形制与太和殿中类似。浮碧亭的藻井也是圆井、八角井、方井三层，只是八角井中没有八角星。千秋亭、万春亭的藻井形状相近，三层都是圆井，但万春亭的藻井穹顶的蟠龙口衔轩辕镜，千秋亭的藻井穹顶的蟠龙口中未衔宝珠。

# 第八节　绚丽奢华的彩画装饰

最开始，人们在木质建筑上涂刷油漆主要是为了防潮、防腐、防蛀，延长建筑的使用寿命。《穀梁传》曰："丹桓宫楹。礼，天子丹，诸侯黝，大夫苍，士黈。"可见在西周时期，油漆的色彩已经和社会阶级紧密相关了。随着社会的发展，统治阶级对建筑的美学要求越来越高，单调的纯色油漆已经无法满足帝王宫阙的装饰要求，逐渐演变成绚丽奢华的彩画。

明清时期，封建等级制度已发展到极致，政府明令禁止民居使用彩画装饰，皇家宫殿所用彩画也有严格的等级划分。等级最高的是和玺彩画，多用于外朝、内廷的核心建筑。和玺彩画由3段画面组成，自内而外分别为枋心、藻头、箍头。

枋心在和玺彩画的中心位置，画面最大。枋心两侧各有2条锯齿形皮条线，皮条线外侧的部分画面称为藻头。藻头部位直线条玉圭形的轮廓，称为圭线光子。藻头外侧有2条竖直的皮条线，皮条线外侧部分称为箍头，箍头内画面为近似圆形的盒子。和玺彩画以青、绿、红为底色，图案主体通常是各种姿态的龙、凤，四周绘祥云、花卉等图案为点缀，大面积使用沥粉贴金工艺。所谓沥粉贴金，就是胶和土粉混合成的膏状物，然后装进尖嘴管，描出彩画中隆起的花纹，再在上面涂胶、贴金箔。这样绘制出的彩画立体感很强，画面极为生动。

和玺彩画中颜色和花纹的搭配有严格的规定，如"升青降绿""青地灵芝绿地草"等。"升青降绿"的意思是说，藻头上绘龙纹时，如果底色用的是青色，就绘升龙纹；如果底色用的是绿色，就绘降龙纹。"青地灵芝绿地草"的意思是说，如果圭线光子内的底色用青色，其中就绘灵芝图案作为点缀；如果底色用的是绿色，就绘卷草图案作为点缀。

按所绘图案的具体内容，和玺彩画还可以分为金龙和玺、龙凤和玺、龙草

故宫宫殿局部金龙和玺彩画

太和殿金龙和玺彩画

和玺等多个种类。金龙和玺彩画的图案以龙为主体，周围绘祥云、火焰作为衬托。枋心内的图案通常为二龙戏珠，藻头内的图案为升龙或降龙，遵循“升青降绿”的原则，箍头盒子内的图案为坐龙。金龙和玺彩画的等级是最高的，可见于太和殿、乾清宫、养心殿等建筑。

龙凤和玺彩画的图案以龙、凤 2 种图腾为主体，周围绘祥云、花卉作为衬托。龙凤和玺彩画有 3 种做法，第一种做法主要按位置确定图案主体，枋心内的图案均为双龙，藻头画升凤或降凤，遵循“升青降绿”的原则，箍头盒子内的图案均为坐龙。第二种做法主要按底色确定图案主体，底色为青色时画龙，底色为绿色时画凤。同一建筑中，通常大额枋心底色选用青色，以双龙为图案主体；小额枋心底色选用绿色，以双凤为主体。第三种做法，藻头和箍头兼用前面的 2 种标准，枋心不画对称的双龙或双凤，而是在枋心左侧画行龙，右侧画行凤，即龙凤呈祥图案。龙凤和玺彩画的等级低于金龙和玺彩画，可见于慈宁宫、交泰殿等建筑。

龙草和玺彩画的图案以龙和大草为主体，周围绘祥云、花卉作为衬托。龙草和玺彩画的画法较为简单，图案主要取决于颜色搭配。如枋心、箍头底色为绿色，则藻头底色为红色，枋心画双龙，藻头画大草，箍头盒子画坐龙；如枋心、箍头底色为红色，则藻头底色为绿色，枋心、箍头盒子画大草，藻头画升龙或降龙。龙草和玺彩画的等级又低于龙凤和玺彩画，可见于弘义阁、体仁阁等建筑。

旋子彩画的等级仅次于和玺彩画，广泛应用于次级的宫殿、配殿。这种彩画俗称“学子”“蜈蚣圈”，底色多用青色、绿色，图案以涡卷瓣旋花为主，也有少量龙、凤。旋子彩画的规定相对宽松一些，工艺也相对简单一点，可以贴金，也可以不贴金。

与和玺彩画的结构相似，旋子彩画也分为枋心、藻头、箍头 3 段，但在线条形式和图案内容上，两者有明显的差异。和玺彩画的枋心两端为莲瓣形，旋子彩画的枋心两端为剑尖形；和玺彩画藻头内的图案为龙凤或大草，旋子彩画藻头内的图案为旋子。旋子也叫旋花，中心称为旋眼，旋眼周围绘两三层花瓣，花瓣外侧绘一圈旋涡状的花纹。旋子的基本样式为“一整二破”，即外侧一个整团的旋花，内侧两个半团的旋花，旋花间的空位称为菱角地。如果菱角地面积比较大，图案会进行适当的调整，增加一些元素，形成“一整二破加一路”“加两路”“勾丝咬”“喜相逢”等形式。

旋子彩画有多种配色，配色手法不同，搭配的枋心画法也不同。旋子彩画中等级最高的是金琢墨石碾玉，即所有轮廓线条都采用沥粉贴金工艺，旋眼和菱角地都做点金处理，花瓣都采用退晕手法，用青色、绿色颜料逐层绘制。次一等的称为烟琢墨石碾玉，轮廓线条用墨线，其他与金琢墨石碾玉相同。这两种配色手法一般搭配龙锦枋心，即在一座建筑的大小额枋的枋心分别画龙纹和画锦纹。

此外还有金线大点金、墨线大点金、金线小点金、墨线小点金、雅五墨、雄黄玉等配色手法，分别搭配龙锦枋心、花锦枋心、一字枋心、空枋心等画法。

苏式彩画俗称“苏州片”，源自江南地区的包袱彩画。苏式彩画于明初营建紫禁城时传入北京，在长期的演变过程中逐渐变得富丽华贵，在清乾隆时期达到顶峰，被称为“官式苏画”。

苏式彩画的等级低于和玺彩画和旋子彩画，可见于东西六宫及御花园、乾隆花园中的部分建筑上。这种彩画的结构和内容更加灵活多变，根据建筑的实际功能和周边环境，画面题材可选用山水树木、花鸟鱼虫、建筑器皿、人物典故以及各种吉祥图案等，相比前两种，彩画要丰富很多。

# 第九节　水井、水缸、水道

紫禁城作为古代帝王的皇宫，始于明永乐十八年（1420 年），结束于清宣统三年（1911 年）。在这 491 年间，紫禁城共有 24 位皇帝入住，每个皇帝都有多个后妃，宫女、太监等侍从人员更是成千上万。皇帝和后妃饮食用的是从玉泉山运来的泉水，而数量庞大的侍从人员可没有这个条件。为了供给这些侍从人员的生活用水，当时紫禁城中的很多地方都打有水井。

据说明初营建紫禁城时，应地煞星数，共打水井 72 口。现在的故宫中还有 70 多口井，覆盖了外朝部分宫殿和内廷各宫室，比如乾清宫、慈宁宫、慈庆宫两侧的宫室以及厨房、库房。时过境迁，这些井绝大部分都已经干涸，失去了实际作用，但设计考究的井亭、井台，还诉说着这座宫城当年的繁盛。

为了遮挡灰尘杂物，保持井水的清洁，明清时期紫禁城中的井大部分都建有井亭。经过乱世的洗礼，故宫中现存井亭还有 30 个左右。这些井亭多为方形，采用大式做法，主要为盝顶，也有少数是卷棚悬山顶，顶中央开方口，造型华丽，装饰精美。

井亭中最具代表性的是御花园中的东、西井亭。这两座井亭下部均为方形，覆莲雕花柱础上立 4 根朱漆柱，每根柱上架一根转角桁，与平面四角呈 45°，转角桁两端再与悬空的 4 根转角桁连接，组成八边形。转角桁上架斗拱，斗拱托盝顶，上覆黄色琉璃瓦。亭顶中央对应井口位置开方口，以便纳光和掏井。井亭四周围有汉白玉栏杆，望柱头雕刻成云龙形状。东井亭檐下饰花草枋心苏式彩画，西井亭檐下饰海墁斑竹彩画。

亭中为井台，周围有泄水沟槽，井口石上覆石盖板。西井亭中井台上还架有一根横木，横木上安装着滑轮，是当年吊桶汲水的遗迹。

1 | 2
3

1. 重华宫井亭

2. 传心殿大庖井

3. 珍妃井

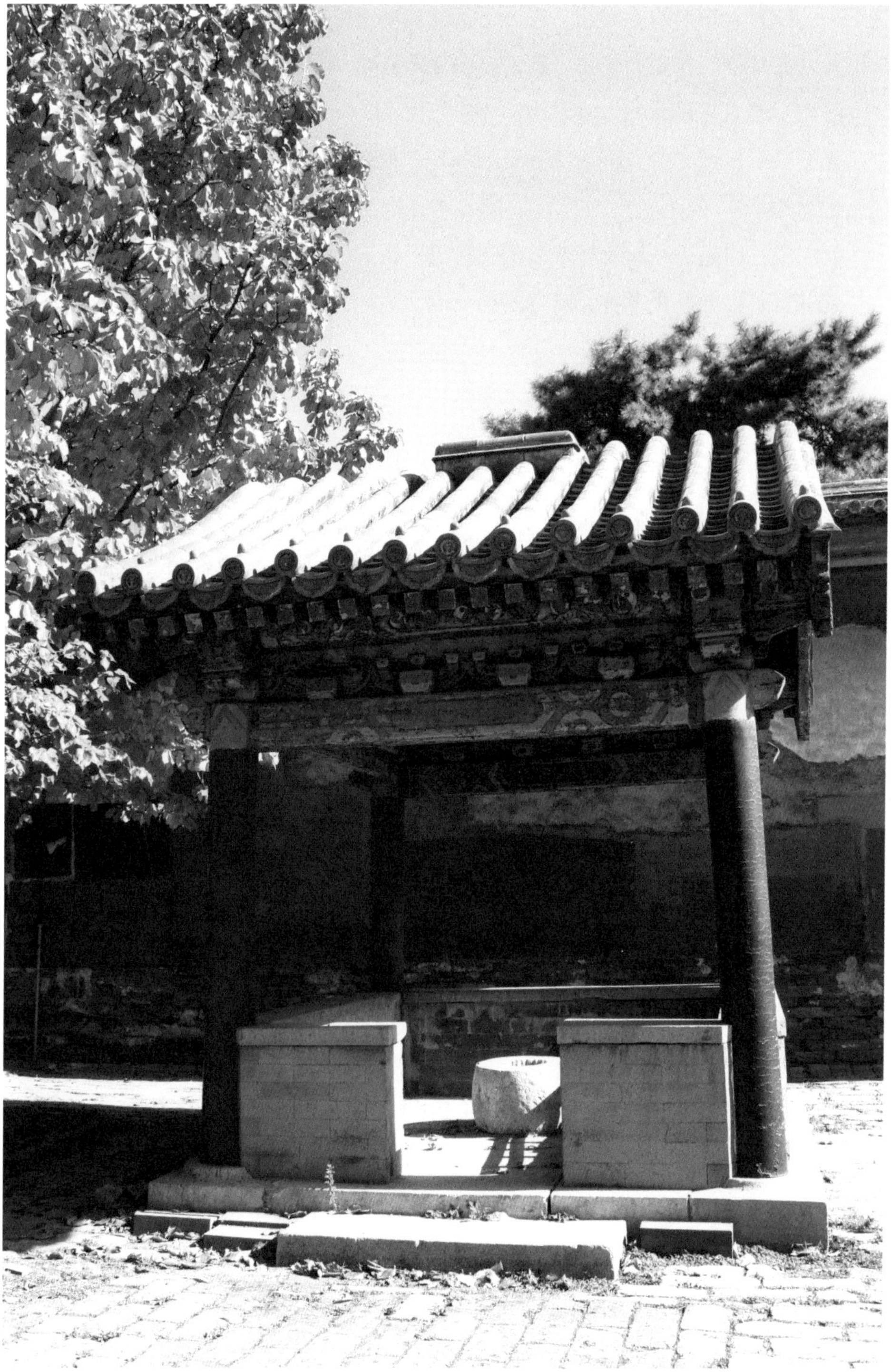

较为人熟知的珍妃井，在宁寿宫北侧的贞顺门内。这本来只是一口普通水井，无井亭，井眼上置井口石，石两侧凿有小洞，可穿入铁棍上锁，四周环绕汉白玉栏杆。清光绪二十六年（1900 年），八国联军攻打北京，慈禧太后携光绪皇帝西逃之前，将珍妃召至颐和轩，命令太监崔玉贵等人将她推入这口井中溺死。

故宫中还有一口比较著名的井，名曰大庖井，在传心殿院内。明代时已有此井，曾在此祭祀井神，清代沿袭明制。大庖井中的井水清冽甘甜，名列宫中之首，且现在仍未干涸。

故宫中的建筑绝大部分为木质结构，一旦失火，极易蔓延成灾。遇到这种紧急情况，再到井中汲水是来不及的。为了方便取水灭火，故宫内廷的东西长街以及较大的庭院中，都设有很多大水缸，平时贮满了清水。这些大缸排列整齐，样式精美，不但具有消防方面的实用价值，还是故宫中一种重要的装饰物。

明代时所铸大缸形状多为上奢下敛，用青铜或铁为原料，很少有鎏金装饰，两耳挂铁环，古朴大方。清代时所铸大缸形状多为腹大口小，用铜鎏金或者青铜烧色装饰，两耳挂兽面铜环，精致华贵。乾隆时，内廷曾铸造口径 5 尺的铜鎏金大缸，重约 3392 公斤，花费白银 500 多两。

缸的种类、大小和数量由建筑等级和环境空间决定。太和殿、保和殿两侧，陈设的都是铜鎏金大缸；而内廷东西长街上，陈设的都是较小的铁缸和青铜缸。

故宫中还辟有多条水道，以便取水和排水。比如，武英殿和浴德堂之间，就有一条石槽砌成的水道，将武英殿西北角的井水引到浴德堂西侧的室内大铁锅里。清代时，浴德堂是词臣校书的值房，引到这里的水用于蒸熏纸张、印刷书籍。传说乾隆时，在浴德堂后面建了一座维吾尔族浴室，以供香妃沐浴。此说法并无相关遗迹和史料佐证，应为民间杜撰。

故宫中排水的水道较多，有明沟和暗沟 2 种。紫禁城的地势大体上是北高南低，建筑底下都有台基垫高，因此院内是中高边低。环绕建筑四周，通常都设有石水槽，遇到台阶等障碍物，则在下方开券洞，以便积水从院内排出，这就是明沟，所开的券洞称为沟眼。明沟暴露在地表，太多会影响美观，所以又在地下挖设暗沟。积水从明沟转入暗沟的入口，称为眼钱。故宫中的沟眼和眼钱为砖石砌成，表面还雕有花纹装饰。太和殿东南角崇楼下的沟眼规模较大，

太和殿及石阶下的大缸　　图片节选自 1927 年出版的《燕京胜迹》，中国国家图书馆藏。

太和殿前的鎏金铜缸

底部和两侧用条石垒砌，顶部用砖砌成券洞，足有 1.5 米高，0.8 米宽，可容人通行。

每个宫院的四周都设有明沟，明沟流出的污水，通过眼钱流入乾清宫、交泰殿、坤宁宫两侧道路及东西长街下的暗沟。暗沟的沟道大多也是由砖石砌成，以东西长街下的暗沟为例，沟道的高度约 0.7 米，上下全部用条石垒砌，工程极为浩大。大部分生活污水最终在东西流向的暗沟内汇合，注入下水道干沟，再由干沟排入金水河中。

故宫中的干沟共有 3 条。第一条干沟，西起神武门，自西向东直至紫禁城东北角，再折向南，通过 13 排才终止，几乎环绕了半个紫禁城。西端的水排入金水河在城隍庙东侧的河段中，南端的水排入金水河在清史馆处的河段中。

第二条干沟，北起北宫墙内东西干道，自北向南流过东六宫和宁寿宫区间的夹道，在夹道南端分流，一支折向西，流过御膳房东墙外，再折向东南，流入金水河在文华殿东侧的河段中；另一支向西流过奉先殿南侧群房，从西南侧墙角流出，再折向南，沿中路东墙外侧流入金水河在文华殿西侧的河段中。

第三条干沟，北起乾清宫院内，自乾清宫西南角流出，自东向西穿过内右门，流入养心殿南库，从南库南墙下流出，向西穿过隆宗门，再折向南，流入金水河在武英殿东侧彩虹桥处的河段中。

为保证下水通畅，明清两朝都有规定，每年春季疏通宫内的沟道。中华人民共和国成立后，为了保护古建筑，也对这些沟道定期进行维护，因此现在仍然畅通。

## 第十节　暖阁、火盆与凉棚、冰窖

北京属于温带季风气候区，冬季寒冷，夏季炎热，自然有御寒防暑的需求。宫中御寒主要靠暖阁、火盆，防暑主要靠凉棚、冰窖。

中国古代，每年阴历十一月初一称为开炉节，人们大多从这一天开始采暖。皇家不用担心资源供给，如果寒潮来得早，也会提前供暖。到了清代末期，皇帝和后妃的所居宫室经常提前供暖，只有地位低下的侍从人员需要熬到十一月初一才能采暖，被分配到的资源也少得可怜。

当时北方的采暖方式大多是烧火炕，即用土坯或砖砌成一个长方形平台，上面铺席和被褥，中间留有孔道。孔道前通灶台，后接墙体中预留的烟道，直通屋顶的烟囱。天冷时，在灶台下烧火做饭，热空气和烟尘从这个通道流过时，会有一部分热量留在火炕中，以此取暖，可谓一举两得。

宫中的暖阁也是这种原理，但设计得更加讲究。暖阁室内的地面下，都留有纵横交错的烟道；廊檐下，用砖石砌烧火洞，接通室内地下的烟道，洞内砌砖炉或放铜铁铸造的火炉。在炉内燃起木柴、煤炭，热空气和烟尘就会顺着烟道流淌，最终将热量留在室内，把烟尘排出室外。这些暖阁主要建在内廷宫殿中，如乾清宫、坤宁宫、寿康宫、东西六宫等。

外朝区域的宫殿不建暖阁，主要靠火盆取暖，内廷区域的宫殿也会设火盆。火盆可分为盆和笼 2 部分，盆即下面承装火炭的容器，笼是上面的罩子，是为了防止火炭撒出。宫中的火盆设计精美，工艺考究，形状以圆形和方形为主，材质大多为铜铸或掐丝珐琅。

掐丝珐琅火盆制作得尤其精良，其中比较有代表性的是清代中期所制的掐丝珐琅八吉祥纹火盆。这个火盆高 21 厘米，底部有 3 个兽蹄状足支撑，盆腹

长春宫东暖阁

掐丝珐琅八吉祥纹火盆

和盆底略微突出，上方盆板向外翻折成沿。外壁和板沿上下均施天蓝色珐琅底釉，外壁及沿下饰有缠枝花卉掐丝纹样，沿上为轮、螺、伞、盖、花、罐、鱼、肠 8 种吉祥纹样，中间隔以折枝莲纹。

为适应不同环境的使用，宫中的火盆有大有小。大的火盆有 1 米多高，数百斤重，下面有三足或四足支撑，形如铜鼎，有些还会在下面安一个底座。宫中为大型掐丝珐琅火盆配座、梅洗等事，在清宫档案中有多处记载。小的火盆尺寸和西瓜差不多，重量也比较轻，可以提着到处走，根据使用方式的不同，还可分为手炉、脚炉。

出于封建等级制度的要求，各个宫殿设置火盆的数量都有严格的规定，但遇特殊情况时也会增设。雍正元年（1723 年）在太和殿举行殿试时，天气太冷影响考生书写，雍正皇帝曾下令增设火盆为考生御寒。

相比暖阁，火盆这种采暖形式的风险比较大，因为在以木结构为主的故宫建筑中，很容易引发火灾。嘉庆二年（1797 年），掌火太监郝世通在乾清宫东暖阁烧火盆时，未按规定流程处理，将余炭埋闷熄灭后，顺手放在东穿堂木隔旁，结果煤炭复燃，点燃木隔引发火灾，乾清宫、交泰殿均被焚毁，损失了大量珍贵的藏品，坤宁宫的前檐也被大火熏黑。此外，嘉庆二十四年（1819 年），因皇帝亲临太和殿，殿内设火盆太多，火星被风吹出，差点引发火灾。此事发生后，嘉庆皇帝下令加强宫中火盆的管控，即使偌大的太和殿也只设 2 个火盆，且炭火表面用土掩盖，以避免吹出火星。

不论是暖阁还是火盆，热效率都不高，还需要耗费大量的燃料。明代时，大多烧木炭，用量更是惊人。当时，宫中用的是上好的红罗炭，由易州一带的山中硬木烧制而成，出烟很少又非常耐烧。就是这样优质的木炭，在万历十八年（1590 年）殿试时，一次就烧掉了 1000 多斤。清代时兼用煤炭和木炭，用量也非常大。清末宣统年间采暖期，仅储秀宫每天就要烧掉殿煤 3000 斤，殿炭 300 斤，红罗炭 20 斤，寸子炭 30 捆。

从煤炭的用量也不难看出，皇宫的采暖是一项极为繁重的工作。为了更好地完成这项工作，宫中设有多个部门，分管采暖工作的各个阶段。其中，总管收购、贮存煤炭的部门称为惜薪司；负责暂存、分发煤炭的称为柴炭处；负责安装火炉、运送煤炭的部门称为热火处；负责点火烧炕的部门称为烧炕处。

◀清　冷枚　《避暑山庄图》

避暑山庄位于河北承德，又名承德离宫，是清朝皇帝及其后宫妃嫔夏日避暑的行宫。画中描绘了避暑山庄后苑全貌及周围的崇山峻岭，构图纵深感强烈，色彩冷暖和谐，营造出山庄的清幽氛围。

冬去春来，万物复苏。北方的春天很短，舒适的气温还没持续几天，就到了炎热的夏天。故宫内的房屋大多顶高墙厚，阳光晒不透，隔热效果很不错。夏天时，宫人把前后窗都打开，清风穿堂而过，室内是比较凉爽的，但宫中还有很多活动必须在室外举行。为了给这些皇亲国戚、王公大臣遮阳，清代内务府会事先在院中搭起凉棚。

清康熙时规定，宫中每年三月搭建凉棚，九月再拆掉。与民间简陋的凉棚不同，宫中的凉棚仿照所在宫殿形制搭建，规模宏大，装饰奢华。凉棚通常是用杉木作为框架，框架上面覆盖苇席，不仅能遮阳，还可以挡雨；棚墙上涂朱漆，中间开有门窗，棚内陈设一应俱全。自嘉庆开始，凉棚也作为酷暑时节皇帝和后妃日常活动的场所。慈禧太后也非常喜欢凉棚，夏天的大部分时间都在凉棚内活动。

搭建和拆卸这样的凉棚，都需要耗费大量的人力物力。清末，内务府在养心殿、宁寿宫等处搭凉棚 10 座，花费白银 1 万余两；拆卸时，花费白银 3000 多两。

除凉棚外，乾隆时还在宫中建了多个冰窖，冬天将御河的冰凿成大块贮存在窖中，夏天时取出，以冰镇水果、制作冷饮来解暑。现在故宫中还留有 4 个冰窖，都是半地下拱券式窑洞式建筑，东西宽约 6 米，南北长约 11 米，深入地下 1.5 米，能容纳 5000 块大冰砖。

受限于当时的科技，即使是皇宫内的这些避暑措施，效果也十分有限。因此自清康熙开始，每至酷暑时节，皇帝还会离开紫禁城，到香山、圆明园、南苑行宫、承德离宫（避暑山庄）等气候比较凉爽的地方避暑。

是日也天朗氣清惠風和暢仰
觀宇宙之大俯察品類之盛
所以遊目騁懷足以極視聽之
娛信可樂也夫人之相與俯仰
一世或取諸懷抱悟言一室之內
或因寄所託放浪形骸之外雖
趣舍萬殊靜躁不同當其

# 第四章

# 一器一物蕴匠心

# 第一节　中华文化艺术的宝库

故宫博物院是中国最大的古代文化艺术博物馆，院中藏品种类繁多、品质精良，具有极高的艺术价值和历史研究价值。

故宫博物院成立之初，藏品以宫廷遗留的历代文物、艺术品为主。民国时，因清室盗运和外敌入侵，有很多宫廷藏品流失在外。中华人民共和国成立后，通过政府征集、民间捐赠、考古发掘等途径的补充，故宫博物院的藏品越来越丰富。如今，院中藏品有法书、绘画、织绣、雕塑、铭刻、首饰、漆器、青铜器、金银器、玉石器、珐琅器、陶瓷器、玻璃器、钟表仪器、武备仪仗等20多个品类，总量达180多万件。

法书即书法作品的楷模，是对名家墨宝的尊称。我国的书法源远流长，明清两代宫廷内府都曾大量收集法书，尤以康、雍、乾三朝最盛。故宫博物院中现藏法书上至西晋陆机，下至近现代马衡、黄苗子，涵盖篆、隶、草、行、楷五大书体，有奏章、经卷、书信、诗轴、扇页等多种形式。

故宫博物院中现藏有名家画作5万余件，其中一级文物近1000件，仅元代之前的精品就有400余件。这些画作上至东晋顾恺之，下至近现代徐悲鸿、齐白石，涵盖历史、宗教、人物、山水、花鸟、走兽等多个种类，其中有不少是流传千年的孤本真迹，极为珍贵。

故宫博物院中现藏有织绣文物13万余件，上至北宋，下至民国，涵盖缂丝、织金、织锦、京绣、苏绣、湘绣、粤绣、蜀绣、顾绣、漳绒等种类，有服装、佩饰、匹料、日用品、织绣书画等形式，色彩绚丽，图案精美。

雕塑是雕刻和塑造两种造型艺术的统称。故宫博物院中现藏雕塑上至战国，下至清代，雕刻作品有竹雕、木雕、砖雕、石雕、金属雕等，塑造作品有泥塑、琉璃塑、金属塑等。这些雕塑的题材以神、佛为主，兼有人物典故、动植物等，形态各异，富有意趣。

铭刻本意是指在器物上铸造或镌刻文字，也可代表铸有或刻有文字的器物。故宫博物院中现藏铭刻文物上至商代，下至近现代，包含甲骨、砖瓦、刻石及这些器物的拓本。这些铭刻文物记载了古代发生的许多重大事件，对于研究中国古代历史具有重要意义。

清代内廷中后妃众多，因封建等级制度的要求，皇后和不同等级的妃嫔等所用的首饰也有所不同。故宫博物院中现藏首饰绝大部分是清代宫廷遗留下来的，数量庞大，种类繁多，所用金银珠宝难以计数。这些首饰涵盖了钿子、扁方、头面、头花、发簪、流苏、耳坠、领约、手串、手镯、戒指、扳指、指甲套等种类，每一件都是做工精细、造型典雅、装饰华贵的精品。

生漆是从漆树上采割的一种天然液体涂料，具有防潮、防腐、耐高温、富有光泽等优良特性。用木或其他材料造型，表面髹涂生漆制成的器物，就被称为漆器。故宫博物院中现藏漆器上至战国，下至清代，器型以各类器皿为主，兼有手炉、座屏等，造型优美，色彩绚丽。这些精美的漆器使用了多种

清　乾隆时期　扳指

瓷胎，上下口缘饰一圈金彩，外壁施黄绿色釉，绘有多色番莲花叶纹饰。此器一式二十件，同储于木匣中。

▶ 扳指

是用来保护手指的，其形状在各个朝代有所不同，譬如商周时期呈坡形，有弦槽和眼孔；到了汉代，还出现了带柄状凸翼的扳指；宋代之后，形式更是多样，多以片状和矮桶状扳指为主。扳指戴在拇指上，不仅美观好看，还可以通过旋转来疏通肺经，能达到缓解疲劳和明目的效果。

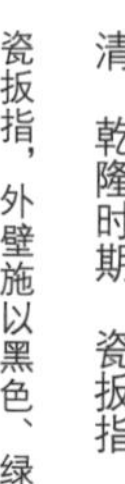

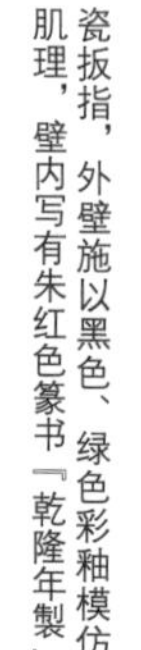

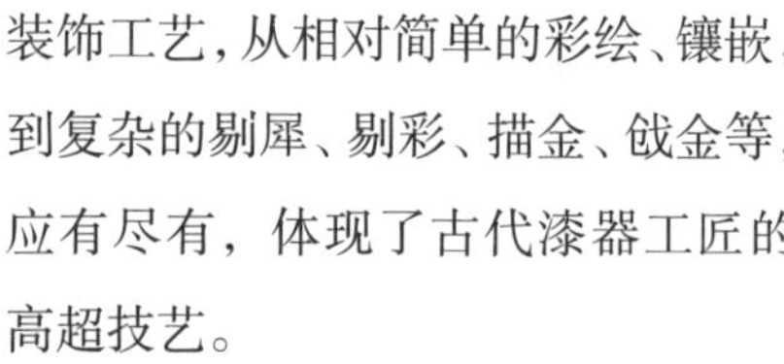

清　乾隆时期　瓷扳指

瓷扳指，外壁施以黑色、绿色彩釉模仿天然石材肌理，壁内写有朱红色篆书『乾隆年製』4字。

清　乾隆时期　雕犀角嵌银丝扳指

深棕色犀角扳指，正中饰4个银色双圆圈，分别写有『乾隆年製』4金字。四周有金、银色几何纹图案和银色神兽图案。

清　乾隆时期　松石绿釉扳指

瓷扳指，外壁施以松石釉模仿天然石材肌理。本器一式十件，同储于木匣中。

装饰工艺，从相对简单的彩绘、镶嵌，到复杂的剔犀、剔彩、描金、戗金等，应有尽有，体现了古代漆器工匠的高超技艺。

故宫博物院中现藏青铜器上至殷商，下至清代，涵盖乐器、兵器、酒器、饪食器、陈设器、车马器、度量衡等多个种类。每个种类又可细分为多种样式，如乐器有钟、镈、铃、磬、铎等，兵器有矛、戈、钺、剑、镞等，酒器有尊、壶、觚、斝、爵等，饪食器有鼎、鬲、簋、豆、甗等，纹饰繁缛，气势恢宏。

金、银作为贵重金属，其延展性好，可塑性高，色泽华贵，不易氧化，是优质的艺术品原材料。古代的能工巧匠通过浇铸、锤锞、切削、焊接、铆接、錾刻、累丝、镶嵌、抛光等技术，将金银打造成形式各异的器具，供富贵之家使用、赏玩。故宫博物院中现藏金银器上至唐代，下至近现代，涵盖酒器、餐具、宗教用品、医疗器材等多个种类，造型别致，纹饰精美，体现了奢华宫廷生活的奢靡。

故宫博物院中现藏有玉石器约3万件，上至新石器时代，下至清代。这些玉石器绝大部分是翡翠、和田玉、岫岩玉等玉料，也有一些是水晶、

镀金珐琅怀表

19 世纪瑞士钟表厂制造，直径 3.5 厘米。北京故宫博物院藏。

铜镀金锦鸡山石骑士牵马表

英国钟表匠詹姆斯·考克斯制造，高 238 厘米，长 114 厘米，宽 71 厘米。内置整点报时装置，整点时分音乐响起，乐箱正面的海景帆船以及帐幔上的宝星花随音乐声而律动。北京故宫博物院藏。

玛瑙、孔雀石、芙蓉石、青金石等其他矿物材料。这些璞玉、原石经过去皮、切割、雕琢、修整、抛光等步骤，最终变成温润无瑕的玉石器，参与到古人的祭祀、朝聘、征伐、宴享、婚配、丧葬等各种社会活动中。

珐琅是用石英、长石、硼砂和氟化物等矿物制成的一种釉料。在铜胎（也有少数为金、银胎）表面加工出花纹后，涂上珐琅釉，晾干后入窑烧制，就得到了珐琅器。珐琅器始于元代，兴于明代，盛于清代。故宫博物院中现藏有珐琅器6000余件，其中掐丝珐琅4000余件，画珐琅器2000余件，还有一些錾胎珐琅、透明珐琅。这些珐琅器纹饰精美，色彩鲜艳，表面细腻而有光泽，具有一种独特的美感。

故宫博物院中现藏有陶瓷器约35万件，上至新石器时代，下至清代，既有原始社会朴拙的黑陶、白陶、灰陶、彩陶，又有明清官窑精美的紫砂、粉彩、青白瓷、珐琅彩等。烧制陶瓷器的窑火映照着华夏数千年的历史，一直延续到今日。

故宫博物院中现藏玻璃器数量相对较少，主要是清代宫廷遗留的各类器皿，按工艺可大致分为：搅玻璃、单色玻璃、套色玻璃、金星玻璃、戗金玻璃、玻璃胎画珐琅等。这些玻璃器质地精纯，造型优美，即使放在玻璃制造工艺高速发展的今天，仍不失为精品。

钟表仪器由西方传入中国，是故宫博物院中一类较为特殊的藏品。故宫博物院中现藏钟表仪器大部分是清代时从外国进口，也有一些是清宫造办处及广州等地工匠仿制的。与进口的钟表仪器不同，国内仿制的钟表仪器装饰普遍更为富丽奢华，大部分还结合了一些中国传统文化元素，在一定程度上体现了当时中西文化交流的盛况。

封建统治者朝会、出行时的排场都极大，一些特殊场合还要顶盔掼甲、骑马佩刀或佩剑。故宫博物院中现藏武备仪仗主要来自明末及清代，涵盖了盔甲、刀剑、弓箭、火枪、马鞍、马鞭等种类。这些武备仪仗标识鲜明，造型庄重，装饰华贵，体现了当时封建统治者的威严。

## 第二节　故宫文物的南迁和西迁

1931 年 9 月，日本发动九一八事变，侵占我国沈阳。1932 年 2 月，东北全境沦陷，日军逼近华北。1933 年 1 月 3 日，日军攻破山海关，北平岌岌可危。在这样的时代背景下，故宫博物院为保护馆藏文物，组织了一场规模浩大的文物转移活动，史称故宫文物南迁。

九一八事变发生后，故宫博物院院方就接到指令，将馆藏的珍贵文物打包南迁。故宫馆藏丰富，珍品众多，只是挑选文物就花了几个月，最终选出文献 3773 箱，书画近 9000 幅，铜器 2600 余件，瓷器 2.7 万余件，玉器无数。

为了更好地保护这些文物，避免在转运途中损坏，院方在包装工作上花费了很大的心血。很多文物的包装方法都有特殊的讲究，院方专程请来大古董商铺的行家，向工作人员传授方法。针对很多易碎的瓷器，工作人员还将宫中未开封的景德镇瓷器包装打开，学习景德镇的包装方法。

在行家的精心指导和工作人员的持续摸索下，文物的包装都极为精密，至少有棉花、油纸、稻草、木箱 4 层，有的还会在外面套上铁箱，以防途中淋雨、翻车等情况而导致文物损坏。以瓷盘为例，通常需要将五六个叠放捆好，先用厚厚的棉花包裹，用油纸包起来，再用绳子扎紧，最后放进垫着稻草的木箱中。就这样，院方打包文物共计 13427 箱又 64 包，用时将近半年。在后来的南迁中，绝大部分文物得以保全，负责打包的工作人员功不可没。

山海关失陷后，院方开始着手转移打包好的文物。为降低被日军袭击的风险，院方未选择最近的天津方向的铁路，而是选择绕道，走保定方向的平汉铁路。运输工作开始前，院方先向行政院和地方军政长官发出密电，请求沿途派军队保护。

無上座及阿闍黎途中獨歸
其日無供即時阿難執持應
器於所遊城次第循乞心中
初求最後檀越以為齋主無
問淨穢剎利尊姓及旃陀羅
方行等慈不擇微賤發意圓
成一切衆生無量功德阿難
已知如來世尊訶須菩提及
大迦葉為阿羅漢心不均平

乾隆十一年（1746 年）御笔写本《大佛顶如来密因修证了义诸菩萨万行首楞严经十卷》

简称《大佛顶经》《楞严经》。唐朝天竺沙门般剌帝译，宋代乌长国沙门弥伽释迦译语。常言：“开悟的楞严，成佛的法华。”足见《楞严经》在佛教经藏中的重要性。

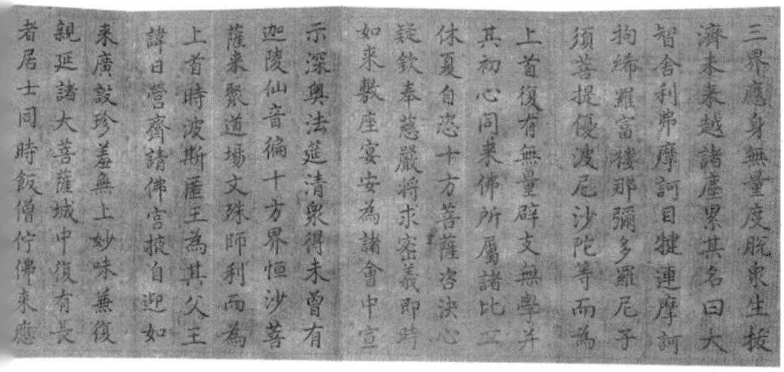

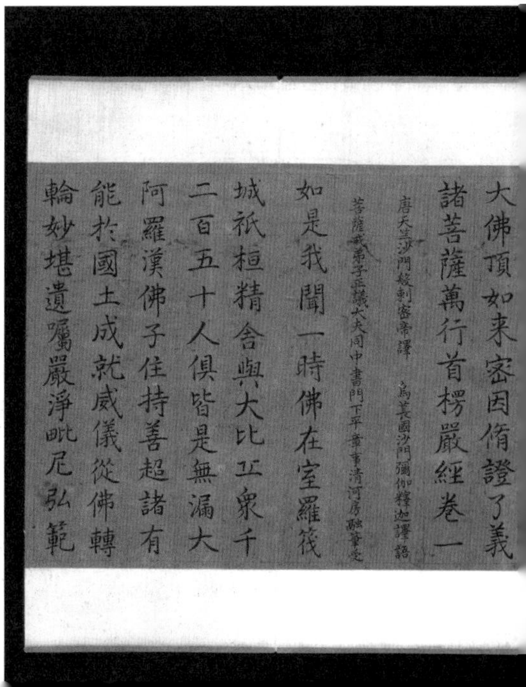

《清高宗御制文》紫檀木书盒及书册

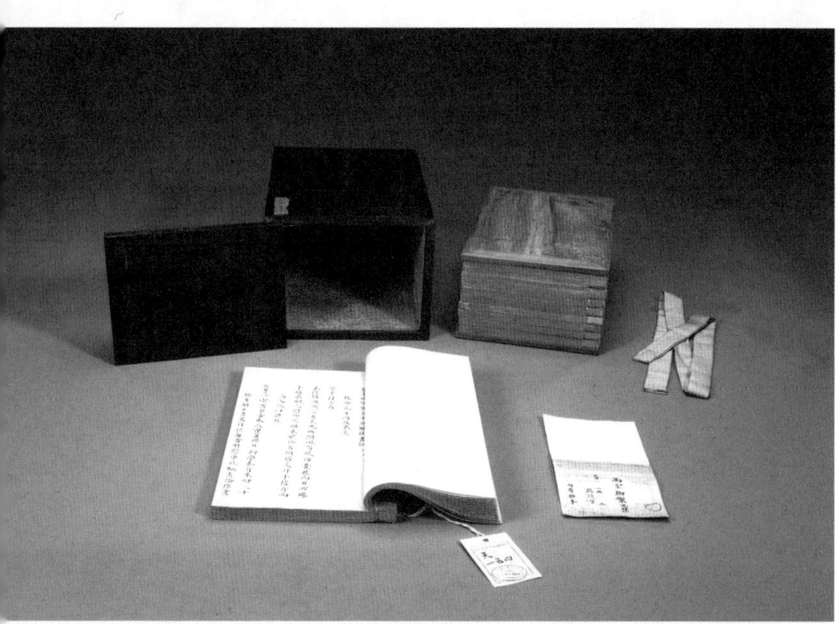

首册

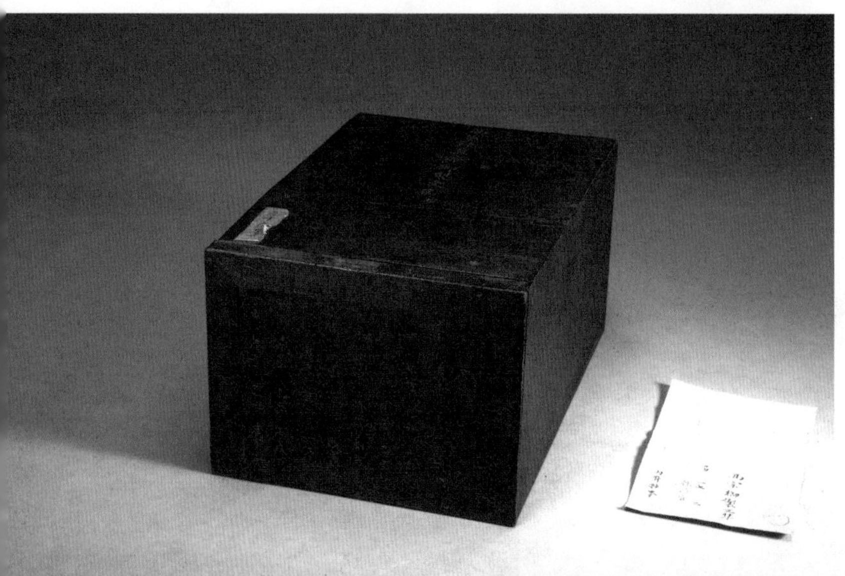

紫檀书盒

1933年2月5日夜，北京全城戒严，院方将打包好的文物从午门运出，经西皮市、前门到火车西站，装进两列铁皮火车。2月6日凌晨，火车开动，第一批共2118箱文物开始运输，其中包含古物馆藏品452箱，图书馆藏品602箱，文献馆藏品1064箱，由文物鉴定家吴瀛等人监运。

火车顶四周架起机枪，两旁由地方派出的骑兵随行保护，到了下一站，再由当地长官派军警交接。遇到重要关口时，车内全部熄灯，快速通行。列车顺平汉铁路南下，经陇海铁路，转津浦铁路，2月9日到达南京浦口火车站。按原计划，这批文物将被运往上海。但此时中国国民党中央政治委员会中又有人主张运往洛阳，两方争执不下。因此，这批文物滞留在浦口火车站达20多天。在此期间，为确保文物安全，吴瀛向军政部请求调兵500人驻守浦口火车站。经过多次商议，中政会最终决定按原计划将这批文物运往上海。3月4日，这批文物被装进招商局的江靖轮，开始转运。3月5日，江轮抵达上海。

3月15日，第二批共1290箱文物开始运输，其中包含秘书处藏品426箱，古物馆藏品384箱，图书馆藏品44箱、文献馆藏品436箱。此次由化学教育家俞同奎等人监运，3月21日抵达上海。

3月28日，第三批共2972箱又62包文物开始运输，其中包含秘书处藏品1013箱又62包，古物馆藏品242箱，图书馆藏品477箱，文献馆藏品1240箱。此次由程星龄等人监运，4月5日抵达上海。

4月19日，第四批共4635箱又2包文物开始运输，其中包含秘书处藏品2635箱又2包，古物馆藏品829箱，图书馆藏品138箱，文献馆藏品1033箱。此次由金石考古学家马衡等人监运，4月27日抵达上海。

5月15日，第五批共2412箱文物开始运输，其中包含秘书处藏品1534箱，古物馆藏品724箱，图书馆藏品154箱。此次由化学教育家俞同奎等人监运，5月23日抵达上海。

和故宫博物院文物一同转移到上海的，还有古物陈列所藏品5415箱，颐和园藏品640箱又8包3件，国子监藏品11箱。这些文物抵达上海后，暂存于上海法租界亚尔培路的故宫博物院驻沪办事处，同时在南京朝天宫紧急修建文物保存库。1936年8月，南京朝天宫文物保存库建成。同年12月开始，暂存上海的文物分5批被装上火车，经沪宁铁路运至下关火车站，再转汽车运至朝天宫文物库房。这些文物终于有了一个像样儿的家。

但好景不长，1937 年 7 月，日军发动七七事变，对中国展开了大规模的侵略。1937 年 8 月 13 日，日军进犯上海，南京也不再安全，保存在朝天宫库房的故宫文物被迫开始西迁。此次西迁共有 3 条路线：北路是水运转陆运，由南京铁路轮渡转津浦铁路，沿津浦铁路北上至徐州，再转陇海铁路到陕西宝鸡，转运了 3 批文物，合计 7287 箱；中路主要是水运，沿长江逆流而上到汉口，转运了 2 批文物，合计 9331 箱；南路也是水运转陆运，沿长江逆流而上到汉口，转粤汉铁路到长沙，转运了一批文物，合计 80 箱。文物西迁工作持续到 1937 年 12 月，因南京战事不利而被迫中止，此时还有 2954 箱文物来不及转运，只能留在南京。

后来，战争区域不断扩大，为躲避战火，西迁的文物又辗转各地。1937 年 12 月，南京失陷，暂存汉口的文物被转移到宜昌，又沿长江逆流而上运到重庆。后因重庆经常遭日军空袭，这些文物又被转移到乐山。另外两处的文物存放情况同样不容乐观。

暂存长沙的文物于 1938 年被转移到贵阳，保存在安顺县。1944 年，日军进犯贵州，在军队的援助下，这些文物又被运至四川，保存在巴县。

因潼关战事吃紧，暂存宝鸡的文物于 1938 年 4 月被转移到汉中。不久，日军空袭汉中机场，这些文物被迫运往成都。1939 年 7 月，这些文物又被转移到四川，保存在峨眉县。

抗日战争胜利后，国民政府开始着手将西迁的文物运回南京。1946 年，这些文物被集中运到重庆。1947 年，文物回到南京。1948 年 12 月至 1949 年 2 月，在解放战争中失利的国民党当局将保存在南京的文物分批运往台湾，共运出 3 批，合计 2972 箱。

中华人民共和国成立后，中央人民政府非常重视这些留存在南京的文物。1950 年至 1958 年，共有 6036 箱文物陆续被运回故宫博物院，仍有 10 万多件文物留在南京。

## 第三节　源远流长的法书

两晋时期，书法繁盛。《平复帖》是西晋著名文学家、书法家陆机给友人写的一封信，主要内容是叙说贺循、吴子杨、夏伯荣 3 人当时的境况，言辞恳切。这幅法书纵 23.7 厘米，横 20.6 厘米，共 9 行 86 字，用硬毫秃笔写于麻纸之上，书写字体为草隶书，结体瘦长，点画硬朗，章法紧密，墨色自然，风格质朴。古人云“陆才如海”，由《平复帖》可见一斑。经考证，《平复帖》是现存年代最早且真实可信的西晋名家法帖。

东晋时，王、谢两家出了不少书法大家，其中最著名的毫无疑问是“书圣”王羲之。东晋永和九年（353 年）三月，王羲之与谢安、孙绰等 41 位友人在会稽山阴的兰亭聚会，涤旧迎新，饮酒赋诗。王羲之将这些诗作辑录成集，并为之作序。这篇序就是被后世誉为“天下第一行书”的《兰亭序》。据《法书要录》记载，《兰亭序》原本已随唐太宗殉葬昭陵，传世的均为临本、摹本和刻本。

故宫中藏有《王羲之行书兰亭序》，相传是唐代褚遂良临摹本。此摹本纵 24 厘米，横 88.5 厘米，由两张纸拼接而成，前纸 19 行，后纸 9 行，共 396 字，以临写为主，勾描为辅，章法松匀，行笔流畅，亦具有极高的艺术价值。此摹本曾收藏于北宋滕中、南宋绍兴内府、元赵孟頫、明浦江郑氏、项元汴，清代时由卞永誉收藏，后来被乾隆皇帝收入内府。故宫中收藏的王氏法书还有《王羲之行草书雨后帖页（宋摹本）》《王献之行书东山松帖页》《王献之行草书中秋帖卷》《王珣行书伯远帖》。

谢氏的谢安也是一位书法大家，他的行书尤其出色。故宫中藏有《谢安行书中郎帖页》，据考证为南宋时御书院的临摹本。此本纵 23.3 厘米，横 25.7 厘米，

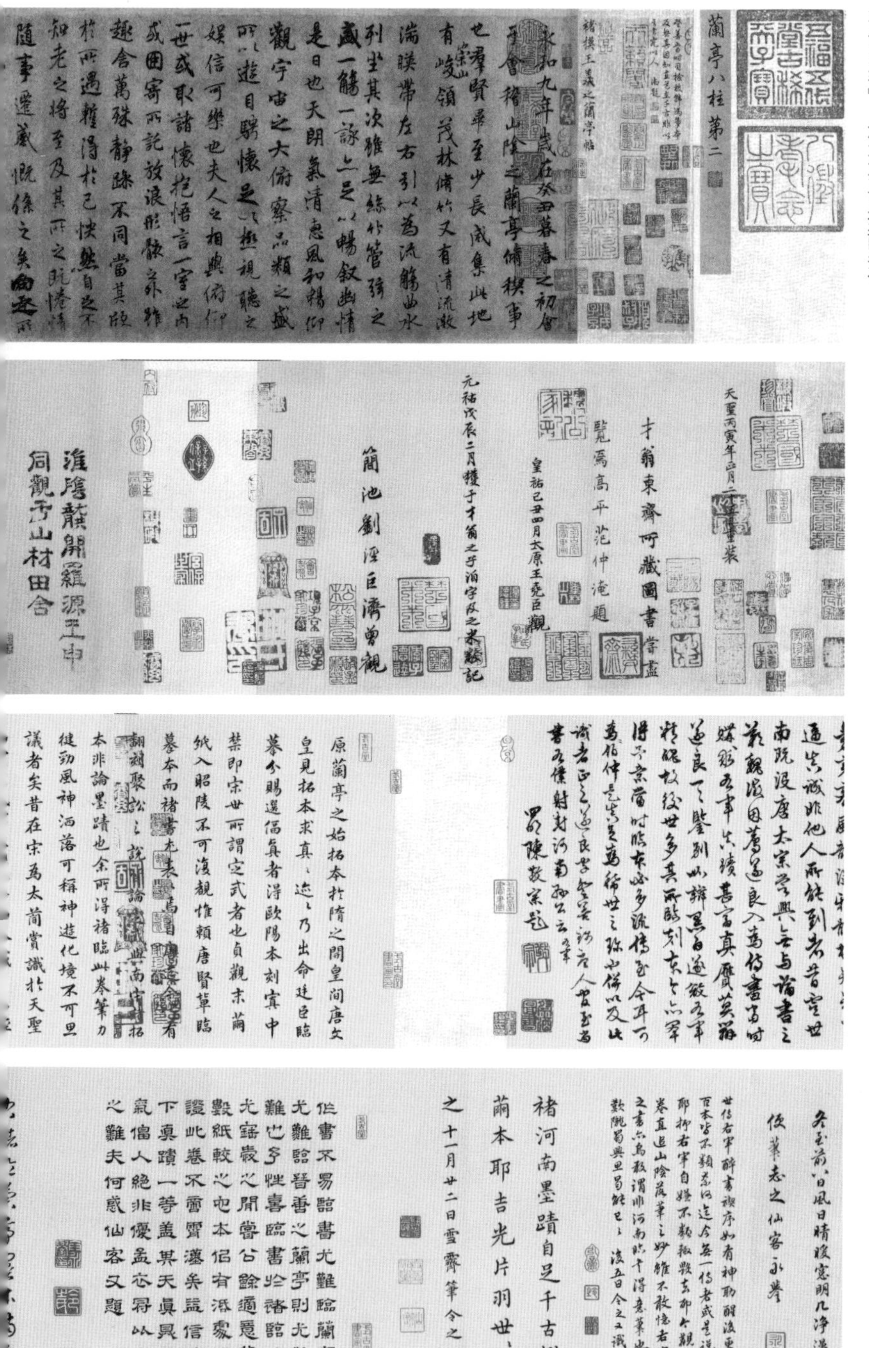

《摹兰亭序图》

《兰亭序》是王羲之的代表作，被誉为『天下第一行书』。王羲之是东晋时期著名的书法家，有『书圣』之称。《兰亭序》的背景是东晋穆帝永和九年三月初三，王羲之与谢安等41人集会于山阴兰亭，记述了景色的怡人，集会的盛况，以及作者对浩瀚宇宙、世间万千以及光阴似箭、变化无常而发出的感慨。此帖共28行，324字。此卷是唐代褚遂良的摹本。褚遂良的书法在他的时代很受追捧，著称『有唐一代书法教化之主』。他也是王羲之书法一派的传习者，临摹过王羲之的许多书法。关于王羲之的《兰亭序》，在唐代也有很多临摹本，比如欧阳询摹本的石刻版《定武兰亭》和虞世南的《虞摹兰亭》。历史上对褚遂良摹本的评价是『字里金生，行间玉润』『美人婵娟，不任罗绮』，温润如玉又娟丽秀气。

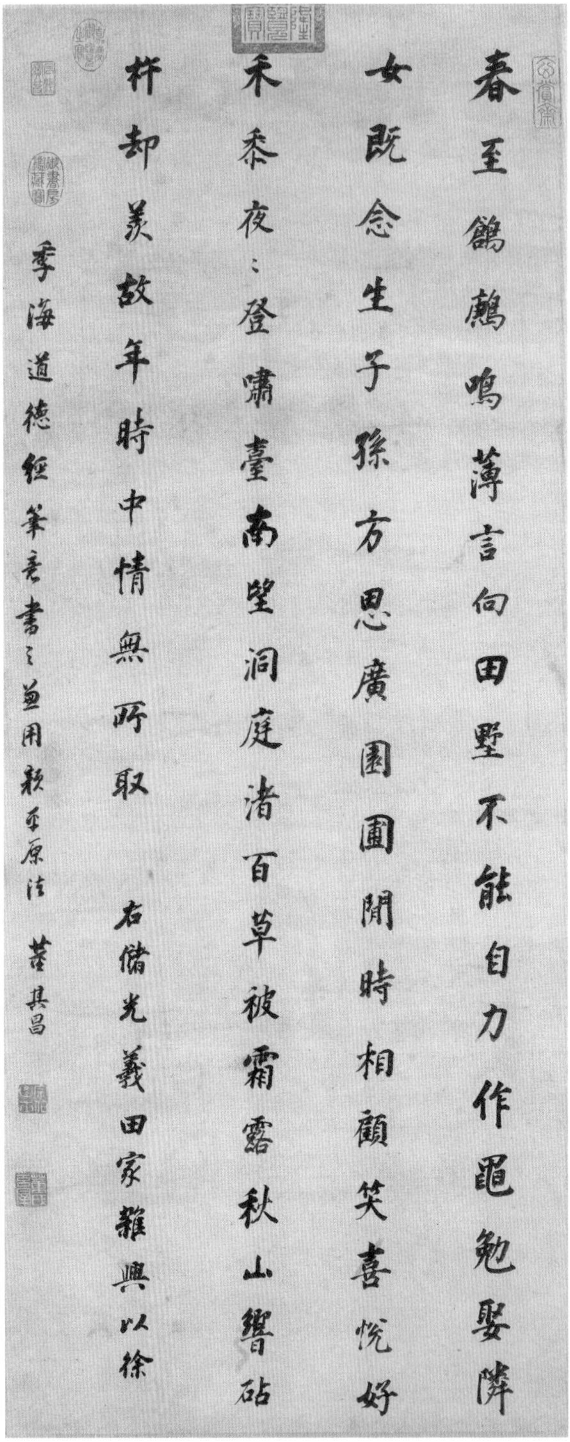

◀明　董其昌　《董其昌楷书诗轴》

释文为：春至鸧鹒鸣，薄言向田墅。不能自力作，黾勉娶邻女。既念生子孙，方思广园圃。闲时相顾笑，喜悦好禾黍。夜夜登啸台，南望洞庭渚。百草披霜露，秋山响砧杵。却羡故年时，中情无所取。北京故宫博物院藏。

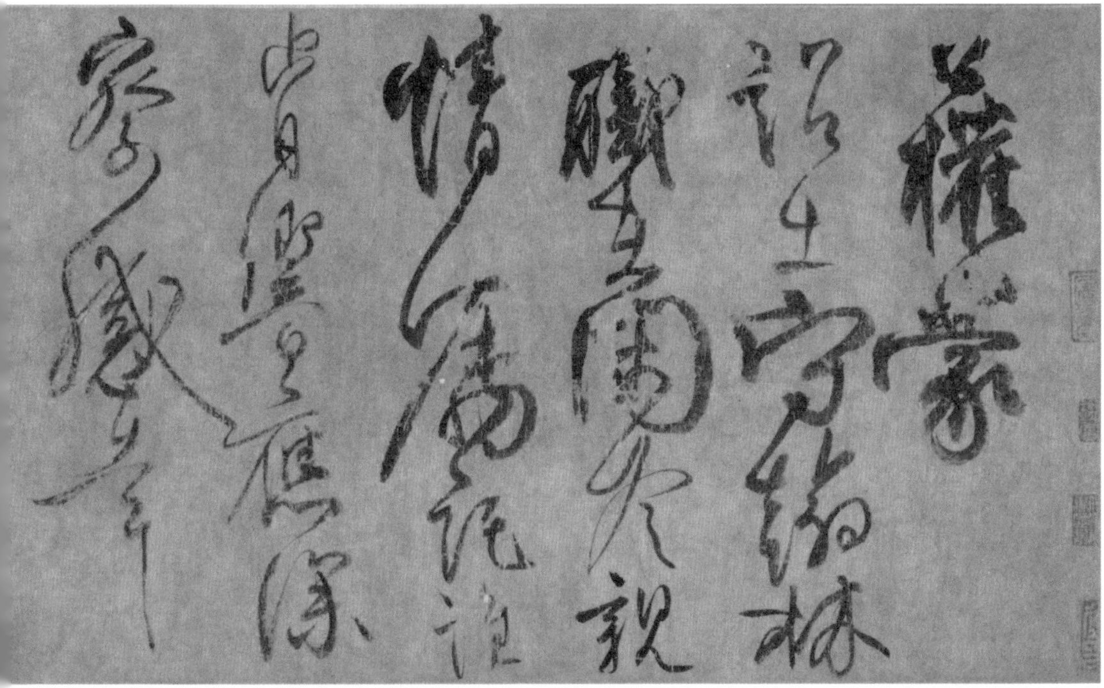

唐　柳公权　《柳公权行书蒙诏帖卷》

据传此帖为宋人仿本。释文：公权蒙诏，出守翰林，职在闲冷，亲情嘱托，谁肯响应，深察感幸。公权呈。此帖是柳公权的一通信札，信中告知对方自己是个闲职，能力有限，不能帮忙而请对方谅解。北京故宫博物院藏。

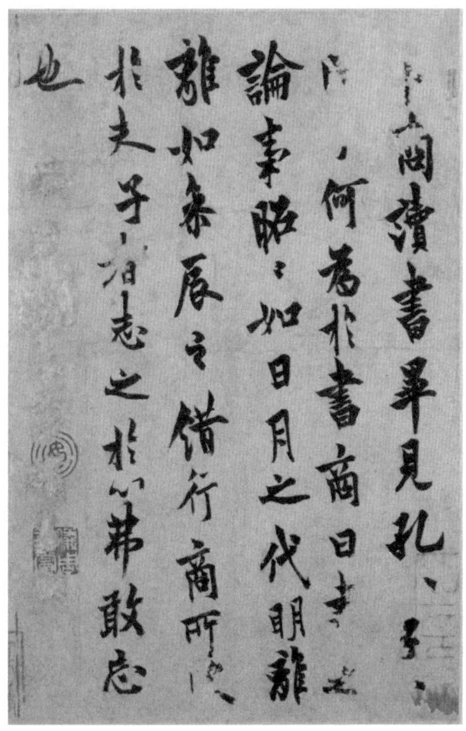

唐　欧阳询　《卜商读书帖》

此帖为“欧体”代表作之一。释文为：卜商读书毕，见孔子。孔子问焉，何为于书。商曰，书之论事，昭昭如日月之代明，离离如参辰之错行，商所受于夫子者，志之于心，弗敢忘也。出自《尚书大传》，卜商，孔子弟子之一。此段对话为孔子与卜商的一段对话。北京故宫博物院藏。

明　祝允明　《楷书饭苓赋》轴

纵143厘米，横58厘米。祝允明中年时代的楷书作品，章法严谨，稳健有力。他的小楷有『明朝第一』之美誉。北京故宫博物院藏。

明　文徵明　《行书五律诗》轴

纵 131.5 厘米，横 63.5 厘米。卷中是文徵明自书的五律诗，名为《对酒》。文徵明的书法现转折明晰，平正温润。北京故宫博物院藏。

正文 7 行 85 字，行笔流畅，笔法纯熟，风格典雅。

与东晋同时的五胡十六国政权也在逐渐汉化，留下了一些书法作品。十六国中的北凉地处西域，汉化较晚，因此书体中保留了较多的隶意，风格峻拔、犷悍，在书法界中被称为“北凉体”。故宫中收藏有佛经抄本《安弘嵩隶楷书大智度论卷》，便是“北凉体”的代表作品。

南北朝时期，战乱频发，传世的书法作品极少，故宫中这一时期的法书藏品也仅有佛经抄本《曹法寿楷书华严经卷》。

隋灭南陈，终结了南北朝的乱世，天下再次得到统一。但隋朝二世而亡，流传下来的书法作品也很少。故宫中这一时期的法书藏品仅有佛经抄本《章草书出师颂卷》。

唐朝建立后，中国终于迎来了长期稳定的局面，书法艺术得以复兴，诞生了一大批书法大家，流传下很多珍贵的书法作品。

初唐时期，欧阳询、虞世南、褚遂良、薛稷 4 位大臣精通书法，并称为“初唐四大家”。故宫中藏有《欧阳询行楷书卜商读书帖》《欧阳询行书张翰帖》《虞世南行书摹兰亭序卷》等代表作品。

《卜商读书帖》是欧阳询晚年的代表作品之一，内容来源于《尚书大传》，记载的是孔子和弟子卜商的一段对话。故宫中收藏的帖页是双钩廓填本，纵 25.7 厘米，横 16.5 厘米，共 6 行 53 字，笔力峭劲，墨气鲜润，将北派书法中的方劲融入“二王”书风之中，字体严谨而不失生动，点画的起止处锋利干脆，体现了“欧体”兼容南北的特色。《张翰帖》也是钩填本，纵 25.1 厘米，横 31.7 厘米，共 11 行 98 字，笔法不像《卜商读书帖》那般险峻锋锐，却也刚劲挺拔，别具一格。《虞世南行书摹兰亭序卷》也是摹本，纵 24.8 厘米，横 57.7 厘米，由两张纸拼接而成，每张纸上 14 行，少有笔锋，章法松匀，字体圆润，墨色清淡，风格古朴肃穆。

唐代中期，诞生了两位书法大家——颜真卿、柳公权。“颜体”丰腴工整，“柳书”瘦硬遒劲，被书法界誉为“颜筋柳骨”，可惜真迹传世极少。故宫中藏有《颜真卿楷书竹山堂连句册》《颜真卿行书湖州帖卷》《柳公权行书蒙诏帖卷》。可惜的是，《竹山堂连句》为临本，《湖州帖》《蒙诏帖》为仿本，均无颜柳神韵。此外，故宫中还藏有《李白草书上阳台帖》《杜牧行书张好好诗卷》，这两件均为真迹，难能可贵。

五代乱世，流传下来的书法作品也不多。故宫中这一时期的法书藏品有《杨凝式草书夏热帖》《杨凝式草书神仙起居法卷》，其字体雄奇险劲，章法疏而不乱，风格天真烂漫。

北宋时，国家内部相对稳定，也涌现了一批优秀的书法家，其中成就最高的是苏轼、黄庭坚、米芾、蔡襄。故宫中收藏的《苏轼行书归院帖页》《黄庭坚草书诸上座帖卷》《米芾行书三札卷》《蔡襄行书自书诗卷》是 4 位大家的代表作品。其中，《归院帖》浑然天成，不见学古痕迹；《诸上座帖》雄浑跌宕，势如野马奔驰；《三札卷》险峻豪迈，极尽欹纵之美；《自书诗卷》飘逸婉约，颇具古人精髓。

南宋时，国势衰落，传世的法书也少了一些，故宫中收藏有《陆游行草书怀成都十韵诗卷》《朱熹行书城南倡和诗卷》《文天祥行书上宏斋帖卷》等。

元代时，书法崇尚复古，名家有赵孟頫、鲜于枢、倪瓒等。故宫中这一时期的法书藏品有《赵孟頫行书昔寻李愿诗卷》《鲜于枢行书杜工部行次昭陵诗卷》《倪瓒行楷书淡室诗轴》等。

明代帖学盛行，书法没有什么重大的突破，但也出现了董其昌、文徵明、祝允明、唐寅等书法大家。故宫中这一时期的法书藏品有《董其昌楷书诗轴》《文徵明行楷书送潞南公祖先生述职词轴》《祝允明楷书饭苓赋轴》《唐寅行书自书词卷》，风格大多平正工整。

清代帖学渐衰，碑学复兴，书法风格又慢慢转为雄健豪放，代表人物为郑燮、刘墉、邓石如等。郑燮的书法自成一派，刚柔并济，错落有致；而刘墉和邓如石的书法大多雄浑苍劲、方正工整。故宫中这一时期的法书藏品有《郑燮行书诗轴》《刘墉行楷书诗文卷》《邓石如楷书诗轴》等。康熙、雍正、乾隆三代皇帝对书法也颇为喜爱，故宫中留有《玄烨行书季冬南苑诗轴》《胤禛行书夏日泛舟诗轴》《弘历行书戒得堂诗轴》等作品。

近现代也有不少书法大家，如马衡、徐悲鸿、黄苗子等。故宫中近现代的法书藏品有《马衡篆书七言联》《徐悲鸿行书四言联》《黄苗子草书岳飞满江红词横披》等。

## 第四节 精华荟萃的画作

东晋时期诞生了许多杰出的画家，其中最著名的是顾恺之。故宫中藏有《顾恺之列女仁智图卷》南宋人摹本的残卷，内容取材于汉代光禄大夫刘向所作《列女传》及《列女颂图》。据《汉书》记载，汉成帝宠信赵飞燕姐妹，导致外戚执掌朝政，危及刘氏皇权。刘向将史料记载中贤妃、贞妇、宠姬的故事编成《列女传》，并以图画的形式绘制在屏风上，称为《列女颂图》，一并呈送给汉成帝，劝谏他不要过度迷恋女色、宠信外戚。全书依据封建社会中妇女的道德准则和行为规范所作，分为母仪、贤明、仁智、贞顺、节义、辩通、孽嬖 7 卷，这幅画作就是其中“仁智卷”的部分。

此残卷为绢本，淡墨着色，纵 25.8 厘米，横 417.8 厘米，画面中人物线条流畅，形态生动。仁智卷共收集了 15 个列女故事，此卷中有 7 个故事的画面保存完整，分别是：“楚武邓曼”“许穆夫人”“曹僖氏妻”“孙叔敖母”“晋伯宗妻”“灵公夫人”“晋羊叔姬”；3 个故事的画面只存一半，分别是：“齐灵仲子”“晋范氏母”“鲁漆室女”，后世修补时又错将“晋范氏母”的左半边和“鲁漆室女”之右半边拼接在一起；其余 5 个故事的画面已全部丢失。

故宫中还收藏有《顾恺之洛神赋图卷》《顾恺之女史箴图卷》，均为宋人摹本，不再赘述。

隋朝的统治时间较短，画家主要有展子虔、董伯仁等，故宫中收藏有《展子虔游春图卷》。此卷为绢本，设色，纵 43 厘米，横 80.5 厘米，描绘了明媚的春光和人们外出踏青的场景，线条清晰，色彩艳丽，人物生动形象，春意盎然，是中国早期山水画的代表作品。

唐代最著名的画家莫过于“画圣”吴道子，可惜其画作传世极少，故宫中也未能收录。不过，唐代还有很多优秀的画家，如阎立本、韩滉等，故宫中藏有《阎立本步辇图卷》《韩滉五牛图卷》等作品。

《步辇图》为绢本，设色，纵 38.5 厘米，横 129 厘米，描绘的是唐太宗李世民接见吐蕃使臣禄东赞的场景。这幅画作线条富有张力，色彩浓重鲜艳，服饰细节丰富，人物生动传神，完美地还原了接见场景中唐太宗的庄重威严、使者禄东赞的谦和练达、官员和侍从的恭敬谨慎。

《五牛图》为纸本，设色，纵 20.8 厘米，横 139.8 厘米。此卷是目前发现最早的纸本画作，纸料是典型的唐代麻纸。画面中未设背景，以形态各异的 5 头耕牛为表现对象，线条简洁流畅，色彩古朴淡雅，对牛的骨骼、筋肉、眼神，甚至毛发都进行了细致的刻画，极为生动地表现出了牛的强健和温驯。

五代时的著名画家有周文矩、顾闳中、董源、黄筌等。周文矩、顾闳中擅画人物，风格写实，形象逼真；董源擅画山水，多用水墨渲染，被尊为南派山水画的鼻祖；黄筌擅画花鸟，刻画细致，色彩浓丽，开创了黄派花鸟画。故宫中收藏有他们的代表作品《周文矩重屏会棋图卷》《顾闳中韩熙载夜宴图卷》《董源潇湘图卷》《黄筌写生珍禽图卷》等。

宋代的绘画在隋唐五代的基础上进一步发展，变得更加丰富多彩。这一时期的名家有崔白、李公麟、张择端等，故宫中收藏有《崔白寒雀图卷》《李公麟维摩演教图卷》《张择端清明上河图卷》等代表作品。

《寒雀图》为绢本，设色，纵 25.5 厘米，横 101.4 厘米。崔白的花鸟画创作技法与黄筌不同，笔法飘逸灵动，多用干墨皴擦晕染，色彩清淡。画面中 9 只麻雀或飞或栖，精妙传神。

《李公麟维摩演教图卷》为纸本，墨笔，纵 34.6 厘米，横 207.5 厘米。李公麟是白描人物画大师，这幅画不施丹青，全篇以墨笔勾描，线条流畅遒劲，富有张力。

《清明上河图》为绢本，淡设色，纵 24.8 厘米，横 528 厘米。这是一幅国宝级的风俗画，描绘的是清明时节北宋都城汴京东角子门内外和汴河两岸的繁华景象。这幅长卷大致可分为 3 段：首段为市郊场景，人物较少，笔法较为轻松写意。中段为汴河场景，上土桥上车水马龙，商贩行人络绎不绝；河中船只往来，中心一艘漕船准备穿过桥孔，艄公们正在放倒桅杆，引得众多行人围

步輦圖

唐　阎立本　《步辇图卷》

这是一幅色泽浓厚、艳丽的工笔人物画作。描绘的是唐太宗李世民接见吐蕃使臣禄东赞的情景，反映了唐朝的重大历史事件，是当时歌颂汉藏民族友好交往的作品。松赞干布派使臣来迎娶文成公主入吐蕃，使唐朝和吐蕃在很长一段时间里和平相处。

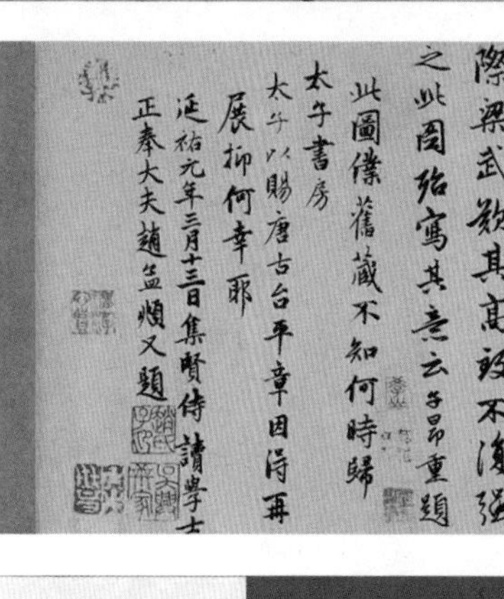

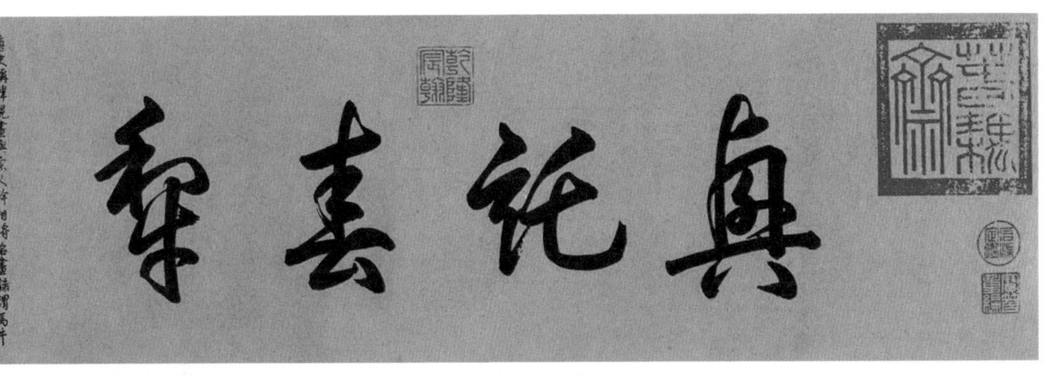

唐　韩滉《五牛图》

画卷中5头牛一字排开，或行走，或伫立，或仰首，或回首，或进食，形态各异，造型准确生动。《五牛图》是目前所见最早作于纸上的绘画，纸质为麻纸。

北宋　张择端　《清明上河图》全卷

《清明上河图》，是中国古代十大名画之一。描绘的是北宋都城汴京街头的风景。北宋画家张择端仅见的存世精品，属国宝级文物。此卷里包含了大量的人物、动物，车、轿、船只、桥梁、城楼和房屋等，体现了宋代当时城市的建筑面貌和社会各阶层人们的生活场景。此画具有很高的历史价值和艺术价值。现藏于北京故宫博物院。

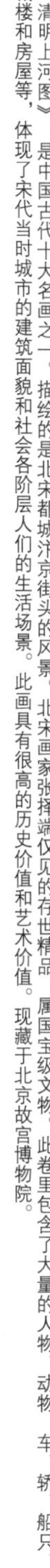

蓮花冠子道人衣日侍君王宴
紫微花柳不知人已去年年鬬綠
與爭緋
蜀後主每於宫中裹小巾命宫妓
衣道衣冠蓮花冠日尋花柳以
侍酣宴蜀之謠已溢耳矣而主之
不挹注之竟至濫觴俾後想搖
頭之令不無扼腕 唐寅


明　唐寅　《王蜀宫妓图》

又称《四美图》，画的是五代前蜀后主王衍的后宫故事。4个歌舞仕女整理仪容，正等待君王的召唤。

观；两岸柳芽初开，生机勃勃。后段为市区街市场景，街道上行人熙熙攘攘，上至官员绅士，下至贩夫走卒，衣冠各异，闲忙不一；两边各种店铺林立，既有茶坊酒肆、门诊药铺等小店，又有售卖绫罗绸缎、珠宝香料等奢侈品的大型商铺，还有各种小贩沿街叫卖，热闹非凡。中后段内容丰富，人物众多，笔法较为工整细致，画面栩栩如生。

元代绘画重笔墨，尚意趣，佳作以山水画为主，代表人物有黄公望、王蒙、倪瓒、吴镇等。故宫中这一时期的绘画藏品有《黄公望天池石壁图轴》《王蒙夏山高隐图轴》《倪瓒幽涧寒松图轴》《吴镇墨竹坡石图轴》等。

明代画风多变，画派繁兴，著名画家有沈周、文徵明、唐寅、仇英、张宏等。故宫中这一时期的绘画藏品有《沈周西山雨观图卷》《文徵明东园图卷》《唐寅王蜀宫妓图轴》《仇英桃村草堂图轴》《张宏延陵挂剑图轴》等。

清代水墨写意画法盛行，文人山水画繁兴。郑燮最喜欢画竹，他独创的“板桥竹”化繁为简，一改前代严谨写实之风，笔法洒脱写意；以王时敏、王鉴、王翚、王原祁为代表的“四王画派”崇尚复古，含蓄平和；石涛、朱耷（八大山人）、髡残、弘仁合称“四僧”，他们的作品标新立异，豪放淋漓。故宫中这一时期的绘画藏品有《郑燮墨笔竹石图轴》《王时敏仙山楼阁图轴》《王鉴青绿山水图卷》《王翚陡壑奔泉图》《石涛梅竹图卷》《朱耷秋林独钓图轴》《髡残层岩叠壑图轴》《弘仁幽亭秀木图轴》等。

故宫中还收藏了不少近现代名家的画作，如《齐白石加官图轴》《徐悲鸿奔马扬鬃图轴》《傅抱石苏武牧羊图横幅》《陈师曾秋花图轴》等，各有特色，均为珍品。

## 第五节 绚丽多彩的织绣

春秋战国时的楚绣、汉代的经锦、唐代的联珠纹锦等都曾盛极一时，但因时代久远，流传下来的比较少，故宫中目前也没有收藏。宋代时，缂丝技法趋于成熟，出现了很多以名人书画为题材的织绣精品。故宫中这一时期的织绣藏品有缂丝花鸟图轴、沈子蕃缂丝梅鹊图轴等。

缂丝花鸟图轴，纵 26 厘米，横 24 厘米，缂织的图案是宋徽宗赵佶的画稿。画面中花枝分杈，左侧长枝下半部数片绿叶衬着一朵鲜花，上半部向右侧垂弯，枝头缀着数片绿叶；右侧短枝上立着 1 只小鸟，翅膀收敛，昂首看向花朵。画面边上缂有葫芦形朱印“御书”和赵佶的“天下一人”印。此图轴采用了平缂、搭缂、盘梭、长短戗、木梳戗、合色线等多种技法，很好地还原了画稿中花叶的形态、晕色和鸟的神态、动作，纹理清晰，色彩鲜艳，画面生动，风格婉约华贵。

沈子蕃缂丝梅鹊图轴，纵 104 厘米，横 36 厘米。沈子蕃是南宋缂丝名匠，此图是他的代表作品之一。图中 2 只鹊栖息在苍劲的梅枝上，数朵梅花点缀在枝头，线条流畅，色彩清丽。图下方缂有“子蕃制”“沈氏”方印，玉池处有乾隆皇帝题字“乐意生香”，并钤有多个清代印记。此图通过十五六种色丝的合理搭配和多种精妙的缂丝技法，呈现出生动细腻的画面，风格古朴典雅。

元代时，在统治阶级的推动下，织金技术高度发展，出现了较多的金银线织物。故宫中这一时期的藏品中较具代表性的藏品是缂丝八仙图轴。

缂丝八仙图轴，纵 100 厘米，横 45 厘米，缂织的图案是八仙祝寿。画面中上方为骑乘仙鹤的南极仙翁，下方为祝寿的八仙，四周点缀流云、山石、修竹等，人物潇洒飘逸，景色清雅脱俗。此图以 10 余种色丝搭配少量金丝，用长短戗、木梳戗、平缂、搭缂、构缂、掺和戗等多种缂丝技法，在白色的丝地

清　乾隆时期　缂丝加绣御题三星图轴

这件缂丝《三星图》是颙琰（清嘉庆皇帝）为贺乾隆皇帝万寿所制作的。《三星》指的是福禄寿三星，画中有仙山祥云、松树花卉、寿桃、仙鹤、梅花鹿、孩童以及三星。禄星抱子，福星端立，寿星捧桃，构造出一幅祥瑞平和之景。卷首为乾隆皇帝御笔『锡羡增龄』，其下为《御制三星图颂》。北京故宫博物院藏。

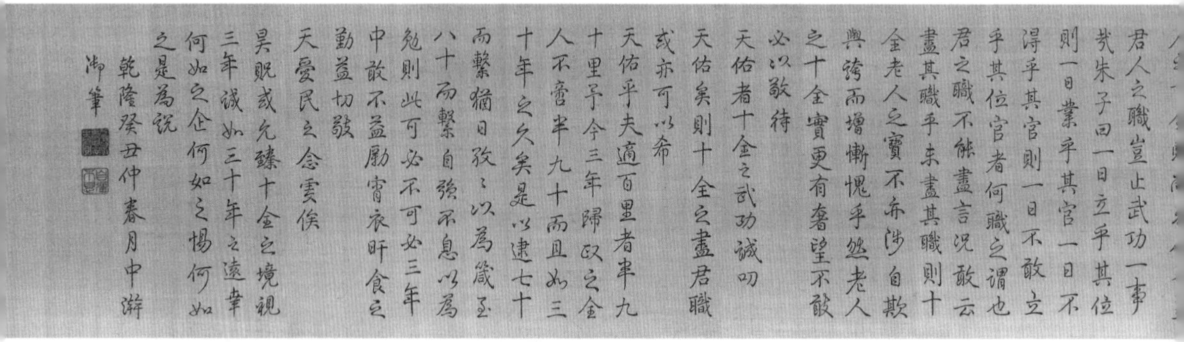

清　乾隆时期　缂丝御笔《十全老人之宝卷》

“十全老人”是乾隆皇帝的自称。乾隆皇帝的 " 十全武功 " 是指其在位年间的 2 次平定准噶尔之役，平定大小和卓之乱，2 次金川之役，镇压台湾林爽文起义，缅甸之役，安南之役及 2 次抗击廓尔喀之役。北京故宫博物院藏。

上缂织出了精致典雅的画面。

明代时，丝织工艺有了进一步的发展，流传下来的织绣除了缂丝外，还有京绣、鲁绣、顾绣等。故宫中这一时期的织绣藏品有缂丝赵昌花卉图卷、洒线绣蜀葵荷花五毒纹经皮面、鲁绣芙蓉双鸭图轴、顾绣十六应真册等。

缂丝赵昌花卉图卷，纵 44 厘米，横 245 厘米，缂织的图案是北宋画家赵昌的花鸟画。此卷中有牡丹、飞蝶、荷花、芙蓉翠鸟和雀梅 4 组图案，线条细腻有力，色彩清丽素雅，画面生动传神。

洒线绣蜀葵荷花五毒纹经皮面，纵 30 厘米，横 27 厘米，是一幅京绣作品。京绣的图案严谨工整，装饰华美。这件经皮面以菱形锦纹为底纹，顶部绣五色祥云图案，下方绣荷花和蜀葵，向上方和两侧伸展的蜀葵叶上，绣着蜈蚣、蝎子等五毒图案。画面以各色衣线搭配蜀绒线绣成，绣制过程中采用了散套、正戗、平针、缉线、反戗针等多种针法。菱形锦纹地用红色衣线绣制，祥云及叶片用色泽较暗的衣线绣制，花朵用色泽较亮的劈绒线绣制，色彩浓丽，图案精美。五毒和花瓣的边缘绣制时采用了反戗针、缉线法，使图案轮廓更加清晰，画面更有层次感。

鲁绣芙蓉双鸭图轴，纵 140 厘米，横 57 厘米。鲁绣的风格普遍苍劲豪放，这幅画轴也不例外。图中以暗花缎为地，用双丝捻五彩丝线绣出山石、芦苇、芙蓉、双鸭。绣制过程中运用了套针、打籽、接针、斜缠针、活毛针、擞和针、辫子股针、平针等技法，线条流畅有力，色彩浓淡相宜，画面生动逼真。

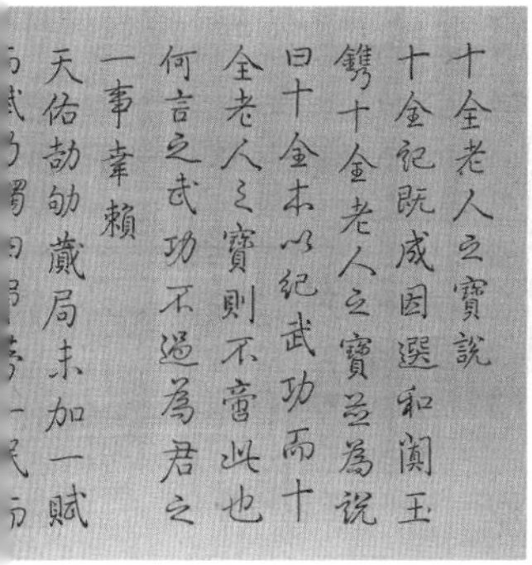

顾绣十六应真册，共 16 开，每开长 28 厘米，宽 28 厘米。顾绣以书画作品为主，绘绣结合，针法灵活，深得画稿神韵。这幅画册使用滚针技法，以墨色丝线绣出流畅的轮廓，山石树木等背景部分多用笔墨皴染，核心的人、物则用接针、松针、钉针、刻鳞针、鸡毛针等技法绣出细节，纹理清晰，色彩素雅。

清代时，织绣除了书画作品外，也开始广泛应用于服饰。宫廷所用织绣大多出自江南三织造，绣工纯熟，纹样精美。与此同时，民间商品织绣也在蓬勃发展，形成了苏绣、湘绣、粤绣、蜀绣等各具特色的地方织绣。故宫中这一时期的织绣藏品有明黄缎绣金龙皮朝袍、石青缎绣金龙棉朝褂、石青地极乐世界织成锦图轴、广绣山水渔读图等。

明黄缎绣金龙皮朝袍和石青缎绣金龙棉朝褂是乾隆皇帝孝贤纯皇后的一套礼服。朝袍身长 134 厘米，圆领披肩，披肩纵 49 厘米，横 104 厘米。肩部加缘，缘高 40 厘米，宽 58 厘米。大衿右衽，马蹄袖，两袖通长 163 厘米，袖口宽 20.5 厘米。下摆宽 112 厘米，摆后开裾，裾长 60 厘米，片金缘。袍上绣金龙、金凤，嵌翡翠、青金石、珊瑚、孔雀石、绿松石等宝石，缀黄缎盘花扣 3 枚、铜鎏金錾花扣 3 枚、铜鎏金光素扣 24 枚。

石青缎绣金龙棉朝褂，身长 130 厘米，圆领对衿，肩宽 40 厘米，下摆宽 120 厘米，左右开裾，裾长 80 厘米，片金缘。褂上绣升龙、飞蝠、流云、海水、江崖，嵌珊瑚、绿松石、金板，缀银鎏金錾龙纹扣 9 枚。这套礼服工艺考究，装饰奢华，是清代皇后袍服的代表。

清　嘉庆时期　缂丝岁朝图轴

古人摆列自然界的瓜果花枝和精美器具，来表现对新年的美好祝愿，寓意吉祥。北京故宫博物院藏。

清　乾隆时期　缂丝乾隆御制诗鹭立芦汀图

纵 40 厘米，横 67 厘米。北京故宫博物院藏。

清　乾隆时期　刺绣御用十二章吉服袍

纵 143.8 厘米，横 161.3 厘米。吉服袍因袍面多以龙为图案，也被称为龙袍。

清早期　彩绒龙袍料

纵 139.7 厘米，横 259.1 厘米。

石青地极乐世界织成锦图轴，纵 448 厘米，横 196.3 厘米，出自苏州织造，画面内容为西方佛国。画面上方绣宫阙，底部绣宝池，两侧绣流云、树木、花鸟，中心位置绣阿弥陀佛，佛前两侧各绣 1 尊菩萨，周围绣其他菩萨、天王、金刚、罗汉、比丘、伎乐等，共 278 个人物。此图使用了 20 余种色丝和圆金线，用细线构织出轮廓后，再通过多种技法绣出细节，填充颜色，使得画面线条流畅飘逸，色彩绚丽和谐，充分体现了当时精湛的织成锦技术。

广绣山水渔读图，纵 44 厘米，横 35 厘米。广绣是粤绣的一种，针法灵活多变，色彩丰富明艳。这幅图由一条江流贯穿，远处群山连绵，古刹高耸，云雾缭绕；近处草木繁盛，水边建有茅屋，江上漂着乌篷船，书生在亭中读书，渔夫在江边捕鱼，画面古雅而明快。

## 第六节　形态各异的雕塑

战国时期流传下来的雕塑不多，大部分是青铜铸造、雕刻而成。故宫中收藏的雕塑比较有代表性的就是青铜马。

这尊青铜马是随葬用的冥器，牡马，高 29 厘米。此马四足着地，身体壮硕，马尾扎结，马首高昂，造型古朴。马首的细节塑造得极为生动，两耳竖起，鼓目四望，鼻孔张大，好像是在嗅空气中的气味，又好像是在喘息。

秦代时流传下的雕塑要多一些，最著名的是兵马俑。故宫中收藏有 2 尊陶武士俑和 1 尊陶马。

第一尊陶武士俑是轻装步兵俑，高 174 厘米，宽 60 厘米，出土于秦俑 1 号坑最前列的先锋队伍中。武士头扎圆形发髻，斜向右侧；身穿右衽交领衣，外披铠甲，腰束革带；下身穿着过膝短裤，脚上穿着方口齐头履。武士两脚跨立，左手自然下垂，右手四指弯成半环形，原来应该握有兵器。武士面部的刻画尤其细腻写实，表情刚毅威严。

第二尊陶武士俑高 187 厘米，宽 72 厘米，造型与第一尊类似，但身上未披铠甲，脚上穿的是合鞮（可能属于胡服）。

陶马是一匹驾车的马，高 173 厘米，长 208 厘米，尺寸与真马接近。此马四足着地，身体健壮，尾部下垂，尾梢翘起，向后弯曲，马首昂起，竖耳，鼓目张口，造型简洁，风格比较写实。

汉代时的雕塑仍以冥器为主，出现了较多彩绘陶俑以及更多种类的陶塑动物、画像砖石等。故宫中这一时期的藏品较具代表性的有陶画彩男舞俑、石羊、周公辅成王庖厨图画像石等。

陶画彩男舞俑出自东汉时期，高 11 厘米，灰陶质。所塑人物头戴小冠，

战国　青铜马

随葬冥器。高 29 厘米。北京故宫博物院藏。

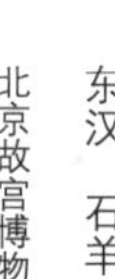

东汉　石羊

北京故宫博物院藏。

东汉　周公辅成王庖厨图画像石

出土自山东。北京故宫博物院藏。

隋　陶黄釉画彩弹琵琶骑马女俑

北京故宫博物院藏。

唐三彩马

北京故宫博物院藏。

身穿长袍，腰右扭，胯左出，一足踏地，一足抬起，双臂未塑出，但从姿势可以看出是背手舞蹈，线条简洁流畅，风格较写意，细节刻画得较少。

石羊是一尊镇墓兽，高 99 厘米，长 100 厘米，由整块大石雕成。所雕羊为跪卧形象，羊头昂起，羊角向后侧卷，两侧羊毛作同心圆状。石羊前部刻有铭文“永和五年大 ××× 月九日西郭记子丁次渔孙仲乔所作羊”，说明了它的年代和作者。永和是东汉顺帝刘保使用的第三个年号，永和五年是 140 年，雕刻这尊石羊的石匠名叫孙仲乔。故宫中还藏有 1 尊类似的石羊，高 98 厘米，长 105 厘米，身前刻有铭文“孝子徐侯”，与这尊应为一对，徐侯是出资者。

周公辅成王庖厨图画像石，高 63 厘米，宽 77.3 厘米，出自东汉。石刻画面分上下两部分，上部为周公辅成王图，下部为庖厨图。周公是周武王姬发的弟弟，名字叫姬旦，年少时仁孝，后来辅佐周武王伐灭殷商。周武王去世后，周成王幼年即位。周公辅佐周成王多年，其间任用贤能，平定内乱，7 年后还政于周成王。画面里，幼年的周成王端坐在正中，左右各站 4 人，左侧第一个俯身拱手、神态谦恭的便是周公。庖厨图左侧画面下方是 1 个锅灶，上方挂着宰杀好的鱼、鸭，右边 1 人跪坐在灶旁烧火；中间部分画面是在洗菜、烹鱼；右侧画面是在牵羊、杀猪。

魏晋南北朝时期，开始出现较多佛教塑像，较有代表性的有铜观音立像、铜鎏金释迦佛造像等。

铜观音立像是一尊残像，足部和背光已丢失，现存部分高 17.5 厘米，出自晋代。所塑观音头顶束髻，上身披帛，下身长裙，左手提瓶，右手上举施无畏印。

铜鎏金释迦佛造像，高 11.8 厘米，出自北魏。此像为像座合铸，底部为矩形须弥座，座上为 2 只护法狮，狮背上端坐 1 尊释迦佛；佛两侧各 1 尊跪蹲的供养菩萨，身后为莲瓣形背光，造型古朴庄重。

隋唐时期，雕塑的样式更加繁多，并出现了著名的唐三彩。故宫中这一时期较具代表性的雕塑藏品有陶黄釉画彩弹琵琶骑马女俑、三彩文吏俑、三彩马等。

陶黄釉画彩弹琵琶骑马女俑是一尊伎乐俑，高 31.5 厘米，出自隋代。所塑人物盘发束巾，上身穿红色窄袖衫，下身穿高腰长裙，腰系飘带，双腿分开，跨坐在马背上，双手抱着琵琶正在弹奏。人物的面部细节较为清晰，弯眉细目，鼻梁挺直，表情温和，面带微笑。胯下的黄马较为肥硕，四足着地站在底板上，背上配着桥形马鞍，俯首向下，二目圆睁。

三彩文吏俑，高 102.2 厘米，宽 25 厘米，出自唐代。所塑人物头戴冠帽，上身穿宽袖衣，下身穿裳，外套裲裆，足蹬云履，双手交握于胸前，手中留有长方形孔，原本应握有笏板。

三彩马，高 76.5 厘米，出自唐代。此马四足站立在矩形底板上，主体为白色，身材修长健壮，马鬃为棕色，前佩攀胸，后佩马鞍，鞍上覆盖绿色绒毯状鞍袱。马首略微倾斜，双耳竖立，眼睛圆睁，张口衔镳，戴棕色辔头。故宫中还收藏有其他三彩马，大多为四足立地样式，头部姿势、身上的披挂及配色略有不同。

宋代“重文抑武”，雕塑受到文人的影响，开始注重表现意趣。元明清三代的雕塑继承了宋代的传统，更加多样化、个性化。故宫中宋代后较具代表性的雕塑藏品有木雕彩绘罗汉像、释迦牟尼像、石叟款观音坐像、银鎏金六世班禅像等。

木雕彩绘罗汉像，高 56 厘米，宽 23 厘米，出自北宋。罗汉为光头，身披袈裟，半跏趺坐于山形座上，身上使用了涂朱、施金、贴纸、油墨等多种装饰手法。罗汉面部的刻画较细致，双耳大而下垂，接近肩部；眉毛浓且长，眉角下垂至两侧面颊，眼睛眯着，嘴角含笑。

释迦牟尼像，高 21 厘米，宽 15.8 厘米，出自元代。此佛头扎高螺髻，身披袈裟，右肩袒露，结跏趺坐于仰覆莲座上，左手弯向腰腹，施禅定印；右手下垂搭在腿上，施触地印。面部刻画生动，大耳下垂近肩，低眉垂眼，鼻子坚挺，嘴角含笑，

石叟款观音坐像，高 14.6 厘米，出自明代。观音身披宽袍，双腿交叉，身体右倾，倚靠在一木匣上，面目慈祥，神情庄重，背上嵌有“石叟”款。

银鎏金六世班禅像，高 73.8 厘米，宽 47 厘米，出自清乾隆时期。班禅头戴尖顶通人冠，身披田相格袈裟，内穿交领坎肩，右臂袒露，结跏趺坐于莲台之上，莲台、衣边及田相格均有鎏金。右手立于胸前，拇指和食指捏合，施说法印；左手弯向腹前，结禅定印。面部丰腴，低眉垂眼，嘴角含笑，表情生动，神态祥和。

## 第七节　气势恢宏的青铜器

商代中后期，青铜器趋于成熟，造型普遍端庄厚重、纹饰繁多，只是铭文较少，比较有代表性的器型有鼎、簋、尊、爵、钺等。

鼎原本是一种炊器，用于烹煮、盛放食物，后来逐渐演变为礼器。故宫中收藏的羊父丁方鼎高 21.3 厘米，宽 17.1 厘米，重 3.12 公斤。鼎的下部有四根柱足支撑，腹部较深，直壁向上延伸至口沿处外折，口沿上有 1 对圆环状立耳。柱足上、腹部四角和外侧口沿下都有凸出的棱，柱足表面和口沿下外壁饰有兽面纹，腹部纹饰有两部分，中心位置为勾连的雷纹，雷纹两侧和下方是三排乳钉纹。鼎内壁上有铭文 1 行，“作父丁，羊”，意思是为父亲“丁”铸造此鼎，“羊”是氏族的名称。

簋类似饭碗，造型来源于陶簋。商代晚期的部分青铜簋在陶簋的造型基础上增加了耳，以便抓握，但三耳簋还是比较少见的。故宫中收藏的乳钉三耳簋高 19.1 厘米，口径 30.5 厘米，重 6.94 公斤。此簋的圈足较高，腹部圆鼓，外壁有 3 只耳，颈部收拢，口沿外折。圈足外侧饰有鞭形雷纹，腹部饰有斜方格乳钉纹，三耳表面浮雕兽首。簋上无铭文。

尊是一种大型盛酒器。故宫中收藏的三羊尊高 52 厘米，圈足较高，底径为 35.5 厘米，腹部最宽处为 61 厘米，口径 41.2 厘米，重 51.3 公斤。圈足下部纹饰为回形底纹上饰 6 组兽面纹；圈足上部有 2 条凸弦纹，中间有 3 个等距离的圆孔；腹部凸起，纹饰为回形底纹上饰 3 组兽面纹；肩部纹饰为回形底纹上饰目形纹，等距离的 3 个位置上，各有一处卷角羊头浮雕。尊上无铭文。

爵是一种酒杯，也可以用于温酒。故宫中收藏的子工万爵高 21.1 厘米，宽 16 厘米，重 0.76 公斤。爵的下部有三锥足支撑，足上为圆凸的圜底；腹部较深，表面饰兽面纹，有便于手提的兽首鋬；前有流，后有尾，口上有 2 个菌形柱，口、流、尾下均饰蕉叶纹，鋬内有铭文“子工万”。“子”是爵位名；“工”表示负责工程营建，管理工匠；“万”是氏族名。这个铭文的意思是，“万”氏族被封为“子”爵，负责工程营建。

钺是一种兵器，形状像斧，刃部比斧更宽大。故宫中收藏的兽面纹大钺高 34.3 厘米，宽 36.5 厘米，重 5.8 公斤。此钺方正厚大，肩部有 2 个长方形孔，用于固定钺柄，下方两角略微上翘，刃部呈弧状，形如新月。钺体两侧镂空，上方纹饰为兽面底纹上饰 3 个花蕊状的圆形浮雕，下方为兽面三角形纹。钺上无铭文，工艺细腻，纹饰华丽。

周代时，青铜器的胎体逐渐变薄，纹饰逐渐简化。同时出现了一些铸有长篇铭文的青铜器，铭文内容大多是记载祭祀情况，或一些历史事件。

故宫中收藏的师旂鼎高 15.8 厘米，口径 16.2 厘米，重 1.92 公斤。鼎下部为三柱足，足上腹部较浅，大致为圆弧形，略有倾垂，颈部收拢，口沿外折。此鼎纹饰较少，仅颈部有一圈长身分尾垂嘴的鸟纹。鼎的内壁有铭文 8 行 79 字，大意为：三月丁卯日，师旂的很多仆从不肯跟随周王征讨方雷，理应受罚。师旂派自己的下属“引”跟伯懋父说：“在莽的时候，伯懋父曾判罚得、系、古三百锊，到现在也没实施惩罚。”伯懋父说：“依法应该流放这些不跟随出征的人，现在不要流放了，让他们交罚款给师旂。”“引”把这件事告诉中史，让他记下来，师旂为此铸造了这件彝器。

格伯簋，高 23.5 厘米，宽 30.8 厘米，重 7.58 公斤。簋底部为方座，座上为圈足，足上托圆鼓腹，颈部收拢，两侧有耳，口沿外折。方座四壁中心饰竖纹，边缘饰圆涡纹和窃曲纹，顶部四角饰兽面纹；圈足饰四瓣花和圆涡纹带；颈部以夔纹和圆涡纹为底纹，前后正中位置各铸有一个凸起的兽头；两耳呈象头形，象鼻卷曲下垂。簋内底铸有铭文 9 行 83 字，大意为：正月癸巳吉日，周王在国都成周。格伯用 30 田产跟倗生换了 4 匹好马，双方剖木为证。官吏

羊父丁方鼎

北京故宫博物院藏。

子工万爵

北京故宫博物院藏。

兽面纹大钺

北京故宫博物院藏。

三段区段式神兽镜

北京故宫博物院藏。

蔵武把这件事以及格伯交付的田产位置、地界记录在档案中。倗生为此铸这件宝簋，作为接收格伯田产的凭证，并叮嘱后代子孙要好好保存。

此外，故宫中还收藏有一些周代的青铜乐器。虎戟镈高 44.3 厘米，铣距 27 厘米，重 16 公斤，大体呈椭圆形，平口，是一件西周时期的打击乐器。镈口上部饰圆涡纹与花瓣纹；镈身前后两面饰兽面纹，正中有窄长条花边扉棱；镈两侧各有 2 只虎形铜片装饰；顶部有半环形钮，钮上饰云纹。

蟠螭纹编钟铸于战国前期，由 9 个钟组成一组，尺寸及重量从大到小依次为：通高 21.1 厘米，宽 14.6 厘米，重 2.57 公斤；通高 19.8 厘米，宽 13.8 厘米，重 2.17 公斤；通高 18.9 厘米，宽 12.8 厘米，重 1.7 公斤；通高 16.9 厘米，宽 11.5 厘米，重 1.36 公斤；通高 15.6 厘米，宽 10.8 厘米，重 1.12 公斤；通高 14.3 厘米，宽 9.9 厘米，重 1.04 公斤；通高 13.2 厘米，宽 8.8 厘米，重 0.89 公斤；通高 11.8 厘米，宽 8.2 厘米，重 0.72 公斤；通高 11.5 厘米，宽 7.8 厘米，重 0.64 公斤。

9 个钟造型相同，底部为桥形口，两侧有尖角。钟体为椭圆形，下宽上窄，“舞”上有桥钮。钟身以绹纹为底纹，上饰 36 个短“枚”；两“舞”饰双蟠螭纹，钮、“篆”饰蟠虺纹。这套编钟造型精巧，线条流畅，纹饰秀丽，具有很高的艺术价值和历史价值。

秦汉时，日用青铜器大多被铁制品取代，故宫中这一时期的青铜器藏品主要为量器、兵符、铜镜等。

秦始皇诏文权，通高 5.3 厘米，径 4.7 厘米，重 0.26 公斤。权其实就是秤砣，此权主体为圆台形，表面有 18 道瓜棱，台上有鼻钮。权身棱间刻秦始皇廿六年（公元前 221 年）诏书 14 行：“廿六年，皇帝尽并兼天下诸侯，黔首大安，立号为皇帝，乃诏丞相状、绾，法度量，则不壹，歉疑者皆明壹之。”

临袁侯铜虎符铸于西汉早期，是当时调动军队的凭证。此符形状为昂首卷尾的卧虎，故宫中收藏的是符的左半部分，高 14.6 厘米，宽 16.9 厘米，内侧有方形凹槽。虎背上有 9 个错银隶字：“与临袁侯为虎符，第二。”

三段区段式神兽镜为圆形，面径 17.1 厘米，铸于东汉时期。此镜正面为光滑的镜面，背面可分为外、中、内3个区域。外区纹饰为一圈菱形涡纹装饰。中区纹饰为细点底纹上相间排列半圆形流云纹和方枚，每个方枚内有铭文2字，连起来是：“吾作明镜，幽炼川冈。巧工所居，尾克童上。有四守名，流美宜王。”内区又由两条平行线分为3段，上段的装饰画面比较复杂，最左侧有一只仙鹤，最右侧有1只金蟾，中间为1只背负华盖的大龟；龟两侧各有4人，从左到右数，前5人为觐见的官员形象，第7人为高大的君王形象，第6、第8人为侍从形象；中段中间为圆形钮和钮座，左右各饰1舞狮；下段中间为盘丝纹，左右各有2人，分别盘坐、踞坐。

汉代之后，青铜器逐渐淡出了人们的生活，除少数礼器、乐器外，基本只剩铜镜，故不再赘述。

# 第八节　造型别致的金银器

唐代之前，金银器的数量不多，又历经数次乱世，流传下来的极少。唐代时经济繁荣，金银铸造业空前发达，贵族使用的酒器多为金银制品。

故宫中，唐代金银器藏品较有代表性的是鎏金刻人马狩猎纹杯。此杯带有一些西域工艺风格，高圆足造型，铜质鎏金，高 7.5 厘米，足径 3.5 厘米，口径 5.9 厘米。外壁口沿下饰有一道弦纹，弦纹下方杯身位置镌刻有人马狩猎图，线条细腻，画面生动。

宋元两代的金银铸造工艺得到了进一步提升，但流传下来的金银器不多。故宫中暂无宋代的金银器藏品，只有一件元代的朱碧山银槎。朱碧山是当时的金银器雕刻铸造工艺家，尤其擅长制作槎杯。槎即木筏，朱碧山银槎是一个木筏形状的酒杯，由白银铸成主体后，再雕刻、焊接而成。此槎高 18 厘米，长 20 厘米，槎形如老树枝杈，尾部大弧度向上卷曲，周身雕刻桧柏纹理。槎上有一长须道人，头戴道冠，身披宽袍，脚着云履。他身体后仰，斜坐在槎上，左手向后支撑，右手前伸，托着一本经卷，头略低，双目凝视着右手上的经卷，形态生动，纹饰精美。道人的头、手、云履虽都是焊接在主体上的，但表面却完全没有焊接的痕迹。

槎上多处刻有铭文。杯口下方刻有行楷 15 字，“贮玉液而自畅，泛银汉以凌虚。杜本题”；槎下腹部刻楷书 20 字，“百杯狂李白，一醉老刘伶，知得酒中趣，方留世上名”；槎尾正面上刻有“龙槎”，后面刻楷书 21 字，“至正乙酉，渭塘朱碧山造于东吴长春堂中，子孙保之”，并刻篆书图章“华玉”。

明清两代，金银铸造工艺极为繁盛，饰品、摆件、礼器、生活用品中都可以看到金银器的身影。故宫中暂无明代的金银器藏品，清代的金银器藏品极多，

元　朱碧山银槎

北京故宫博物院藏。

清　金嵌珍珠天球仪　　北京故宫博物院藏。

金瓯永固杯

『金瓯永固』寓意大清皇权巩固，长治久安。北京故宫博物院藏。

清　金錾花双喜圆寿字茶碗　北京故宫博物院藏。

但有些无法确定具体的铸造时间。

故宫中金银器藏品明确为雍正时期的是雍正款银提梁壶。此壶通高 10.2 厘米，口径 3.2 厘米。壶体为扁圆形，平底，鼓腹，短弯流，圆口，口上有弓身螭形提梁，附圆形盖，口和盖之间有按钮控制开盖。壶体光亮无纹饰，壶底中心位置刻有“大清雍正年制”篆书款，左侧有“矿银成造”篆书铭文。

故宫中乾隆时期的金银器藏品颇多，较具代表性的有金嵌珍珠天球仪、金瓯永固杯、银累丝双龙戏珠纹葵瓣式盒、乾隆款银鎏金錾花葫芦式执壶等。

天球仪也叫浑天仪、天体仪，是一种用于航海和天文教学的辅助模型。金嵌珍珠天球仪是现存唯一一件黄金制成的天球仪，由底座、支架和天球 3 部分组成，架高 61.5 厘米，球径 29.5 厘米。底座为圆形珐琅盘，以细丝盘出缠枝花纹，嵌以烧蓝和淡蓝的珐琅釉。座下有四足均浮雕龙头，座上有东、南、西、北四象字，中心为罗盘，罗盘周围是黄金铸成的海浪。九龙环绕的足金支架，形似高脚杯，下方 4 条降龙遨游于海水之中，形成稳固的支撑；上方 4 条升龙昂首探爪，擎托着天球；中间 1 条游龙抱柱，连接上下。天球上阴刻紫微、太微、天市 3 垣，表面用大小珍珠镶嵌 28 星宿、300 个星座和 2200 多颗星，围绕球体装有赤道环和地平环，北极区域还有时辰盘。

天球上珍珠的大小代表地球上观测到该星辰的亮度，但为迎合皇帝至高无上的思想，内务府造办处在帝座上用的珍珠非常大，与星辰的亮度不符。这在科技方面虽是一个缺憾，但并不影响它极高的艺术价值。

金瓯永固杯通体为黄金打造，高 12.5 厘米，口径 8 厘米。此杯是皇帝专用的饮酒器，形状类似于鼎，三足两耳，圆腹直口。三足均浮雕成象首形状，额顶嵌珍珠，双目间嵌红宝石；象耳略小，象牙和象鼻呈弧线向下延伸，象鼻末端着地处向内卷曲。两耳均为升龙形状，龙头上嵌珍珠。口沿下正面中部錾篆书“金瓯永固”，背面錾款“乾隆年制”，其余位置以回纹填充。杯外壁錾满宝相花纹，花蕊中嵌珍珠及红、蓝宝石。此杯设计巧妙，工艺精湛，装饰华丽，即使在皇宫中也极为少见。

银累丝双龙戏珠纹葵瓣式盒，高 6.3 厘米，口径 14 厘米。此盒主体形如葵花，下部向内收敛形成圈足。盒外壁以细银丝累出缠枝花底纹，上面再用粗银丝掐成纹饰。盒盖边有 8 个开光内饰花卉纹，内圈是 8 个云头状小开光内饰八吉祥宝纹，中心区域为圆形开光内饰双龙戏珠图案。此盒累丝细腻，纹饰精美，是清乾隆时期银器铸造及花丝镶嵌工艺的代表作品。

乾隆款银鎏金錾花葫芦式执壶是皇帝出游行猎时所用的酒壶，体积较大，造型圆润规整，纹饰华丽精美。此壶整体为银质，局部鎏金，高48厘米，口径7.5厘米。壶的主体为葫芦形，前侧下半部出龙首吐长流，后侧上半部接龙首吐曲柄，流和柄的两端鎏金，口上附塔形盖，盖上有钮。壶底中心有双线长方框，框内阴刻有楷书款“大清乾隆年制”。壶体纹饰可分为3组，下半部为1组，上半部由两道弦纹隔为2组，弦纹之间饰两圈枝叶纹。3组纹饰的样式相同，面积从上到下依次变大，四面的纹饰均为6朵小宝相花围绕1朵大宝相花，花朵均鎏金，周围有枝叶相连。塔形盖上饰有莲瓣纹。

乾隆时期之后，故宫中能确定年代的金银器逐渐减少。明确为嘉庆时期的是金嵌玉如意。此件曲柄为管状，长30厘米，柄中间嵌玉；头部为椭圆形，宽6.5厘米，头上中心位置嵌玉。明确为同治时期的有金亭式香熏、银錾刻“卍”寿纹碗、金云龙纹提炉、金角端香熏、金錾花双喜圆寿字茶碗等。

金錾花双喜圆寿字茶碗是同治皇帝大婚时的用品，较有代表性。此碗为捶揲成型，圈足，深腹，撇口，高5.6厘米，底径5.2厘米，口径9.6厘米。足部和口沿下各有1圈回字纹，腹部錾刻几何底纹，上面饰有相间的“囍”字和团“寿”字，碗底錾刻铭文“同治十一年二两平重七两四钱一分”。

## 第九节　温润无瑕的玉石器

受限于琢玉工具和制作经验，新石器时代的玉石器制作不甚规整，器型大多比较简单，纹饰较少或不刻纹饰。

故宫中这一时期的玉石器藏品，比较有代表性的是玉刻图长方形板。此板出土于安徽含山凌家滩遗址，当时夹在一副龟腹甲中间，经岁月侵蚀，已经变为鸡骨白色，表面有微黄色沁，硬度很低。玉板长 11.4 厘米，宽 8.3 厘米，最厚处 1 厘米，正面三侧边缘琢出台阶，另一侧及中心位置凸起，背面略凹，两面均经过抛光，四周有桯钻打出的 22 个孔。背面无纹饰，正面纹饰主体为 2 个大致同心的圆，大圆外有 4 条圭状纹指向四角，小圆内为十字交叉的 2 个八角纹；大小圆中间由直线平分为 8 个区域，每个区域内各有一条圭状纹。这些纹饰的具体意义还有待考证。

商周时期的玉石器制作工艺有了一定的提升，选材也更加讲究，大多使用细腻的新疆优质软玉。这一时期的玉器大多为扁平的片状，但也有少量立体的玉雕，器型主要有璧、瑗、环、玦、璜、佩等。故宫中这一时期玉石器藏品比较有代表性的有玉兽面纹戈、龙纹玉璜、玉虺龙纹冲牙、玉勾云纹灯等。

玉兽面纹戈出自商代，是一种佩饰。此戈长 11 厘米，最宽处 2.1 厘米，厚 0.5 厘米，以青玉制成，表面有白色水沁。戈柄为凤鸟形，眼为椭圆形，喙部呈钩状内折。戈身上端浮雕龙首纹，龙眼为“臣”字形，耳较大，角形如菇，龙首上方打有一系绳孔；下端中间起脊，两面斜磨出薄刃，下端收拢成尖。

龙纹玉璜出自西周，是当时常见的佩饰之一。此璜为半环形片，长 1.8 厘米，宽 1.9 厘米，厚 0.5 厘米，主体为青色，略微泛黄。璜体两面均以西周时期典型的斜坡刀法琢出龙纹，一端有 3 个系绳孔，一端有 1 个系绳孔。

玉虺龙纹冲牙出自春秋时期，是当时我国西部地区的佩饰。此件为牙形弧状片，长 7.4 厘米，端宽 1.5 厘米，厚 0.3 厘米，主体为青白色，局部有褐色沁斑。上端为方形，较宽，向下逐渐收窄，至下端形成牙尖，中上方打有系绳孔，线条流畅，造型简练。冲牙表面阴刻方折状花纹，其中隐含着多个虺龙纹。

玉勾云纹灯出自战国时期，高 12.8 厘米，盘径 10.2 厘米，足径 5.9 厘米。主体为白玉，略泛黄晕，局部有赭色沁。此灯并非一体雕刻，而是将灯盘、灯柱、底座 3 部分各自雕琢成形后再嵌接成灯。灯盘为圆形，直壁，内壁饰有一圈勾连云纹，外壁饰有一圈勾云纹。灯柱上部呈三棱形，表面饰勾云纹；下部呈圆柱状并有收腰，表面饰勾连云纹。底座为矮圆锥形，表面饰柿蒂纹。

秦汉时，玉器的器型较为丰富，出现了玉质的剑饰以及立体的玉雕人物、动物、器皿等。故宫中暂无秦代玉石器，汉代玉石器藏品则有青玉兽面纹剑格、青白玉辟邪等。

剑格是剑身与剑柄之间护手的部分。青玉兽面纹剑格高 4.4 厘米，宽 6.8 厘米，最厚处 2.4 厘米，主体为青色，局部有褐色沁。此剑格中间厚，两端薄，中部打有椭圆形穿孔。两面中间起脊，上端凸起弧尖，下端留有矩形缺口。两面均饰有剔地阳雕兽面纹及勾云纹。

辟邪是传说中的一种神兽，形态不固定，有多种动物特征。青白玉辟邪是一件镇纸，长 13.5 厘米，高 8.5 厘米，主体为青白色，表面有较大面积的橘黄色和赭色斑。此件辟邪形似匍匐的猛虎，四肢较短，颈部较粗，头部扁方，头顶有分叉的长角，肩部有 1 对羽翼，线条流畅，造型生动。

三国两晋南北朝期间战乱频发，玉石器制作工艺逐渐衰微。唐代时，局势相对稳定，经济高速发展，玉石器制作再次兴起，出现了较多玉质的容器、头饰，表面多雕刻花鸟纹饰。故宫中唐代的玉石器藏品主要有白玉莲瓣纹碗、玉花鸟纹梳等。

白玉莲瓣纹碗，高 4.6 厘米，口径 7.1 厘米，足径 4 厘米，主体为白色，有绺裂及白絮斑，局部有褐色沁。此碗为圈足、直腹、直口，足略外撇，壁略厚，造型简洁古朴。外壁饰有 3 层浅浮雕莲瓣纹，每片莲瓣上阴刻 5 条平行线，雕刻精美细致。

玉花鸟纹梳为半圆形片状，长 10.5 厘米，宽 3.5 厘米，厚 0.4 厘米，主体为白色，略泛青。弧形的梳背上镂雕花鸟，中间有 3 朵花，两侧各有 1 只鸟。梳

商　龙纹玉璜　　北京故宫博物院藏。

战国　玉勾云纹灯　　北京故宫博物院藏。

清　青玉大禹治水图山子　　北京故宫博物院藏。

秦汉　青玉兽面纹剑格　　北京故宫博物院藏。

唐　白玉莲瓣纹碗　　北京故宫博物院藏。

齿短而细密，底端平齐。从厚度和梳齿的长度来看，它并不适合梳头，应为头饰。

宋元两代的玉器雕琢更加精致，随着金石学的兴起，又出现了一种仿古代青铜器形制的玉器。故宫中这一时期的玉石器藏品有玉环托花叶带饰、白玉骑凤仙人、玉云龙纹炉、玉镂雕双狮、玉荷鹭纹帽顶等，其中玉云龙纹炉是比较典型的仿古玉器。

明清时期的玉雕工艺达到顶峰，镂空、俏色等技法被广泛使用。器型方面，既有朴拙的仿古玉器，又有很多融入文人书画元素，线条流畅、纹饰精美的新式玉器。故宫中这一时期的玉石器藏品有玉八仙纹执壶、白玉镂雕松鹿纹带饰、乾隆款碧玉西园雅集图笔筒、青玉大禹治水图山子等。

玉八仙纹执壶出自明代，由青玉制成，高 27 厘米，足径 8.2 ~ 6.5 厘米，口径 7.8 ~ 6 厘米。壶体为扁圆形，圈足，垂腹，长流，曲柄，细颈，洗口，口上附圆盖。足外侧、口沿下及盖的边缘均饰有一圈山字纹，盖钮镂雕寿星骑鹿，曲柄上镂雕 1 只瑞兽。壶体两面雕刻有八仙、花草及山石等图案，颈部刻有两首五言诗，并有“长春”“永年”署款。

白玉镂雕松鹿纹带饰也出自明代，椭圆形，长 7.5 厘米，宽 6.9 厘米，高 1.7 厘米，玉质青白。此带饰分上下两层，中间留有穿带孔。下层为光面圆环，上层以镂雕的山石、灵芝、松、竹为背景，松、竹上方有一鹤一雀，下方有雌雄双鹿，右下角有 1 只吐云雾的神龟。

乾隆款碧玉西园雅集图笔筒为直筒形，高 15.6 厘米，口径 11.9 厘米，底径 12 厘米。下方有等距五矮足支撑，外壁雕有西园雅集图。图中下方景物有小桥、流水、松树、栏杆、桌椅，上方景物有山石、竹林、花草，10 余位文人雅士分布其间，有的在写字、作画，有的在谈心、观景，还有的在石壁上刻字。

青玉大禹治水图山子出自清乾隆时期，高 224 厘米，宽 96 厘米，座高 60 厘米，重 5000 公斤，置于铜铸嵌金丝褐色山形底座上。这块巨大的青玉料取自新疆和田密勒塔山，质地坚硬细腻，上刻大禹治水典故。玉山上遍布苍松翠柏，山体上有多处幽深的岩穴，山崖间还有瀑布飞流直下。大禹在正面的山腰处劳作，成群的民众追随着他开山移石，疏通水道。正面中心位置刻方玺“五福五代堂古稀天子宝”，背面下方刻方玺“八徵耄念之宝”，上方刻乾隆皇帝题诗。整座玉山规模宏大，线条流畅，图案精美，代表着乾隆时期高超的玉器雕琢工艺。

## 第十节　自成体系的清宫陶瓷

故宫中陶瓷类藏品数量庞大，几乎覆盖了中国古代所有窑口，绝大部分种类的陶瓷。在这里，我们主要介绍一下清代官窑烧制的陶瓷。

清代御用陶瓷大部分来自景德镇窑，还有一些出自福建德化窑、江苏宜兴窑。顺治十一年（1654 年），清廷在景德镇设立了官窑。之后康、雍、乾三代，都对瓷器极为重视，中国的制瓷水平达到了前所未有的高峰，由此诞生了一系列独特的清宫陶瓷。

顺治时期的官窑瓷器很少，几乎全部出自景德镇窑，主要有五彩、釉下彩、颜色釉 3 种。

这一时期的五彩瓷延续了明晚期的风格，器形古朴，纹饰粗犷，色彩丰富，代表作品是青花五彩锦鸡牡丹纹尊瓶。此瓶高 35.3 厘米，底部为内凹式平底，底径 12 厘米，外底素胎无釉；腹部呈上粗下细的筒形，上绘红日、蜜蜂、锦鸡、牡丹、玉兰；肩部呈弧线收拢，颈部较短，瓶壁向上延伸至口沿处，外翻形成唇口，口径 12.5 厘米。这种器型直到康熙时期还很流行。

釉下彩多为青花瓷，代表作品是青花云龙纹炉，器型和纹饰都非常经典。此炉高 19 厘米，平底，底径 12 厘米，敛腹，颈部很短，炉壁竖直向上延伸形成盘口，口径 21 厘米，耳和足已缺失。口沿施酱釉，外口下绘有一圈祥云纹，以三角形几何纹间隔。颈部图案为菊花宝珠纹，腹部图案为二龙戏珠，隙地有“山东东昌府临清州席厂街，三义庙供奉炉瓶一案。顺治十一年四月初三日，信士董世瑜奉”字样。

颜色釉的代表作品是黄釉暗刻云龙莲瓣盘和茄皮紫釉暗刻云龙纹盘。黄釉暗刻云龙莲瓣盘，高 4.4 厘米，圈足微撇，足径 5.8 厘米，足内施白色底釉，

清　青花云龙纹炉

北京故宫博物院藏。

清　康熙时期　五彩耕织图瓶

瓶身由五彩绘养蚕、碓米 2 组主题纹样构成。在清代康熙年间，农耕题材的绘画、造型比较多，从侧面说明了朝廷对农业的重视。北京故宫博物院藏。

绘青花双线圈，圈内署款“大清顺治年制”，为双行青花楷书。盘壁呈弧形曲线向上延伸，口沿外翻形成撇口，口径 24.8 厘米。盘心和内外壁均施深黄釉，盘心釉下暗刻云龙图案，内壁刻双龙赶珠图案，隙地暗刻祥云纹，外壁近足处绘青花莲瓣图案。

茄皮紫釉暗刻云龙纹盘，高 4.3 厘米，口径 24.6 厘米，足径 15.8 厘米，器型和黄釉暗刻云龙莲瓣盘类似。圈足内施白色底釉，绘青花双线圈，圈内署款“大清顺治年制”，亦为双行青花楷书。盘心和内外壁均施深茄皮紫釉，外壁近足处釉下暗刻莲瓣图案，其余部位釉下暗刻云龙图案。

康熙时，官窑瓷器逐渐繁盛，窑口仍以景德镇窑为主，福建德化窑也有少量产出。瓷器种类除了五彩、釉下彩、颜色釉外，还增加了斗彩、粉彩、珐琅彩、杂釉彩。

这一时期五彩器的代表作品为五彩耕织图瓶。此瓶高 46.5 厘米，口径 12.3 厘米，足径 13.2 厘米，圈足直腹，折肩直颈，瓶壁竖直向上延伸至口沿，瓶口比盘口略高，形似笔洗，故称洗口。外口下环绕一圈绿彩回字纹，颈部为通景山水人物图案，肩部有 4 个开光，开光内分别为琴棋书画 4 种图案，边框外满布梅花锦纹。瓶身两侧是以“舂碓”和“分箔”为主题的两幅图案和两首诗。“舂碓”是舂米的工具，这里是指舂米这项劳动；“分箔”是养蚕术语，即将成熟和未成熟的蚕分到不同的蚕箔上饲养。瓶外底圈足内绘青花双线圈，未署款，隙地用青松翠柳和星辰图案填充。

釉下彩的代表作品是釉里红云龙纹钵缸，造型古朴，发色纯正。此缸高 36 厘米，圈足，足径 40 厘米，鼓腹，缸壁内敛形成圆口，口径 40.5 厘米。缸外底未施釉；内外壁施白釉，外壁为海水江崖双龙戏珠图案，主体为釉里红，龙目用青花点出；口沿下绘青花双线圈。

颜色釉的代表作品是郎窑红釉穿带直口瓶。此瓶高 20.8 厘米，圈足外撇，足径 9.1 厘米，两侧留有长方形孔以便穿系绳带；垂腹长颈，瓶壁呈微弧形曲线向上延伸形成直口，口径 6.1 厘米。瓶外底圈足内施白色底釉，刻乾隆皇帝题诗；瓶壁施红釉，高温烧制时釉质流下凝聚在底部，显露出瓶口的白色胎体，釉色上浅下深，呈现渐变的状态。

斗彩瓷的代表作品为斗彩山水人物纹菱花口花盆。此盆为六方体形状，高

31.8厘米，六边形足外撇，足径45.5厘米 ×26.7厘米，盆底留有圆孔；深腹折沿，菱花形沿边，口径59.3厘米 ×41.5厘米。折沿上绘寿字纹、石榴图案，沿下署有青花楷书款“大清康熙年制”。盆底和内壁下半段未施釉，其余部位施白釉，外壁六面绘斗彩群仙祝寿图。足边饰如意云头纹、折枝花纹。

斗彩山水人物纹菱花口花盆　北京故宫博物院藏。

粉彩和珐琅彩初创于康熙晚期，有粉彩花蝶纹盘、粉彩钟馗醉酒像和蓝地珐琅彩缠枝牡丹纹碗、红地开光珐琅彩牡丹图杯等作品。杂釉彩有矾红彩描金云龙纹直颈瓶、素三彩暗花云龙花果纹盘等作品。

清　光绪时期　粉彩江山万代纹碗　北京故宫博物院藏。

雍正时，粉彩和珐琅彩逐渐成熟，官窑瓷器种类中又增加了广彩、像生瓷，宜兴窑的紫砂也开始进入宫廷。这一时期的主要代表作品有五彩仕女纹罐、青花釉里红缠枝莲纹双螭耳尊、窑变釉带耳双环瓶、斗彩勾莲菊瓣尊、粉彩蟠桃纹天球瓶、珐琅彩松竹梅纹瓶、广彩花鸟纹盘、宜兴窑紫砂黑漆描金彩绘方壶等。

乾隆时，官窑陶瓷技艺达

清　咸丰时期　粉彩火锅

北京故宫博物院藏。

清　乾隆时期　粉彩像生瓷果品盘

仿生盘中主要由螃蟹、核桃、红枣、荔枝、石榴、花生、莲子、菱角等组成。北京故宫博物院藏。

宜兴窑紫砂胎绿地粉彩描金瓜棱执壶

北京故宫博物院藏。

到顶峰，釉色极为丰富，开始烧制一些结晶釉瓷器，粉彩、珐琅彩和紫砂类的精品也大量涌现。

结晶釉的代表作品是乾隆款厂官釉绶带耳葫芦瓶。此瓶为葫芦形状，高25.8 厘米，圈足，足径 8.2 厘米，鼓腹束腰，肩部较细，瓶壁竖直向上延伸形成直口，口径 2.8 厘米。瓶身两侧有绶带耳，上端与肩部连接，下端与腹部连接。瓶身通体施黄绿色茶叶末釉，腰部印莲瓣纹，外底圈足内刻篆体款“大清乾隆年制”。

粉彩的代表作品是霁蓝地描金粉彩诗句花卉纹大瓶。此瓶高 64.7 厘米，圈足，足径 20.4 厘米，弧腹长颈，瓶壁呈弧形曲线向上方延伸，口沿外翻形成撇口，口径 22.2 厘米。圈足内和腹部、内壁施白釉，近足处、颈部和外口下方均为霁蓝釉描金彩。近足处从下往上有 3 层纹饰，分别为卷草纹、回字纹、如意云纹；腹部绘有折枝花卉，隙地题有乾隆皇帝诗；颈部下端饰如意云纹、回字纹，主体绘缠枝万福地纹样；外口下方饰如意云纹。

珐琅彩的代表作品是乾隆款珐琅彩勾莲纹象耳瓶。此瓶高 14.4 厘米，圈足，足径 6.2 厘米，圆腹短颈，瓶壁呈弧形曲线向上延伸形成撇口，口径 5.3 厘米。外底施松石绿釉，署款“乾隆年制”，为青花篆体。肩部饰鎏金象耳衔环铺首，瓶身画 7 道金彩弦纹，弦纹间绘宝相花纹，装饰华丽。

紫砂的代表作品有宜兴窑紫砂胎绿地粉彩描金瓜棱执壶。此壶为经典执壶造型，圈足环柄，腹部扁圆，流部短弯，附金色宝珠钮圆盖，高 11.2 厘米，口径 8 厘米，足径 8 厘米。外壁涂亮黑漆，再以金彩绘菊花、蝴蝶图案，点缀红、绿色，漆皮贴合紧密，画面富丽奢华，可见当时精湛的工艺。

乾隆之后，官窑的陶瓷烧制工艺日渐衰落，不再赘述。

## 第十一节　笔墨纸砚，文房清供

笔墨纸砚等文房用品大多是消耗品，难以长期保存，因此明代前流传下来的很少。在这里，我们主要介绍一下故宫中收藏的明清两代文房用品。

故宫中收藏的明代笔有玳瑁管紫毫笔、红漆描金夔凤纹管兼毫笔等，清代笔有白潢恭进天子万年笔、斑竹管玉笋笔等。

玳瑁管紫毫笔，直管，有帽，管长 24.3 厘米，帽长 9 厘米，直径 2.2 厘米。笔管由玳瑁的甲片制成，管和帽的顶端都镶嵌有铜鎏金笔顶、笔箍。紫毫是取自野山兔脊背上的黑紫色硬毛，产量很低，因此也较为名贵。此笔笔锋为鸡距式，短小硬挺，适合书写楷体小字。

红漆描金夔凤纹管兼毫笔，直管，有帽，管长 19.8 厘米，帽长 9.6 厘米，直径 1 厘米。这支笔的做工非常精美，笔管和笔帽上都涂有朱红色底漆，中心位置饰有黑漆勾边的描金夔凤纹，四周以缠枝莲纹填充。兼毫笔的笔头内芯称为柱，这里用的是羊毫；外侧称为披，这里用的是紫毫。此笔笔头为兰蕊式，腰部凸起，软硬适中，适合书写各种书体的大字。

白潢恭进天子万年笔，管为竹制，长 18.8 厘米。笔头为兰蕊式，紫毫，根部有黄色副毫。这支笔的做工比较素雅，仅笔管上方刻楷书“天子万年”，无填色；下方刻楷书“臣白潢恭进”，字迹填充蓝色，其他部位均为竹子原色，无雕饰。白潢是康、雍、乾三朝元老，官至文华殿大学士。从笔管上刻的字可以看出，这支笔是白潢在皇帝生日时进献的寿礼。

斑竹管玉笋笔，管、帽均为斑竹制成，通长 30.7 厘米，直径 1.1 厘米。笔管顶端、笔帽两端均镶嵌象牙。笔管表面有天然褐色斑块，上端刻楷书“玉笋”，填蓝、绿色。笔头为羊毫制成，笔锋细长，柔软耐用。

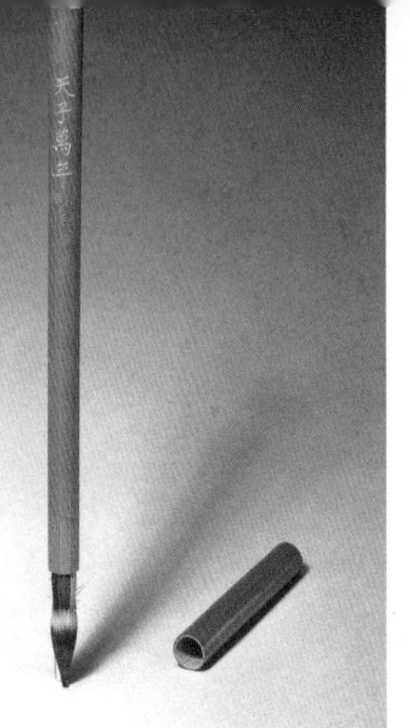

| 1 | 2 |
|---|---|
| 3 | |
| 4 | |

1. 清　白潢恭进天子万年笔

笔管长 18.8 厘米。用紫色兔毛制成的毛笔且根部饰以红、黄、蓝色毫。笔管为竹胎，笔身阴刻楷书“天子万年”4 字，并以金填之，其下方小刻填蓝楷书“臣白潢恭进”5 字。题识表明了此笔是臣子献给皇帝万寿节的礼品。北京故宫博物院藏。

2. 清　雍正时期　珐琅管斗羊毫抓笔

毛笔通长 20 厘米，斗径 2.8 厘米。羊毫笔，笔管是铜胎掐丝珐琅工艺制作，笔身通体花叶纹样装饰，整体以蓝、黄、粉、绿四色作为主要釉色并配以白色点缀。笔管整体造型优美，体态线条舒缓，是清代晚期提笔造型的特点。北京故宫博物院藏。

3. 清　乾隆时期　御笔题画诗墨

此套墨一共 6 块，形状各异，端置于墨盒之中。墨盒以黑漆地，正中书“御笔题诗墨”5 字。这套墨的制作，是从乾隆皇帝题过诗的画中选出的 9 幅，再根据画卷的尺寸比例，缩制成 9 块墨。一面摹刻御诗御章，另一面摹刻画作。墨身雕刻细腻，制作精良，为墨中佳品。北京故宫博物院藏。

4. 龙门氏天府御香墨

长 11.8 厘米，宽 4 厘米，厚 1.4 厘米。舌形墨，边角圆润，通体黑色。2 条金龙绕于墨身，朱色纹饰装饰其身。饰以金色祥云纹饰，蓝、金色阴刻隶书“天府”2 字，一侧刻“龙门氏”字样，彰显出此墨的富丽雍容。“天府御香墨”是明代的一款墨式，且收录于明代《方氏墨谱》中。北京故宫博物院藏。

1 2
3
4

1. 清　湘妃竹管雕留青花蝶紫毫笔

笔管长 20.1 厘米，笔帽长 9.8 厘米，直径 1.1 厘米。用紫色兔毛制成的毛笔，笔管由湘妃竹制作而成，笔管上浅刻纹饰，梅、菊花枝纹样缠绕笔身，蝴蝶嬉戏于菊、梅之间。笔帽两侧和笔身顶部浅刻一圈回纹做装饰。笔头装紫毫，笔头为兰花头式。北京故宫博物院藏。

2. 清　彩漆云龙管黄流玉瓒紫毫笔

笔管长 16.8 厘米，笔帽长 8.8 厘米，直径 0.9 厘米。用紫色兔毛制成的毛笔且根部饰以黄色毫。毛笔通体为竹胎髹漆，黑漆为地嵌以金色纹饰，朱色描绘云龙纹，笔帽两侧和笔身顶部绘一圈回纹做装饰。笔管上浅阴刻隶书“黄流玉瓒”4 字，表明了祭祀活动中对礼乐制度的恭敬，体现了清宫廷制品对古代传统礼乐文化内涵的承袭。北京故宫博物院藏。

3. 清　雍正时期　松花江石砚

长 11.9 厘米，宽 8.2 厘米，厚 1.3 厘米。松花江石制长方形砚台，砚身为深浅绿色条纹相间，墨池内一侧饰以灵芝如意纹。砚台盖为黑漆地描金盒，上绘山水亭台之景，整体造型别致幽雅，为宫廷造办处制作。北京故宫博物院藏。

4. 清　端石雕寿山福海纹砚

长 22 厘米，宽 15 厘米，厚 3 厘米。为宫廷造办处制作。此砚身为椭圆形砚式，砚石圆润，制作精良，下嵌以紫檀木盒为底。砚池内一侧刻 5 只展翅蝙蝠，寓意五福吉祥。砚台边缘刻一圈卷云纹饰。北京故宫博物院藏。

根据不同的来源，故宫中收藏的墨大致可分为御墨、自制墨两种。御墨的代表是乾隆时御书处制作的“兰亭修禊系列”御墨，自制墨的代表是程君房蟠螭纹圆墨、汪节庵名花十友墨。

“兰亭修禊系列”御墨共有 5 锭，分别为红、绿、黄、白、蓝，白色墨有裂痕，其他 4 锭保存完好。5 锭墨的造型、尺寸相同，平面为长方体切去四角，长 16.2 厘米，宽 8.4 厘米，厚 2.2 厘米。墨的正面为兰亭修禊图，未填色；背面上方刻楷书“御墨”，中间刻楷书“乾隆丁巳年（1737 年）制”，下方刻“兰亭修禊”印，字迹全部填充金色。

程君房是明代制墨名家，流传下来的墨皆为精品。程君房蟠螭纹圆墨为黑色，圆饼状，中间凸起，边缘逐渐收窄，直径 8.8 厘米，中心处厚 1.6 厘米。这锭圆墨正面雕刻着 1 条螭龙，身体随墨形盘踞，右前爪抓着自己的尾巴，其余三爪蹬在墨的边缘，头部弯折至圆墨中间，睁目张口；背面雕刻着 4 条相互蟠绕的小螭龙，口衔或爪握灵芝，矫健灵动。

汪节庵名花十友墨共 10 锭，均为黑色，每锭长 10.7 厘米，宽 4.4 厘米，厚 1 厘米，嵌装于黑漆描金云龙纹盒中。每锭墨的正面都雕刻着一种名花，花旁刻字，分别为桂花“仙友”、菊花“佳友”、梅花“清友”、莲花“浮友”、海棠花“名友”、酴醾“韵友”、茉莉花“雅友”、沈丁花“殊友”、薝蔔“禅友”、芍药“艳友”；背面刻字“名花十友”，涵楷、草、隶、篆 4 种书体，花卉和字迹均填金色。墨左侧面有阳文楷书“汪节庵仿制”。

纸张不易保存，故流传下来的较少。故宫中的明清纸笺藏品有赤壁游故事笺、乾隆雪绵纯嘏诗笺、绿色描金银粉蜡笺等。

赤壁游故事笺为皮料印花纸，米色，长 130 厘米，宽 31.5 厘米，出自明代。此笺由数张纸褙叠加厚，表层施粉，用饾版技术印苏轼赤壁游故事图，线条清晰，画面生动。

乾隆雪绵纯嘏诗笺为优质韧皮纤维纸，长 53.6 厘米，宽 38.5 厘米。纸质平滑柔韧，本为白色，现已泛黄，右下角有红色隶书印款“乾隆四十九年（1784 年）甲辰呈进雪绵纯嘏诗笺”。“雪绵”是说此纸色泽雪白，质地柔软，润墨性强。“纯嘏”意为大福，祝寿词。根据印款可以确定，此笺为乾隆皇帝 73 岁生日时官员进献的寿礼。

绿色描金银粉蜡笺为清乾隆时所制，长 93.7 厘米，宽 96 厘米。粉蜡笺是粉纸和蜡笺的结合体，兼具二者的优势，表面光滑平整，质地坚韧。此笺背面洒金，正面为绿色底，上饰折枝丹、海棠、兰花、梅花等花卉图案，花瓣、枝叶描金，花蕊、叶脉描银。

明清两代流传下来的砚台较多，故宫藏品中比较有代表性的是正德款碧海腾蛟铜暖砚、雍正款松花江石砚、端石鼓式砚。

正德款碧海腾蛟铜暖砚，长 23.7 厘米，宽 11.4 厘米，高 11 厘米。此砚为长方匣式，由砚身、匣盖、暖屉组成，均为铜铸。暖屉在砚身下层，可取出，由活动插板固定。冬季天寒时，可在屉中放炭火，以免墨汁结冰。正面下方为长方形砚面，上方铸有“碧海腾蛟”图，4 个侧面分别铸“月中折桂”图、“枫宸献策”图、“玉陛趋朝”图、梅花图。匣盖面下部为鱼跃龙门图，上部刻诗并署款“正德己卯（1519 年）秋九月吉，赐戊辰进士同知扬州事平湖孙玺命工铸”。

雍正款松花江石砚为长方形，长 11.9 厘米，宽 8.2 厘米，厚 1.3 厘米，由绿色松花江石制成，配黑漆描金盒。此砚造型较简洁，正面上部深凹为墨池，饰灵芝如意纹；下部较浅为砚面，无纹饰。背面刻雍正皇帝御题“以静为用，是以永年”，左下方署款篆书“雍正年制”。

端石鼓式砚出自乾隆时期，直径 10.3 厘米，厚 2.5 厘米，配紫檀木盒。此砚由深紫色端石制成，质地细腻光滑，表面有蕉叶白石品纹理。此砚为圆鼓形，腰部有凸起的鼓钉装饰。正面中心位置为圆形砚堂，砚堂周围深凹成环形砚池，背面无纹饰。

除笔墨纸砚外，中国传统文房中还有很多辅助用具，如笔架、镇纸、砚滴、印泥等，统称为文房清供。故宫中的文房清供类藏品有铜蹲狮形砚滴、铜笔架等。

铜蹲狮形砚滴出自明代，高 9.7 厘米，宽 4.6 厘米，长 9 厘米，配紫檀木座。铜狮卧身昂首，双翅双尾，腹部中空，背部接鸟首形长管，通体鎏金，点缀青绿色斑，风格古雅。

铜笔架出自清代，高 4.8 厘米，宽 9 厘米，厚 5 厘米，通体铜铸，配有木座。此笔架呈五峰山形，中间的山峰高大，两边的较矮小，通体无纹饰，风格朴素。

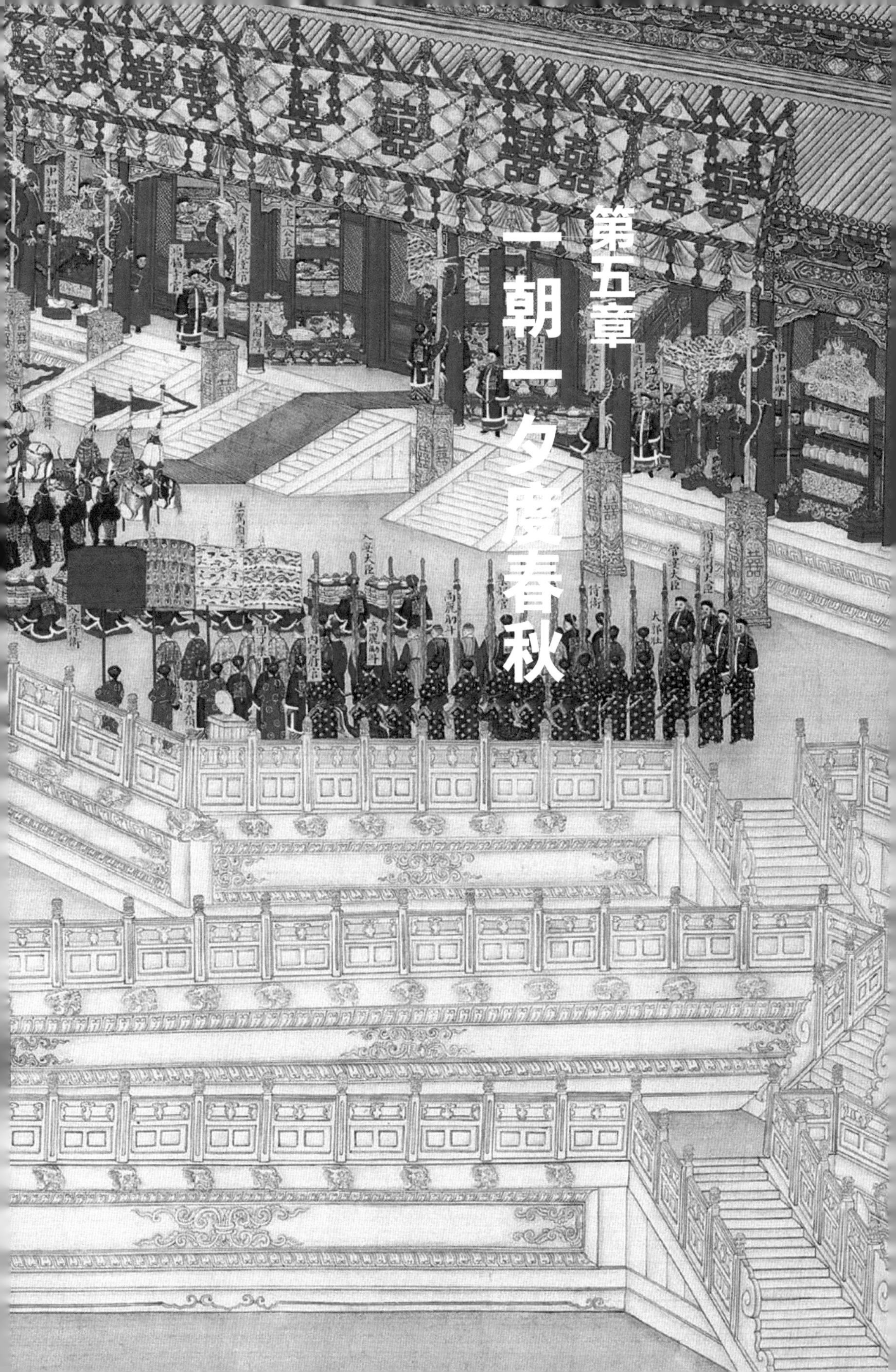

# 第五章 一朝一夕度春秋

## 第一节　清帝登基和授受仪式

登基也叫登极，是指皇帝即位。天命元年（1616 年）正月初一，清太祖努尔哈赤即位，定国号为“金”，举行登基大典。当时的仪式还比较简单，贝勒、群臣提前聚集在正殿前，按品级站好。努尔哈赤亲临正殿坐上宝座，贝勒、群臣下跪迎接，然后总管旗务八大臣出班，到近前跪下，进献上尊号的贺表。侍臣接过贺表，跪在努尔哈赤面前宣读。宣读完毕后，努尔哈赤从宝座上下来，焚香祭天，率领贝勒、群臣向天帝行三跪九叩之礼。礼毕，努尔哈赤回到宝座，贝勒等人率领各自的属下庆贺。天命十一年（1626 年）努尔哈赤去世，皇太极即位时的仪式大致也是这样。

天聪十年（1636 年），皇太极改元崇德，建国号为“大清”。皇太极提前约束、训诫属下 3 天，下令建筑天坛，准备卤簿（即皇帝的仪仗执事）。举行大清皇帝即位仪式的当天，皇太极率领群臣到天坛下祭告天帝。祭告完成后，奉宝官捧着玉玺先上天坛准备，皇太极从中间的御路走上天坛，坐在宝座上，贝勒、群臣行三跪九叩之礼。礼毕，众臣都跪下，贝勒分列在左右。此时奉宝官上前，跪下进献玉玺。皇太极接受后，再递给内院官，群臣再次行三跪九叩之礼。礼毕，众臣再次跪下，宣读官捧着满、蒙、汉 3 种文字的表文站在天坛东侧，依次宣读，群臣再次行礼。礼毕，群臣各自回到原位，乐队开始奏乐，皇太极起驾回宫。

第二天，皇太极亲临正殿，群臣上表朝贺，行三跪九叩之礼。礼毕，皇太极赐宴，颁布大赦的诏书。崇德八年（1643 年）皇太极去世，顺治皇帝即位时的登基仪式也差不多，只是没有卤簿随行，既没有奏乐，也没有赐宴。

顺治元年（1644 年）十月初一，大清定都北京，先命令太常官在京城南郊建筑坛壝，司礼监准备座位、桌案。到举行仪式的那天，顺治皇帝派遣官员到祖庙和土地庙祭告，准备好皇帝的车驾和卤簿。顺治皇帝身穿祭服，从大清门（中华门）出宫，到南郊祭告天地。礼毕，顺治皇帝在官员的引导下进入天坛东侧的帷帐中换好礼服，坐到宝座上。群臣下跪，礼部尚书带着一名大学士从东侧台阶登上天坛，走到天坛正中，面向北方跪下。一名学士从桌案上捧起玉玺递给大学士，大学士恭敬地接受后，致辞说："皇帝君临万国，诸王文武群臣不胜欢忭。"之后，大学士再把玉玺递给学士，学士跪着接受，放回桌案上，各自回归原位。群臣行礼之后，皇帝起驾回宫。

之后，鸿胪寺的官员在皇极门设御案，东侧檐下设表案。王、贝勒等人在内金水桥的北侧依次站好，文武百官在桥的南侧依次站好，开始奏乐，直到皇帝坐到宝座上。接着，銮仪卫鸣鞭，执事官到台阶上行礼后，走到自己的位置上。王爵率领群臣进献贺表，向皇帝行礼。礼毕，仪仗鸣鞭，皇帝起驾回宫。9天后的甲子日，皇帝按礼制颁布诏书。

等到康熙皇帝即位时，分别派遣官员祭告天地、太庙、社稷神。康熙皇帝身穿丧服在顺治皇帝的灵座前行三跪九叩之礼，恭敬地接受皇帝之位。之后，康熙皇帝到偏殿换上礼服，分别到太皇太后和皇太后的寝宫，行三跪九叩之礼。礼毕，康熙皇帝乘舆从乾清门离开内廷，来到中和殿，接受内大臣等执事官行礼。之后，康熙皇帝来到太和殿，王公贵族和文武百官按制度向皇帝上贺表、行礼。此次登基仪式没有宣读贺表，没有奏乐，没有赐宴，给王公贵族赐茶后，康熙皇帝就回宫了。回到内廷后，康熙皇帝又重新穿上丧服，到苫次居丧，颁布诏书。雍正皇帝即位时，登基仪式和康熙皇帝时差不多，只是没有赐茶。乾隆皇帝及之后皇帝的登基仪式也都是这样。

授受仪式指的是皇帝在皇室内部禅让帝位的仪式。乾隆皇帝在位时间很长，曾表示自己86岁时就禅位给自己的儿子。乾隆六十年（1795年）时，他下诏说："自古帝王内禅，非其时怠荒，即其时多故，仓猝授受，礼无可采。今国家全盛，其详议典礼以闻。"于是，乾隆皇帝选择吉日定下了太子之位，把1796年作为继任皇帝的元年，礼部的官员进献了授受仪式的礼仪制度。乾隆皇帝提前派遣官员祭告了太庙、土地神。

到了禅位的那一天，有司在太和殿设下御座。殿内左右设两几，正中设放

清圣祖皇帝朝服像

清圣祖爱新觉罗·玄烨（1654—1722 年），顺治皇帝之子。康熙皇帝 8 岁即位，共统治清朝 60 余年。在他统治期间收复了台湾，驱逐了边境的沙俄势力，平定准噶尔动乱，巩固了朝局。经济上奖励垦荒，减轻农民赋税，实施“滋生人丁，永不加赋”的鼓励性政策。1722 年病逝，葬于河北遵化清东陵景陵。

清高宗皇帝朝服像

清高宗爱新觉罗・弘历（1711—1799年），清朝第六位皇帝，定都北京之后的第四位皇帝，年号乾隆。在位60年，是中国历史上执政时间最长也是最为长寿的皇帝。乾隆皇帝在位期间是历史上“康乾盛世”的鼎盛时期。

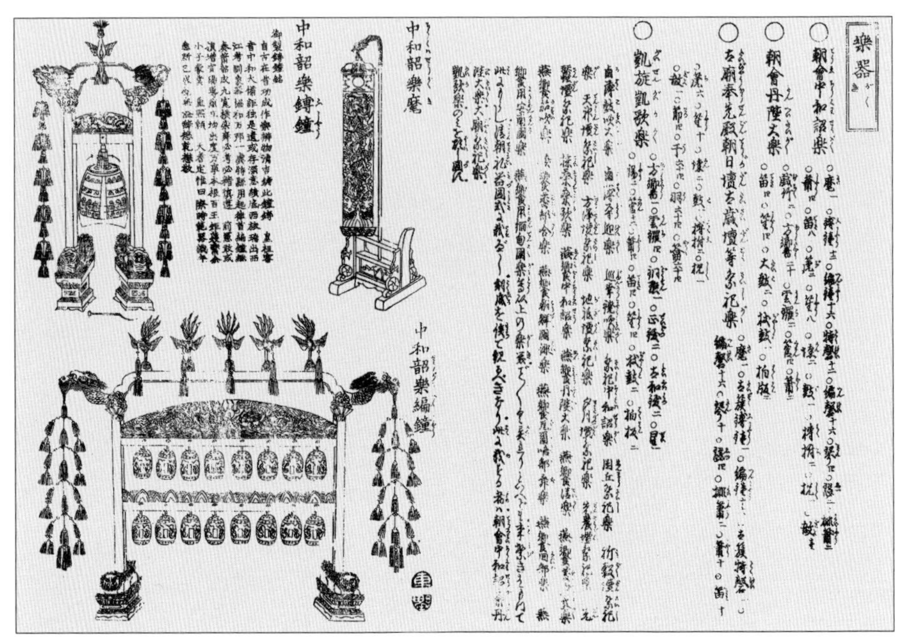


中和韶乐

明清时期祭天地、太庙、社稷以及朝会、宴会，都用中和韶乐。它包括祭祀乐、朝会乐、宴会乐。

玉玺的桌案，东侧柱下设放诏书的桌案，西侧柱下设放贺表的桌案，丹陛正中设黄案。门内铺设继任皇帝的拜垫，殿前陈列卤簿，门外准备了步辇。午门外准备了五辂、驯象、仗马、黄盖、云盘，檐下设乐队演奏中和韶乐，门外设乐队演奏丹陛大乐。

内阁学士将传位诏书摆在东案上，礼部官员将贺表摆在西案上，大学士等人到乾清门请出玉玺，放在左侧几上。2 名大学士分立两檐下，王公贵族和文武百官按品级站好，朝鲜、安南、暹罗、廓尔喀（今尼泊尔）的使臣站在队伍最后面。钦天监的官员到乾清门报时，继任皇帝穿着朝服从毓庆宫出来。此时负责在后随从护卫的 2 名内大臣已经率领 20 名侍卫聚集在乾清门外，负责引导的 2 名礼部官员站在门前阶下，负责在前引路的 10 名大臣站在殿后阶下，都做好了准备。太上皇帝乾隆身穿礼服，乘轿出宫，继任皇帝跟在后面。众臣各司其职，或在前引路，或在后护卫，此时午门处敲响钟鼓。乾隆皇帝的轿子到太和殿后落轿，太上皇帝乾隆进入中和殿，坐到宝座上，继任皇帝在殿内面向西方站立，鸿胪寺的官员引导执事大臣按品级排好，行九叩之礼。

之后，随侍的官员小步快走到外面站好，乐队开始演奏中和韶乐中的“元平”章。乾隆皇帝进入太和殿坐到宝座上，继任皇帝像之前一样恭敬地站在旁边。这时中和韶乐停止演奏，阶下鸣鞭3次，乐队开始演奏丹陛大乐中的“庆平”章。继任皇帝到拜位（行礼的位置）站好，王公贵族站在丹陛上，文武百官和陪臣站在丹墀下。鸣赞官唱“跪”，继任皇帝率群臣跪下；鸣赞官再次唱“宣表”，宣表官进入大殿，捧着贺表到檐下正中位置跪下，2名大学士跪在他的左右展开贺表。乐队停止奏乐，宣表官开始宣读贺表。

宣读完毕后，宣表官捧着贺表放回原案，退下。鸣赞官唱“兴”，继任皇帝起身后退，到乾隆皇帝左侧面向西方站立，2名大学士到乾隆皇帝面前跪下，左侧的大学士请来玉玺，跪着呈给乾隆皇帝；乾隆皇帝亲自将玉玺递给继任皇帝，继任皇帝跪下接受，递给右侧大学士；右侧大学士跪着接过玉玺，放在右侧几上。继任皇帝再次走到拜位，此时乐队开始奏乐，鸣赞官唱“跪，叩，兴”，继任皇帝率领群臣向乾隆皇帝行九叩之礼。鸣赞官唱“退”，乐队停止奏乐，授受礼就完成了。此时再鸣鞭3次，乐队奏中和韶乐中的“和平”章，乾隆皇帝起驾回宫。太监已经提前准备好了乐悬（悬挂的钟磬类乐器），乾隆皇帝进入内宫，公主、福晋及还没封爵的皇孙、皇曾元孙都来行礼庆贺。

之后，继任皇帝换上礼服，到保和殿暖阁中恭敬地等待。内阁学士提前将传位诏书和玉玺放在太和殿正中的案上，礼部官员提前将登基贺表放在东侧案上，随从和引路的大臣聚集在保和殿外做准备。钦天监的官员来报时，继任皇帝到了中和殿，执事官员按品级排好向继任皇帝行礼。礼毕，继任皇帝到太和殿正式举行登基仪式。登基仪式结束后，众臣回到原位。大学士进殿取诏书，从中门出来，递给礼部尚书。礼部尚书跪下接过诏书，站起来，将诏书放到黄案上，行三叩之礼，之后再将诏书放到云盘上。仪制司的一名官员跪下接过诏书，站起来，从中间的路走出大殿。到这里，全部的仪式都完成了，众臣退下，继任皇帝回宫，大学士等人将玉玺送到乾清门，礼部官员颁布诏书。这位继任的皇帝就是嘉庆。

## 第二节　垂帘听政和亲政仪式

垂帘听政是指皇后或太后临朝管理国家政事，因为身前通常会挂帘子遮隔，故称垂帘。清初，严禁后宫干政，因此垂帘听政是在清晚期咸丰皇帝去世后开始的。

咸丰十一年（1861 年），咸丰皇帝去世，临终前他任命载垣、端华、景寿、肃顺、穆荫、匡源、杜翰、焦佑瀛 8 人为辅政大臣，又给了皇后钮祜禄氏（即后来的慈安太后）和皇太子载淳（由生母懿贵妃即后来的慈禧太后代管）2 枚代表皇权的印章，希望他们相互牵制，维持权力的平衡。

咸丰皇帝死后，同治皇帝幼年即位，没有处理政务的能力，辅政大臣和两宫太后都想专权。在两宫太后的授意下，御史董元醇上疏请皇太后暂时管理朝政，因载垣等人驳斥，未能实现。后来，慈禧太后联合恭亲王奕䜣发动辛酉政变，载垣、端华被逼自尽，肃顺被杀，另外 5 人被革职，清王朝的权力集中到了两宫太后手中。

在慈禧太后的授意下，胜保又上疏请太后管理朝政。没有了"顾命八大臣"的阻碍，两宫太后终于如愿执掌大权，奕䜣也被封为议政王。而当大臣们进献制定好的礼仪制度时，两宫太后还假惺惺地说："垂帘非所乐为，唯以时事多艰，王大臣等不能无所禀承，是以姑允所请。俟皇帝典学有成，即行归政。"

咸丰十一年（1861 年）十一月初一，两宫太后带着小皇帝到了养心殿，正式开始垂帘听政。王公大臣聚集在殿门外，按之前定好的礼仪制度向太后、皇帝行礼。内外大臣的奏章，都提前呈给两宫太后阅览。需要皇帝下旨批示的奏章，都由议政王、御前大臣等拟定好谕旨，第二天在朝堂上正式呈上，再颁布谕旨。谕旨的内容都是两宫太后和议政王等商议的结果，只是文辞还用皇帝

慈禧太后朝服像

慈禧即孝钦显皇后，咸丰皇帝的妃子，清同治皇帝的生母。她的一生经历了道光、咸丰、同治、光绪四朝，发动了2次政变，共垂帘听政3次，掌握着清朝最大的权力。死后谥『孝钦慈禧端佑康颐昭豫庄诚寿恭钦献崇熙配天兴圣显皇后』，为大清众皇后谥号中之最长。

慈禧太后

养心殿东暖阁垂帘听政处

木质“慈禧皇太后之宝”

的口吻，自称“朕”。

每当召见内外臣工，两宫太后和同治皇帝都一起到养心殿，太后身前挂着帘子遮挡。召见内臣时，议政王奕䜣和御前大臣们轮番在前侍奉；召见外朝大臣时，议政王、御前大臣率领侍卫等人按品级分立两旁。太后身前挂帘子、设桌案，桌上摆着文武百官的职位和姓名表，提前拟定的谕旨也都分别记录、标注好。皇帝身前也设有桌案，各部、各院官员按惯例递上绿头签（写有姓名、职衔的白色薄木片，长约 27.5 厘米，宽约 3.5 厘米，上端为绿色如意祥云头），由议政王等人放到皇帝桌案上，按正常皇帝上朝的仪式引见。太后找出提前拟定好的谕旨盖上玺印，递给议政王、御前大臣，由他们再向下传达。文武百官请安的奏章，都写 3 份，分别进献给两宫太后和同治皇帝。

同治十二年（1873 年），载淳成年，两宫太后被迫归政，但仍在干预皇帝执政。同治十三年（1874 年），载淳病死，大权又完全落入两宫太后手中。与诸王、群臣商议后，两宫太后立 4 岁的载湉为光绪皇帝，再次垂帘听政。光绪七年（1881 年），慈安太后病死，慈禧太后独揽大权。光绪十三年（1887 年），慈禧太后名义上归政，但在光绪皇帝召见、引见大臣时，她仍坐在朝堂上以“训政”的名义执掌大权。且“训政”结束后，朝政大事还是由慈禧太后决断。光绪二十四年（1898 年），光绪皇帝发起戊戌变法，触动了以慈禧太后为首的守旧派的利益。慈禧太后发动戊戌政变，杀了“戊戌六君子”，随后谎称光绪皇帝患病不能理事，将其软禁在西苑瀛台，继续独揽大权。1908 年，光绪皇帝死后，慈禧太后立溥仪为帝，不久慈禧太后也病死了。

慈禧太后执政期间取得了一些成绩。初期，在议政王奕䜣的辅佐下，慈禧太后下令整顿吏治，重用曾国藩、左宗棠、李鸿章、张之洞等汉臣；在列强的支持下，镇压了太平天国、捻军、苗民等起义军，稳定了政局，缓解了清王朝的统治危机。为了挽救清朝统治，洋务派发起了洋务运动，引进西方先进生产技术，创办了江南制造总局、福州船政局、天津机械制造厂等新式军工厂，训练了北洋水师等新式军队；兴办轮船、铁路、电报、邮政、采矿、纺织等新式民用工业；与此同时，还创办了一批新式学校，选派留学生出国深造，为中国培养了一批人才。执政晚期，慈禧太后推行“新政”，对兵、商、学、官、法进行体制层面的改革，并提出了君主立宪制。客观上来说，这些政治举措对中

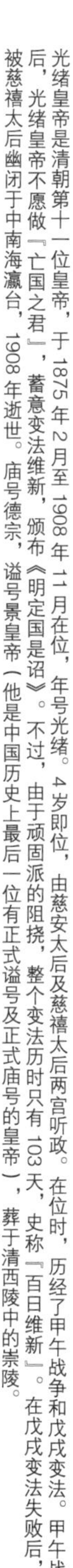

光绪皇帝载湉读书像

光绪皇帝是清朝第十一位皇帝，于 1875 年 2 月至 1908 年 11 月在位，年号光绪。4 岁即位，由慈安太后及慈禧太后两宫听政。在位时，历经了甲午战争和戊戌变法。甲午战败后，光绪皇帝不愿做『亡国之君』，蓄意变法维新，颁布《明定国是诏》。不过，由于顽固派的阻挠，整个变法历时只有 103 天，史称『百日维新』。在戊戌变法失败后，他被慈禧太后幽闭于中南海瀛台，1908 年逝世。庙号德宗，谥号景皇帝（他是中国历史上最后一位有正式谥号及正式庙号的皇帝），葬于清西陵中的崇陵。

国的近代化有一定的积极意义。

但慈禧太后的目的始终是维持清朝的封建统治。面对列强，她多次妥协，签订了多个丧权辱国的不平等条约；面对维新派及农民起义，她血腥镇压，严重阻碍了中华民族复兴的脚步。此外，她在夺取大权时的残忍手段以及在内忧外患局面下依旧奢靡的生活，也足以让人诟病。

亲政的意思是，幼年即位的皇帝于成年后开始亲自处理政务。清代亲政仪式举行过 2 次，一次是同治皇帝亲政，另一次是光绪皇帝亲政。

同治十二年（1873 年）正月，两宫太后被迫归政，同治皇帝举行了亲政仪式。他提前派遣官员祭告了天地、太庙、土地神。到了亲政仪式当天，准备了皇太后的仪驾、皇帝的法驾卤簿，并在慈宁门内设放贺表的桌案，铺设皇帝的拜垫，在太和殿内东侧设放诏书的桌案和放贺表的桌案，大殿正中和门前丹陛设黄案，午门外准备了龙亭、香亭。内阁学士将贺表放进木匣中，捧着木匣走出来。大学士跟着内阁学士走到永康左门外，之后由大学士接过木匣，走到慈宁门前，顺着东侧台阶走上慈宁门，将贺表放在桌案上，而后退下。太监举起桌案进入慈宁宫，放在宝座东侧。内阁学士捧起诏书，放在正中的黄案上。礼部官员捧起王公百官的贺表，放在东侧的黄案上，将军、提督、总兵的贺表，放在龙亭内。由鸿胪寺的官员引导和硕亲王以下，入“八分公”以上的贵族以及蒙古王公等人，聚集在隆宗门外；不入“八分公”以下、二品大臣以上的官员，聚集在长信门外，三品以下的官员聚集在午门外。

钦天监的官员报时，同治皇帝身穿礼服，从隆宗门乘轿出来，到永康左门外落轿。王以下的官员跟着同治皇帝一起走到慈宁门，同治皇帝从东侧台阶上去，走到门左边，面向西方站立。4 名日讲官站在西侧台阶上，面向东方。在前引路的大臣率领侍卫跟在皇太后的仪驾后面，左右分立。慈禧太后起驾去慈宁宫，乐队开始演奏中和韶乐中的“豫平”章，等她坐到宝座上，乐队便停止奏乐。

此时，殿内西侧柱下安排了 2 名御史，2 名鸣赞官，皇太后仪驾后面以及午门外各安排 2 名御史、2 名礼部官、2 名鸣赞官，在旁边侍立。永康左门和各个大门内外也都安排了鸣赞官，从内到外一个接一个地赞唱。同治皇帝来到拜位，乐队开始演奏丹陛大乐中的“益平”章。王公大臣和侍卫等人按品级排好队，面向皇帝所在的位置站好。鸣赞官唱“拜跪”，同治皇帝率领群臣向慈禧太后三跪九叩，午门外的官员们也同时向慈宁宫方向行礼。鸣赞官唱“礼成”，同治皇帝、诸王、大臣都回到原来的位置站好，慈禧太后起驾回宫。礼部尚书上前说“礼成”，同治皇帝起驾回宫。片刻后，同治皇帝再次出宫，来到中和殿。执事官员向皇帝行礼后，小步快走到外面站好。同治皇帝再到太和殿，乐队开始奏乐，等他坐到宝座上，乐队便停止奏乐。銮仪卫鸣鞭3次，王公大臣和文武百官向皇帝行礼。之后，宣读贺表、颁布诏书等仪式和登基仪式相似。光绪皇帝亲政的时候，仪式是仿照同治皇帝亲政时举办的，故不再赘述。

# 第三节　紫禁城中的朝贺仪式

清代的朝贺仪式大致可分为 3 种：皇帝大朝仪式，太上皇帝三大节朝贺仪式，太皇太后、皇太后、皇后三大节朝贺仪式。

大朝是皇帝庆祝节日的大型典礼活动，主要内容是皇帝亲临正殿受群臣朝贺，一般不涉及政务。清太祖努尔哈赤天命元年（1616 年），规定了元旦时举行大朝，并制定了清代最初的大朝礼仪制度。皇太极即位后，对大朝的礼仪制度进行了一些改良。天聪六年（1632 年），皇太极开始整肃朝班，实行新的大朝礼仪。1636 年改元崇德时，又规定元旦时大臣要向皇帝进献贺表，并制定了皇帝生日时的庆贺礼仪。

顺治八年（1651 年），规定元旦、冬至、万寿节（皇帝生日）为三大节，在这三天要举行大朝。康熙八年（1669 年），规范了三大节大朝时演奏的乐章。举行大朝前，在太和殿东檐下设黄案。天刚亮的时候，王、贝勒、贝子在太和门集合，不入“八分公”以下的官员在午门外集合。礼部准备表亭、香亭，仪制司将百官进献的贺表恭放于表亭之内，香亭在前，表亭在后，由銮仪卫校尉从东侧长安门一直抬到午门外。香亭放在甬道左侧，表亭放在甬道右侧，贺表由仪制司恭奉进太和殿，放在东檐下的黄案上。

由鸿胪寺的官员引导王、贝勒到殿前丹陛上站好，由鸣赞官引导群臣和进表官从东、西掖门进入，按次序分为东西两班，在丹墀上站好。朝鲜、蒙古的使臣从西掖门进入，站在西班队伍的最后面。现场由多名纠仪御史维持秩序，纠察群臣礼仪，西檐下面向东方站立 2 名，丹陛、丹墀上东西相向各站立 4 名，东、西班队列末尾站立 8 名。此外，大殿檐下及丹陛、丹墀上各设鸣赞官 4 名。丹陛南侧石阶上，还站着 6 名銮仪卫的官员，专门负责鸣鞭。

钦天监的官员入宫报时，皇帝穿戴朝服，乘舆出宫，先来到中和殿，接受执事官行礼，再到外朝主持大朝仪式。皇帝从中和殿出来时，午门敲击钟鼓，乐队开始演奏中和韶乐，等皇帝到太和殿后，乐队停止奏乐。太和殿中，皇帝坐在宝座上，内大臣分立在皇帝前后，侍卫们站在内大臣后方，负责起居注的4位官员站在西侧金柱后面。大学士，学士，讲、读学士，正、少詹事站在东檐下；御史、副佥都御史站在西檐下。

到了正式开始的时候，銮仪卫鸣鞭，鸣赞官唱“排班”，王公贵族和文武百官到拜位立跪。宣表官恭捧着表章来到殿下，跪在正中处，由2名大学士将表展开。宣表官宣读表章完毕后，再放回原案。乐队开始演奏丹陛大乐，文武百官行三跪九叩之礼，之后各自回到原位站立。再由鸿胪寺的官员引导朝鲜等附属国的使臣，理藩院的官员引导蒙古使臣，到拜位三跪九叩，乐队再次演奏丹陛大乐。行礼结束后，乐队停止奏乐，使臣也各自回到原位站立。皇帝赐座，群臣和使臣在原地一跪三叩谢恩后，按次序入座，然后由皇帝给大臣赐茶。礼仪结束后，銮仪卫再鸣鞭3次，中和殿的乐队开始奏乐，皇帝降座退朝，乘舆回宫。直到奏乐停止，群臣才退下。

最开始的时候，外朝官员都是在元旦时向皇帝朝贺，聚集在保和殿前行礼，康熙二十六年（1687年）后取消了这个制度。乾隆六年（1741年），制定了皇帝在行宫过万寿节时，群臣朝贺行礼的制度。乾隆二十四年（1759年），规定了大朝时文武百官的班次，在每个人的位置上都设置了红漆木牌。乾隆五十四年（1789年），在大朝仪式中增设了2名都察院长官和36名科道官，让他们分立在品级山（清代文武官员朝班位次的标识，用铜铸成，形状像一座山）旁整肃秩序。

此外，乾隆初年时，赐茶改为仅限三品以上文官、二品以上武官、起居注官、外国使臣。嘉庆二年（1797年）时，取消了赐茶。元旦、万寿节时，在中午设宴。冬至节时，皇帝在次日接受朝贺；万寿节时，皇帝先到太庙祭祀祖先，再到皇太后的寝宫行礼，最后到太和殿受群臣朝贺。三大节的时候，各省的文武官员也都要设好香案，身着朝服，面朝紫禁城方向行礼，班次排列顺序是满、蒙、汉三族的军队分列在两翼，汉族官员则是文官在东，武官在西。

清代的太上皇帝只有乾隆，太上皇帝三大节朝贺仪式也是专为他制定。嘉

朝会制度

选自日本冈田玉山等编绘的《唐土名胜图会》。记录的是清代时期的朝会。朝会，始于西周，是礼仪规格最高的朝会，自秦汉直至明清，经久不衰。明清时期举行大朝会的地点是太和殿。

庆元年（1796 年），乾隆皇帝禅位后被尊为太上皇帝，制定了太上皇帝三大节朝贺仪式。到了举行仪式的这天，内宫准备法驾卤簿和乐悬，在太和殿内设 3 个桌案以及做其他的准备工作，和授受仪式举行前的相似。群臣进献贺表，銮仪卫校尉将表亭抬到午门外，贺表放在东侧桌案上，笔墨纸砚放在西侧桌案上。

天刚亮的时候，王宫贵族和文武百官穿着朝服，外国的使臣穿着自己国家的服装，聚集在宫殿下。嘉庆皇帝身穿礼服，在保和殿的暖阁中等候。太上皇帝乾隆乘轿出宫，到太和殿北侧台阶处落轿，乐队开始演奏中和韶乐中的“元平”章。乾隆皇帝进入大殿坐到宝座上，乐队便停止奏乐。

嘉庆皇帝在殿内面朝西方站立，銮仪卫鸣鞭3次，鸣赞官唱“排班”，乐队开始演奏丹陛大乐中的“庆平”章。此时，嘉庆皇帝走到拜位，面朝北方站立；鸿胪寺的官员引导群臣及外国使臣按班次站好，保持肃静。鸣赞官先唱“进”，再唱“跪，叩，兴”，嘉庆皇帝率领群臣上前，行三跪九叩之礼。礼毕，嘉庆皇帝回到原位站立，群臣也回到自己的班次，乐队停止奏乐。銮仪卫再次鸣鞭，乐队开始演奏中和韶乐中的“和平”章。太上皇帝乾隆起驾回宫，乐队停止奏乐。由嘉庆皇帝在殿内主持剩余的事宜，群臣按制度进献贺表，向皇帝行礼。

太皇太后、皇太后、皇后三大节朝贺仪式始于顺治时期。顺治八年（1651年），规定元旦时在慈宁宫前的台阶下准备了皇太后仪仗和乐队，皇太后到慈宁宫，乐队开始奏乐；皇太后坐到宝座上后，乐队停止奏乐。顺治皇帝率领内大臣和侍卫到慈宁宫，向皇太后行三跪九叩之礼。之后，公主、福晋以下，都统、子爵、尚书的诰命夫人以上的贵女、贵妇，向孝庄太后行六肃三跪三叩之礼。乐队再次开始奏乐，宫中大摆宴席。冬至、圣寿节时的仪式也是这样，只是冬至的时候不设宴。

康熙八年（1669年），规定元旦时需准备太皇太后仪驾、皇太后仪驾、中和韶乐乐队、丹陛大乐乐队。康熙皇帝率领王公大臣、侍卫及都统、子爵、尚书以上的官员，先到太皇太后的寝宫朝贺行礼，再到皇太后的寝宫朝贺行礼。之后，再由皇后率领公主、福晋、诰命夫人向太皇太后、皇太后朝贺行礼。康熙二十一年（1682年），下令京城和外地的官员进献贺表，并聚集在午门外朝贺行礼。不久后，朝廷又设置了纠仪御史，分立在宫门外、午门外、太后仪驾后面，严格监督朝贺人员的礼仪和秩序。

乾隆十二年（1747年），规定皇太后的朝贺仪式允许二品命妇参加，后来又让男爵也参加。嘉庆二十五年（1820年），下令每到皇太后三大节，将军、总督、巡抚、提督、总兵都进献贺表，不再进献祝文。道光元年（1821年）元旦，大学士把贺表进献给皇帝，皇帝再率领群臣到太后寝宫行礼。同治元年（1862年），太后、皇帝都到慈宁宫接受朝贺，第二年改到养心殿。王爵、公爵和二品以上官员聚集在慈宁门外，三品以下官员聚集在午门外，朝鲜使臣站在西侧队伍后面，依次向太后行礼。冬至、圣寿节同。光绪二年（1876年），皇太后圣寿节时，光绪皇帝亲自进献贺表，其他仪式都和之前一样。

顺治年间，规定了皇后的朝贺仪式。元旦时，准备皇后全套仪仗，皇后到太后寝宫行礼后回到自己的寝宫，再接受公主、福晋、命妇的朝贺，冬至和千秋节时也是这样。康熙时，规定皇后到太皇太后、皇太后寝宫行礼后回宫，再接受公主到镇国将军夫人及公、侯到尚书的诰命夫人行礼。雍正六年（1728年），开始规定皇后千秋节时，王公百官也要身穿蟒袍补服朝贺。“摄六宫事皇贵妃”的千秋节仪式和皇后相同。

## 第四节　紫禁城中的大婚仪式

大婚仪式是指皇帝迎娶皇后的仪式。清太祖努尔哈赤时还没有规定大婚的礼仪制度，叶赫部的贝勒纳林布禄把妹妹送过来成亲，努尔哈赤率领贝勒等人迎亲，大摆宴席宴请宾客，就算仪式完成了。皇太极即位后，也没有举行大婚仪式，只举行了册立皇后的仪式。

顺治八年（1651 年），顺治皇帝大婚时才开始规定迎娶皇后的大婚仪式。顺治皇帝下令提前选好吉日，给未来皇后家送去彩礼。送彩礼前一天，顺治皇帝派遣官员祭告天帝、土地神、太庙。大婚前，还要先行“纳徵”礼。顺治皇帝命令主管官员准备好仪物（大婚仪式时专用象征性礼物），派遣使臣，宣读《制》（皇帝的书面命令）等，流程和“纳采”礼一样，在下文中会详细介绍。大婚前一天，顺治皇帝再次派遣官员祭告天帝、土地神、太庙。到了预定的日期，还会准备好卤簿、乐悬。

大婚当天，天刚亮，就在太和殿设下放符节的桌案，将仪物堆放在丹陛上，将“文马”（身上天生有彩色花纹的马）拴在丹陛下。正使和副使在丹墀东侧等候。鸣赞官唱“和”，使臣三跪九拜之后，从太和殿前的东侧台阶走上去，站在丹陛上。宣制官宣读《制》，使臣跪下恭听。《制》上写的是：“兹纳某氏某女为后，命卿等持节行纳采礼。”此时，大学士走进太和殿，将符节取出递给正使。正使跪着接受，和副使一起站起来，从中路台阶上下来。执事官将丹陛上的仪物放进采亭中。仪仗在前引路，使臣手持符节，校尉抬着采亭走在中间，侍卫牵着“文马”跟在后面，队伍从太和殿的中门出来，一直走到未来皇后的家中。

未来皇后的父亲身穿朝服，在家门外道路右侧下跪迎接。进入未来皇后的

## 光绪大婚

《大婚典礼全图册》共分为八册，记录的是光绪皇帝迎娶慈禧太后侄女叶赫那拉·静芬为皇后的场景，清宫廷画师庆宽等绘制。第一册《皇后出宫至邸图》，第二册《纳采礼筵席图》，第三册《大征礼图》，第四册和第五册均为《皇后妆奁图》，第六册《册立奉迎图》，第七册《皇后凤舆入宫图》，第八册《礼节图》。皇帝大婚自然与普通百姓的结婚不同。皇帝完婚的礼仪体系更加烦琐多样，包括婚前礼（纳采、大征），婚成礼（册立、奉迎、合卺、祭神）以及婚后礼（庙见、朝见、庆贺、颁诏、筵宴）。此册选取一些光绪皇帝大婚时的片段场景来作为古代皇帝大婚礼仪制度的赏析。画师们功底深厚，图册绘制得栩栩如生，将大婚的礼仪制度表现得淋漓尽致。

皇后出宫至邸图

迎亲队伍沿景山前街向东

迎亲队伍出地安门

钦天监报吉时届，鸣赞官赞。行三跪九叩之礼

大臣就宴、叩礼

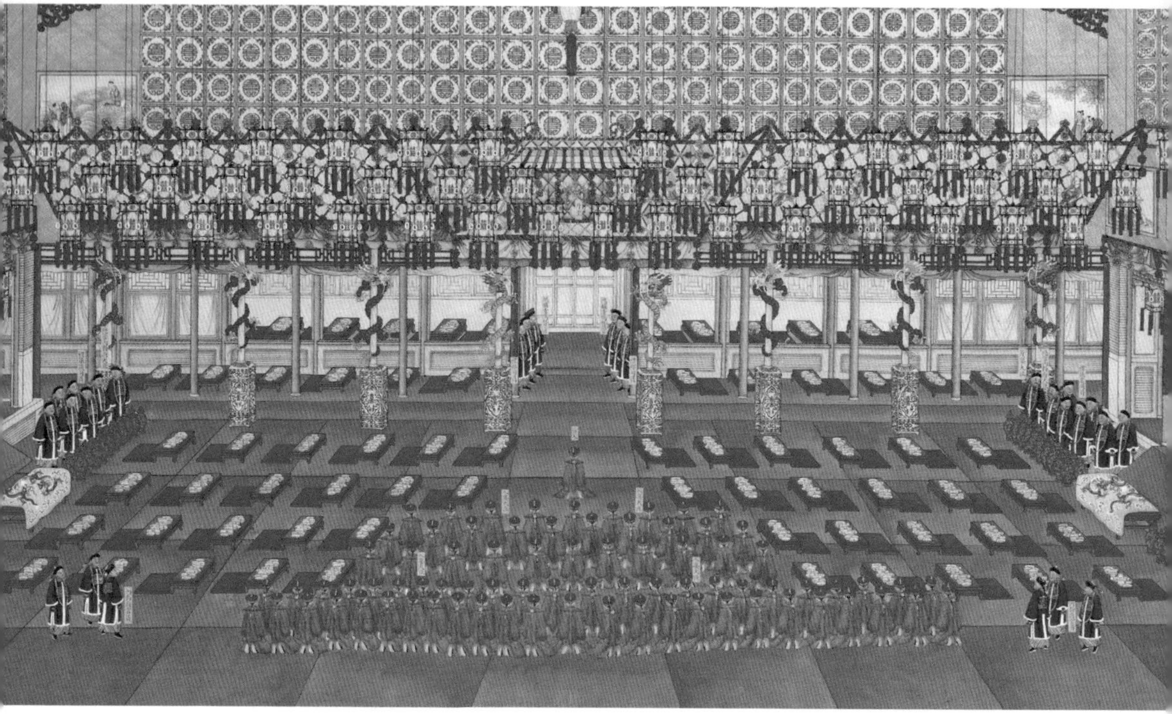

宴毕，大臣行三跪九叩礼，退

凤舆至乾清宫阶

太和殿，赐皇后家族宴

恭进皇后妆奁

家里后，使臣将符节放在正中的桌案上，执事官将仪物放在左右两侧的桌案上，将“文马”拴在庭院中。使臣宣读《制》，行“纳采”礼，依次捧着仪物递给未来皇后的父亲，后者跪下接受。仪物交付完毕后，未来皇后的父亲站起来，率领自己的子弟朝着紫禁城的方向行礼。之后，使臣离开，未来皇后家的人跪下相送。

大婚前一天，顺治皇帝会亲自到太和殿阅览册文、宝印，下达命令说：“皇帝钦奉皇太后懿旨，纳某氏为皇后。兹当吉月令辰，备物典册，命卿等以礼奉迎。”正使、副使手持符节，校尉抬着册宝亭从协和门出宫迎亲，顺治皇帝则起驾回宫。

此时，未来皇后的家里已经备好了皇后的仪仗。使者到这里时，未来皇后的父亲率领众亲属身着朝服在门外跪着迎接，未来皇后则身穿礼服在院中跪着迎接，未来皇后的母亲也率领家中的妇女身着朝服跪着迎接。使臣捧起册文、宝印放到桌案上，未来皇后在桌案南侧，面朝北方跪下。内院官面朝西方站立，宣读册文和宝印上的文字后，将册文、宝印递给左侧的女官；女官跪着接过，进献给皇后；皇后恭敬地接受，再递给右侧的女官；右侧的女官也跪着接过，放到桌案上的小匣子里。皇后站起来，行六肃三跪三叩之礼。礼毕，皇后乘上凤辇，女官捧着匣子放到采亭里。鼓乐队在前引路，后面是仪仗队，再后面是凤辇，皇后的父母跪下相送。凤辇走到协和门的时候，仪仗队停下，女官将匣子从采亭里取出，并捧着匣子走到皇后寝宫放下。凤辇从中门进入，到太和殿前台阶下，皇后从凤辇上下来，进入后宫。

此时，顺治皇帝到中和殿率领诸王给皇太后请安。礼毕，诸王退下，皇帝到太和殿给皇后的父亲和其他男性亲属赐宴，王公贵族和文武百官也都参与。皇太后到位育宫（保和殿），给皇后的母亲和其他女性亲属赐宴，公主、福晋、诰命夫人也都参与。3 天后，皇帝再次亲临太和殿，王公贵族和文武百官都进献贺表。皇帝会颁布诏书，赐给皇后的父、母、兄、弟不同的衣服、礼物。

顺治十一年（1654 年），顺治皇帝二次大婚。过了 3 天后，皇后到皇太后处行礼之后，才开始赐宴。康熙四年（1665 年），康熙帝大婚，在皇后家中设“纳采”宴，公主、辅政大臣的诰命夫人各 3 人参与，内大臣、侍卫以及公爵以下、二品以上的官员也都参与。

“大徵”的仪式大概也是这样。皇帝赐给皇后的祖父母、父母衣服，皇后的祖父母、父母依制谢恩。到了“大徵”当天，使臣捧着册文、宝印到皇后家中，皇后恭敬地接受后，钦天监的官员报时，皇后乘上凤辇。4 名诰命夫人在前引路，凤辇在中间，7 名诰命夫人跟在凤辇后面。内大臣、侍卫也跟在后面，一直走到太和殿前台阶下退下。皇后从凤辇上下来，太监捧着册文、宝印，引导着队伍。到中和殿时，诰命夫人们退下，执事的女官将皇后迎接进宫。捧着册文、宝印的太监将册文、宝印递给守宝内监后，也退下。

此时，皇帝先去给太皇太后、皇太后请安，再到大殿中赐宴。皇太后率领辅政大臣的诰命夫人进宫，给皇后的母亲和其他女性亲属赐宴，公主、福晋不参与。过了酉时，宫中再次设宴，行合卺（婚礼中的一种仪式，将一个葫芦剖为两瓢，新婚夫妇各执一瓢，斟酒饮下）礼。

同治十一年（1873 年），同治皇帝大婚时，“纳采、大徵、发册、奉迎”等都是按之前制定的仪式。不同的是，在皇后乘上凤辇后，由使臣骑马在前引路，太监扶着凤辇，左右还有内大臣等人骑马跟随。到了午门外，由九凤曲盖在前引路，走到乾清门时，龙亭停下，使臣等人退下。礼部的官员捧着册文、宝印，放到交泰殿内左右两侧的桌案上后，也退下。凤辇进入乾清宫后，执事官员全部退下，侍卫关闭槅扇门。福晋、诰命夫人陪侍凤辇进入后宫，宫中摆下“合卺”宴，大婚仪式就完成了。光绪十五年（1889 年），光绪皇帝大婚时，过了 6 天，皇后才到皇太后寝宫行礼，又过了 2 天，光绪皇帝接受群臣朝贺，其他的仪式都和之前一样。

顺带提一下皇子的婚仪。皇子成婚需要先请皇帝指婚，皇帝批定后，未来福晋的父亲身着蟒服到乾清门，面向北方跪下。大臣面向西方宣读圣旨：“今以某氏女作配皇子某为福晋。”未来福晋的父亲三跪九拜后退下。

之后，皇室挑选吉日，由内大臣、侍卫跟随皇子到未来福晋家行文定礼。未来福晋的父亲身穿采服到门外迎接，皇子进入正堂跪拜未来福晋的父亲，未来福晋的父亲回礼，见未来福晋母亲时的礼仪也一样。礼毕，未来福晋的父亲将皇子的队伍送出大门外。再后行纳采礼，赐给未来福晋的父母服饰、鞍马。未来福晋的父母谢恩，设宴招待。婚礼前一天，福晋家会将嫁妆送到皇子宫中。

到了婚礼当天，皇子先去给皇帝、皇后行礼，如果是妃嫔所生，也要去给生母行礼。到了吉时，銮仪卫准备彩轿，由内府大臣带队到福晋家迎亲。彩轿到福晋家正堂中停下，女官喊“升舆”，福晋乘上彩轿，福晋的父母家人都出来相送。彩轿抬到紫禁城外时，众人下马，步行跟着彩轿进去，到皇子宫门前落轿，再由女官引导着福晋进入皇子宫中。

行“合卺”礼时，皇子面向西方，福晋面向东方，两拜后就座。女官斟2盏酒，混合在一起进献，皇子和福晋都喝下。如此饮酒、进食3次后，皇子和福晋站起来，再次行两拜礼。此时，宫所张幕结彩，摆下盛宴，福晋的父母、亲族以及大臣、诰命夫人都参与。第二天，皇子、福晋早早地起来，给皇帝、皇后请安。由女官引导着，皇子在左侧，略微靠前，行三跪九拜之礼，福晋在右侧，略微靠后，行六肃三跪三拜之礼。如果皇子是妃嫔所生，需要再去拜见生母，皇子行二跪六拜之礼，福晋行四肃二跪二拜之礼。9天后，福晋会回娘家省亲。

## 第五节　紫禁城中的宴会仪式

清代宫廷中，经常要设宴款待宗亲、外戚、文武百官，产生了各种大型典礼。在多年实践中，组织各类宴会也逐渐形成了一定的制度，通常是由礼部主办，光禄寺供应食材，精膳司负责制作。紫禁城中的大型宴会主要有元旦宴、冬至宴、元会宴、千秋宴、大婚宴、耕耤宴、凯旋宴、宗室宴、外藩宴等。

元旦宴于皇太极崇德初年成为定制。当时是在崇政殿设宴，参与宴会的王、贝勒、贝子、公等都需要进献宴会菜品和祭祀用的牲口、甜酒。顺治十年（1653年）的元旦宴会，命令亲王、世子、郡王及外藩王、贝勒进献祭祀用的牲口、甜酒，不够的由光禄寺补充，宴会菜品全部由尚膳监供给。康熙十三年（1674年）时取消了这一制度，几年后又恢复了。康熙二十三年（1684年）时，将主要菜品从烤肉变成了肴羹，且王以下的官员菜品有所减少。

雍正四年（1726年）时，制定了详细的元旦宴仪式。元旦当天巳时，王、公、台吉等贵族身穿朝服聚集在太和门，文武百官聚集于午门。由内大臣、内务府大臣、礼部、理藩院长官现场监督，在太和殿正殿的宝座前设宴。殿前丹陛上方挂着黄色幔帐，帐下摆放着金器，卤簿后挂着青色幔帐，帐下排列席位，共200多桌。

鸿胪寺的官员引导着百官，理藩院的官员引导着外藩王公来到太和殿。皇帝亲临太和殿，坐到宝座上，乐队开始演奏中和韶乐。王公贵族走到殿内，文三品、武二品以上官员走到丹陛上，其余的走到青幔下，都叩首1次后就座。皇帝下令赐茶，乐队开始演奏丹陛大乐，王爵以下的官员在各自的座位处跪下谢恩，叩首1次。皇帝喝完茶后，侍卫给王公大臣递茶，光禄寺的官员给群臣递茶，百官再次叩首谢恩。百官喝完茶后再次叩首，乐队停止奏乐。

清　姚文瀚　《紫光阁赐宴图卷》

纵 45.7 厘米，横 486.5 厘米。此图描绘的是乾隆皇帝在紫光阁赐宴的画面。此次庆功宴，参加者有文武百官、部族首领以及立下战功的将士百余人，场面十分热闹。

之后拉开幕布，掌仪司的官员拿着酒壶、酒爵、金卮进来，乐队开始演奏丹陛大乐，群臣站起来。掌仪司的官员举起酒壶将酒爵注满，负责给皇帝敬酒的大臣小步快走上前跪下，百官也都跟着跪下。掌仪司的官员把酒爵递给负责敬酒的大臣，大臣从中路台阶上去，走到皇帝面前，跪下敬酒。大臣敬酒完成后站起来，从右侧台阶走下来，回到自己的位置向皇帝叩首，群臣也跟着叩首。

敬酒的大臣再次站起来，从右侧台阶上去，跪着接过酒爵，再回到自己的位置。掌仪司官接过空的酒爵，举起金卮将酒爵注满，奉皇帝命令给敬酒的大臣赐酒。王以下的官员都站起来，敬酒的大臣跪着接过酒爵，叩首谢恩。敬酒的大臣喝完酒，再次叩首后站起来，在自己的座位上坐下，群臣也都跟着坐下，乐队停止奏乐。

皇帝下令上菜，乐队开始演奏中和清乐。侍卫和光禄寺的官员给各桌送上

饭食和 1 卮酒，和赐茶的仪式一样。据史料记载，每桌饭食中包含方酥夹馅饼 4 盘、四色印子 4 盘、福禄马 4 盘、鸳鸯瓜子 4 盘、小饽饽 2 碗、大饽饽 6 盘、红白馓子 3 盘、干果 12 盘、鲜果 6 盘、砖盐 1 碟。

酒菜上完之后，中和清乐的乐队停止演奏，蒙古乐队和歌手进殿。之后各个舞队进殿，依次表演满舞、对舞、瓦尔喀氏舞、队舞，蒙古乐队和歌手伴奏唱和。表演完毕后，每个舞队都叩首 1 次退下，之后开始表演各种杂戏。宴会结束后，群臣叩首 3 次谢恩。乐队开始演奏丹陛大乐，演奏完后銮仪卫鸣鞭，乐队再演奏中和韶乐。在乐声中，皇帝起驾回宫。

冬至宴的仪式是在顺治年间制定的，和元旦宴的仪式差不多，后来大多取消。

清　郎世宁等　《万树园赐宴图》

描绘了清朝乾隆皇帝在承德避暑山庄的万树园设宴，宴请厄鲁特蒙古部族“三车凌”等人的场景。

元会宴是元旦恰逢万寿节或十年国庆时的一种特殊的行宴礼。乾隆三十五年（1770 年）、五十五年（1790 年），乾隆皇帝亲自为元会宴作歌。元会宴的仪式和元旦宴大致相同，只是行酒之后，司章官唱歌，司舞官戴着面具，骑着木马表演庆隆舞。之后主管弦、筝、阮、节、抃的乐官依次奏乐，舞队跳喜起舞，大臣们进殿行三叩礼后，也跟着歌声起舞。歌唱完后，依次表演吹笳、少数民族合奏，内府官引导朝鲜杂戏艺人进殿表演，还有回部（新疆天山南麓）及金川的少数民族表演各种杂技。

千秋宴也叫千叟宴，康熙五十二年（1713 年）时首次在畅春园举行。年龄在 65 岁到 90 岁的老人，不论是在职、退休的大臣、官员，还是士族、百姓都可以参与。举行宴会时，皇帝派遣子孙、同宗的人给老人倒酒、上菜，下令老人不用站起来行礼。

乾隆五十年（1785 年），朝廷在乾清宫设千叟宴，招待 60 岁以上的老人。从王爵、公爵到在职、退休的官员、绅士、兵卒、农民、工人、商贾，少数民族的土司及其属官，朝鲜的陪臣等，共 3000 余人。大臣 70 岁以上，其他人 90 岁以上的，由子孙扶着进殿参加宴会。年龄最大的老人跟着一品大臣一起到皇帝宝座前，乾隆皇帝会亲自赐酒。宴会结束后，乾隆皇帝还将赏赐给老人们不同的宝物。

嘉庆元年（1796 年），乾隆皇帝再次举行千叟宴。此次在皇极殿设宴，参与者上至公卿，下至百姓，还有蒙古、回部等地的少数民族，朝鲜、安南、暹罗、廓尔喀等附属国的随从人员，共计 3056 人。

大婚宴于顺治年间成为定制。顺治八年（1651 年）皇帝大婚后设宴，仪式类似元旦宴，并向皇太后进献宴会菜品和祭祀用的牲口、甜酒，继任清帝的婚宴也是按这个流程举办。顺治十一年（1654 年）还曾举行耕耤宴，当时皇帝下令设宴慰劳群臣。

凯旋宴是战胜班师后，慰劳出征大臣及将士的宴会。凯旋宴始于崇德七年（1642 年），顺治十三年（1656 年）成为定制，凡是将士凯旋拜见皇帝，都会被赐宴。乾隆年间曾举办多次凯旋宴，平定金川时，在西苑瀛台赐宴；平定回部时，在丰泽园赐宴；平定两金川时，在紫光阁赐宴。当时的少数民族俘虏中有会跳锅庄舞、甲斯鲁舞的，会表演傩戏的，皇帝都命令他们在宴会中表演。道光八年（1828 年），平定回部时，皇帝在圆明园正大光明殿赐宴。当时大将军向皇帝敬酒祝寿，皇帝亲自给大将军赐酒，并命令侍卫给从征的大臣赐酒。

宗室宴也叫宗亲宴，是皇帝家族内部的宴会。乾隆十一年（1746 年），在瀛台设宗室宴。平时的典礼、宴会，皇子的位次在亲王、郡王之上，只有在宗室宴时，诸王和皇子按长幼排序。宴会上互相行家人礼，皇帝给宗室王公赏赐美酒、水果，并派人引导宗室王公到淑清院的流杯亭中游览。乾隆四十八年（1783 年），在乾清宫设宗室宴，命令皇子、王爵、公爵等贵族及有三品、四品顶戴的宗室官员赴宴，共 1308 人。因为有事在身没能参加宴会的宗亲大概有 2000 人，乾隆皇帝也都给了赏赐。嘉庆九年（1804 年），在惇叙殿设宗室宴，和乾隆十一年的瀛台宴大致相同。

外藩宴是招待入朝觐见的蒙古王公及少数民族首领的宴会。每年除夕，在保和殿设外藩宴，就位、进茶、馔爵、行酒、乐舞、谢恩等仪式，和元会宴大致相同。朝鲜、安南（今越南）、琉球、荷兰等国派遣使者来北京朝贡时，也按惯例赐宴。乾隆年间，缅甸使臣在万树园陪同皇帝参与宴会，曾用缅甸的 5 种乐器合奏助兴。之后凡是要举办宴会，都要准备准部（新疆天山北麓）、回部、安南、缅甸、廓尔喀的音乐。

此外，顺治年间还规定，乡试后由顺天府为举人设宴，会试和殿试传胪后，由礼部为贡士、进士设宴。临雍、经筵、修书、初举日讲、临幸翰林院、缮写神牌等活动，也都按惯例赐宴。

# 第六节　紫禁城中的政务流程

史料记载中，清代皇帝处理政务的项目有很多，如御殿视朝、御门听政、御殿传胪、懋勤殿勾到、宫中日常视事、接见外国使臣等。

御殿视朝又称常朝，是清代皇帝日常处理政务的一种形式。清太祖努尔哈赤建元天命后，每5天举行一次常朝。这时的常朝注重实际，其间不仅要处理日常政务，还要焚香祭天、训诫臣民，宣读自古以来有益于巩固封建统治的言论和行为，论述历代兴衰的原因。这种制度对维护封建统治有一定的作用，但未能成为定制。

皇太极即位后，于崇德初年开始制定常朝的礼仪制度，提前准备大驾卤簿，王爵及以下的文武百官必须穿朝服。皇帝出宫的时候，乐队开始奏乐；皇帝到了大殿坐上宝座后，乐队停止奏乐。然后，皇帝为文武百官赐座，大臣们按照各自的班次，向皇帝叩拜谢恩后入座。之后，各部、各院的官员出班奏事，皇帝和群臣商议处理。各项政务处理完毕后，皇帝起驾回宫，常朝结束。

清朝入关之初，军政事务繁多，每月要举行11次常朝。顺治皇帝亲政后，更是每天都举行常朝。顺治九年（1652年），给事中魏象枢、杨簧进言称每日常朝太过频繁，每月初五、十五日、二十五日举行常朝就可以了。这个意见得到了顺治皇帝的批准，每月逢五常朝便成为定制。不久，又规定见朝、辞朝、谢恩的官员，都要在常朝日向皇帝行礼。这时的常朝通常会在太和殿举行，引见仪式结束后，皇帝按制度给这些官员赐座、赐茶。如果当天皇帝不到太和殿举行常朝，官员就直接在午门外行礼。外地藩王的使者通常也是在常朝日向皇帝行礼，如果需要尽快回去，不用等到常朝日，当天在午门外行礼后就返回。需要尽快到外地赴任的官员也是这样，不用等到常朝日，直接在午门外行礼

清　佚名　《万国来朝图》

绢本设色，纵 299 厘米，横 207 厘米。此画描绘的是大清藩属国以及外国使团来紫禁城向清朝皇帝进贡礼品的场面。

后就赴任。

后来，又进一步规范了常朝时的班次和礼仪。康熙八年（1669年），公爵、侯爵、伯爵以下的文武百官被分为6班，按次序排列座位，后来又改成9班。康熙九年（1670年），康熙皇帝下令规范常朝的礼仪，由都察院负责纠察，如果有大臣失仪，将会受到罚俸等处分。康熙二十年（1681年），朝堂上设置了专门负责常朝纠仪的御史和司官。

雍正时，常朝的规定更加严格。雍正二年（1724年），专门派了4个侍卫监察朝班。每逢常朝日，天还没亮的时候，文武百官就要在2个鸿胪寺官的引导下进入西掖门，按班次就座。皇帝出宫时，乐队会急促地击鼓。群臣听到鼓声后起立，进入大殿，按班次排列整齐，向皇帝行礼。

乾隆初年，下令大小官员按内廷的制度，黎明时入朝坐班。乾隆十六年（1751年），下令各部、院统率各大臣常朝日按时坐班，不要旷缺。

光绪九年（1883年），常朝的制度有所变更。鸿胪寺会将新被任命的官员名单先交到内阁，等到常朝日，礼部尚书、鸿胪卿将皇帝请到太和殿，引导这些新任官员向皇帝谢恩行礼，其他文武百官则跟在皇帝的卤簿后。如果皇帝不到大殿举行常朝，文武百官就在午门外坐班。

每逢常朝日，由鸿胪寺官排定位次，王公贵族在太和门外集合，东西各两班；文武百官在午门外集合，东西各9班。这时常朝的时间也有了明确的规定，春季和冬季时要求辰正（早上8时左右）坐班，夏季和秋季时要求卯正（早上6时左右）坐班。如果常朝日当天有雨雪天气或者恰逢国忌日，就免去这一天的常朝。

御门听政又称早朝，是历代较有作为的帝王处理政务的一种形式，清代沿袭成为定制。除了常朝日和一些重大节日，皇帝每天都会亲自到正门接受朝拜、处理政事。六部尚书、都察院左都御史、通政使、大理寺正卿、都察院六科给事中、15道监察御史等官员全部到场，朝拜皇帝，启奏政事。

雍正初年，对御门听政制度进行了规范。当时各部、院未经皇帝批阅的奏章，都送到内阁，积攒到一定数量后，皇帝下令某天御门听政时统一处理。这一天，在乾清门正中设置御榻、黼扆、本案。黎明时，各部、院的奏事大臣和陪奏官已经聚集在庭院内等候。

皇帝到乾清门入座，侍卫站在左右护卫。记注官跪在西阶，各部、院的官员按照品级次序跪在东阶，尚书在最前方，侍郎在中间，陪奏官在最后面。尚书捧着本匣（装有奏章的匣子），依折旋之礼行进，走到皇帝的案前跪下，将本匣放在案上后站起来，略微后退，小步快跑，绕过东侧柱子回到班列之首跪下，再口头陈奏一些政事，说完后站起来，略微后退，带着属官沿台阶左侧而下。

奏事的次序是：宗人府在最前；六部居中，户部、礼部、兵部、工部轮班第一个上奏，三法司（刑部、大理寺、都察院）固定在第三班，吏部在第六班；翰林、詹事、科道官及九卿会奏在最后。吏部奏事的同时，还会带着各部的执事官员给皇帝引见，引见完毕之后，开始退下。之后，2 名内阁侍读学士走上东阶，到皇帝案前跪下，呈上本匣后站起来，退下。然后，翰林、詹事、科道官及侍卫都依次退下。此时会有皇帝亲自派遣的 1 名满族读本学士捧着本匣从东侧台阶走上乾清门，依折旋之礼后退；大学士们跟在他后面，按班次下跪；记注官会稍微向前走几步，面向东方站立。捧着本匣的学士走到皇帝案前，跪下开启本匣，取出奏章依次启奏，皇帝听完后降旨宣答。大学士等人接受皇帝的旨意后站起来，走东侧台阶退下；记注官走西侧台阶退下；皇帝起驾回宫，御门听政就算结束。

清初御门听政的时间比较早，春季和夏季在卯正（早上 6 时左右）举行，秋季和冬季在辰初（早上 7 时左右）举行。康熙二十一年（1682 年），改为春季和夏季在辰初举行，秋季和冬季在辰正（早上 8 时左右）举行。过了 2 年，御史卫执蒲认为御门听政举行的频率过高，请求每 5 天或两三天举行一次，康熙皇帝没有批准。

清王朝统治的 200 余年间，御门听政的流程也有过一些改动。顺治二年（1645 年），官员奏事时开始让翰林官在旁边记注。康熙二十五年（1686 年）时，设置科官、道官各 1 人，位置在负责起居注的官员之上；康熙二十七年（1688 年）时，不再让负责起居注的官员参加御门听政，并命令随侍的翰林官在学士开始启奏奏章的时候就退下。

雍正初年，皇帝重新让负责起居注的官员参与到御门听政中，并增加了 2 人，又让 4 个编检官随侍，位置在科道官员之上。乾隆二年（1736 年），皇帝下令让修撰官、编检官按科道官的样子，颈挂数珠，整肃朝仪。嘉庆十八年（1813 年），皇帝下令在学士宣读奏章和接受圣旨时，御前大臣和侍卫不要退下。

御殿传胪是科举殿试揭晓名次的一种仪式。到了这一天，宫中会提前备好卤簿和乐悬，王公贵族和文武百官都按品级排好队伍，贡士们身穿制服，头戴三枝九叶顶冠，站在官员队伍后面。皇帝到太和殿坐定，阅卷官们向皇帝行礼后，将写有进士名单的金榜放在黄案上。鸿胪寺的官员引导贡士们到各自的位置跪下，等待传召。

鸿胪寺的官员宣读《制》：“某年月日，策试天下贡士，第一甲赐进士及第，第二甲赐进士出身，第三甲赐同进士出身。”之后，鸣赞官连唱 3 遍“一

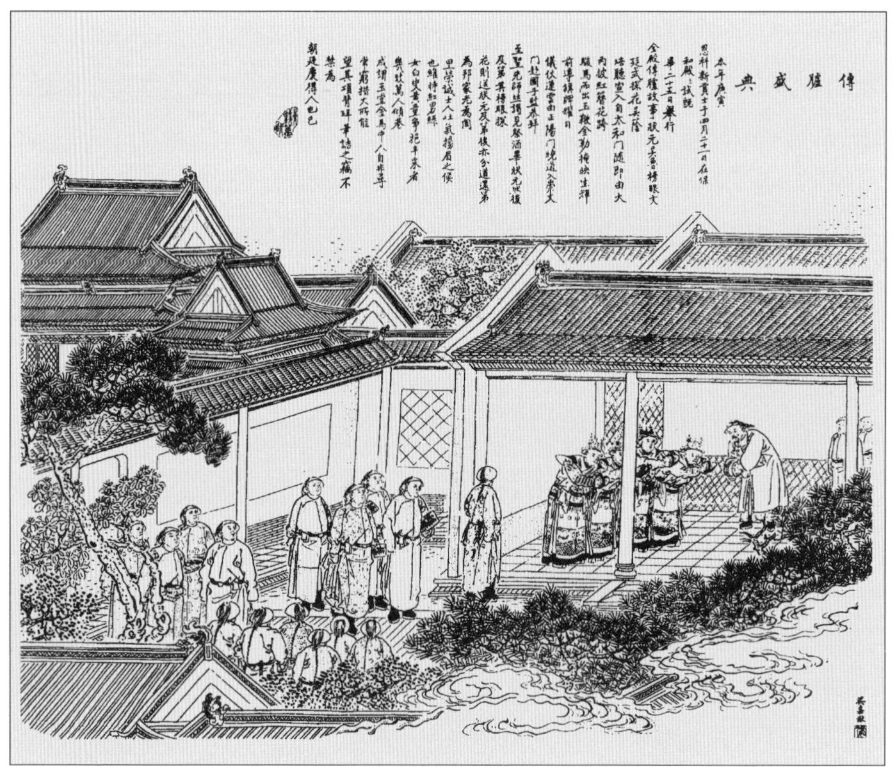


《传胪盛典》

选自《点石斋画报・大可堂版 》第七册。插图描绘的是恩科新贡士（光绪十六年，1890 年）四月十一日在保和殿殿试，二十五日举行金殿传胪的场面。图中状元吴鲁、榜眼文廷式、探花吴荫培被宣入太和门，之后会披红花、跨骏马到国子监祭拜孔子，并谒见祭酒，然后三人分道，游街。

甲一名某”，让状元出班，跪到队伍前面，榜眼和探花也是如此。前三名唱完之后，鸣赞官唱“二甲一名某等若干名，三甲某等若干名”1次，这些进士跪在原地不用出班。唱名结束后，乐队演奏中和韶乐中的“显平”章，进士们向皇帝行三跪九叩之礼。

礼部的官员举着金榜从出大殿中路走出，一甲的三名进士紧随其后，其他进士则从左右掖门走出。礼部的官员将金榜放进龙亭，行三叩之礼。鼓乐队在前引路，銮仪卫校尉将龙亭抬到东长安门外，张贴金榜。3天后，金榜将被揭下，收藏到内阁。

懋勤殿勾到、宫中日常视事、接见外国使臣等都是字面意思，不再赘述。

# 第七节　紫禁城中的祭祀活动

国之大事，唯祀与戎。中国古代封建统治者极度重视祭祀，清代的皇帝也不例外。封建朝廷传统的祭祀主要分为三等：大祀、中祀和群祀。大祀通常是皇帝亲自祭祀，遇到特殊情况，才会派官员代祭；中祀有时是皇帝亲祭，有时是派官员去祭祀；群祀都是派遣官员去祭祀。

清初制定了祭祀的制度，大祀为圜丘、方泽、祈穀、太庙、社稷，中祀为天神、地祇、太岁、朝日、夕月、历代帝王、先师、先农，群祀为先医、先蚕等庙坛，贤良、昭忠等祠堂。乾隆时，将常雩改为大祀，先蚕改为中祀。咸丰时，将关圣、文昌改为中祀。光绪末期，将先师孔子改为大祀。

大祀的祭祀顺序为：正月上旬的辛日行祈穀礼，祈求五谷丰登；孟夏（农历四月）择日行常雩礼，祈求风调雨顺；冬至日行圜丘礼，祭祀天坛。这三次祭告的神灵都是昊天上帝。夏至日行方泽礼，祭祀地坛，祭告的神灵是皇地祇（地神）；孟春（农历正月）、孟夏、孟秋（农历七月）、孟冬（农历十月）分别择日祭祀太庙，年底时，将远近祖先的神位集中到太祖庙，进行合祭。仲春（农历二月）、仲秋（农历八月），上旬的戊日祭祀社稷坛，上旬的丁日祭祀先师孔子。

中祀的祭祀顺序为：春分日祭祀行朝日礼，祭祀朝日坛；秋分日行夕月礼，祭祀夕月坛；孟春和除夕前一日，祭祀太岁、月将（传说中黄道十二宫中的十二位护法神将）；仲春祭祀先农坛；季春（农历三月）祭祀先蚕坛；仲春、仲秋择日祭祀历代帝王、关圣帝君、文昌帝君。

群祀的祭祀顺序为：季夏（农历六月）祭祀火神，仲秋祭祀都城隍庙，季秋（农历九月）祭祀炮神；仲春、仲冬祭祀先医庙，仲春、仲秋祭祀黑龙潭、

▶ 斋戒牌

斋戒牌是中国古代皇帝及文武官员祭祀行斋戒礼时挂于身上的警示牌，表示守戒，杜绝一切嗜欲的意思。

白龙潭、各龙王，玉泉山、昆明湖的河神庙、惠济祠，以及贤良亲王、昭忠亲王、双忠亲王等开国功臣的祠堂；皇帝万寿节时，祭祀北极佑圣真君、东岳都城隍。

祭祀前，需要准备神位、祭器、祭品、玉、帛、牲牢等。这些准备工作皇帝参与得较少，因此不作详细介绍。除此之外，皇帝和参与祭祀的官员还需要斋戒数日。

顺治三年（1646 年），规定了祭祀天地前的斋戒仪式。祭祀前十天，将需要斋戒的人的名字记录在册，送到太常。从当天开始，要求这些人不审判刑狱，不参加宴会，不听音乐，不同房，不饮酒吃荤，不探病吊丧，不祭神扫墓。有疾病或正在居丧的人不参与斋戒。大祀、中祀时，太常司进献斋戒牌、铜人，放在乾清门的黄案上。大祀前三天，皇帝在紫禁城中斋戒，颁布誓戒（约束训诫下属的文书）。祭祀前一天，将斋戒牌和铜人送到斋宫，皇帝到祭坛处斋戒独宿。顺治十四年（1657 年）祭祀圜丘时，皇帝在紫禁城中斋戒了 2 天，在天坛内的斋宫里斋戒了 1 天。

清　翠玉斋戒牌

长方形玉牌，如意云头形边框。正反面纹饰相同，分别用汉满两文阴刻『斋戒』2字，牌身分别以喜字纹、蝙蝠纹和寿纹装饰。

清　镀金镶松石斋戒牌

长方形金嵌松石牌。全器呈扁平长方形，如意云头形边框，松石刻为寿桃形和蝙蝠形，以金镶边。正中央为青金石嵌刻汉字楷书『斋戒』2字。

清　内填珐琅嵌珠西洋人物斋戒牌

长方形斋戒牌，上方以蝙蝠拥寿为造型，下方以一蝙蝠衔绳为底，一面中间为蓝色珐琅嵌金满文『斋戒』2字，另一面为西洋人物画。以珍珠装饰，外侧一圈为金雕花纹饰。

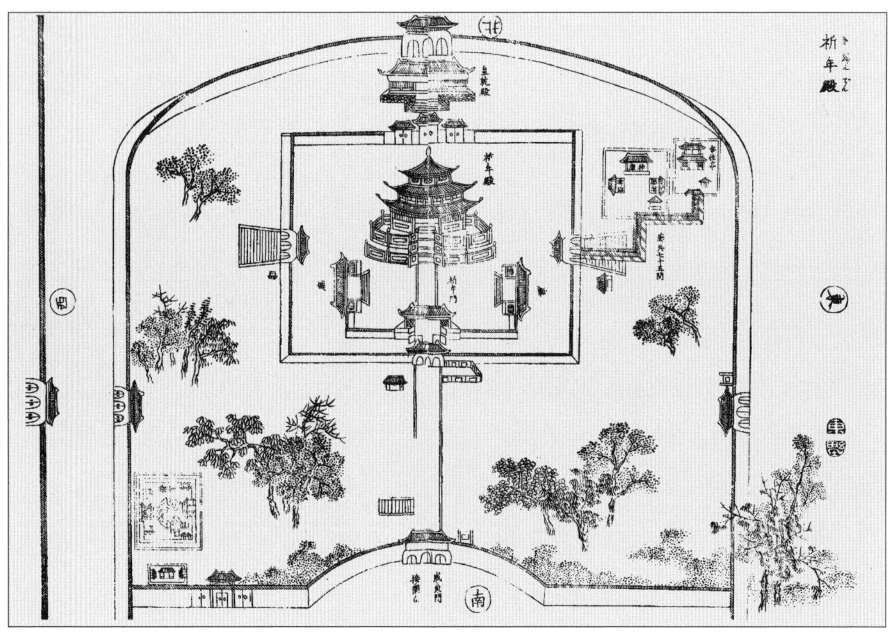


祈年殿

选自日本冈田玉山等编绘的《唐土名胜图会》。天坛是明清帝王祭天祈祷的地方，是我国现存最大的古代祭祀建筑。天坛最主要的建筑便是祈年殿，这里是皇帝祈祷五谷丰登的场地。大殿巧妙运用柱子的排列分别寓意着四季、十二月份、十二时辰以及二十四节气。

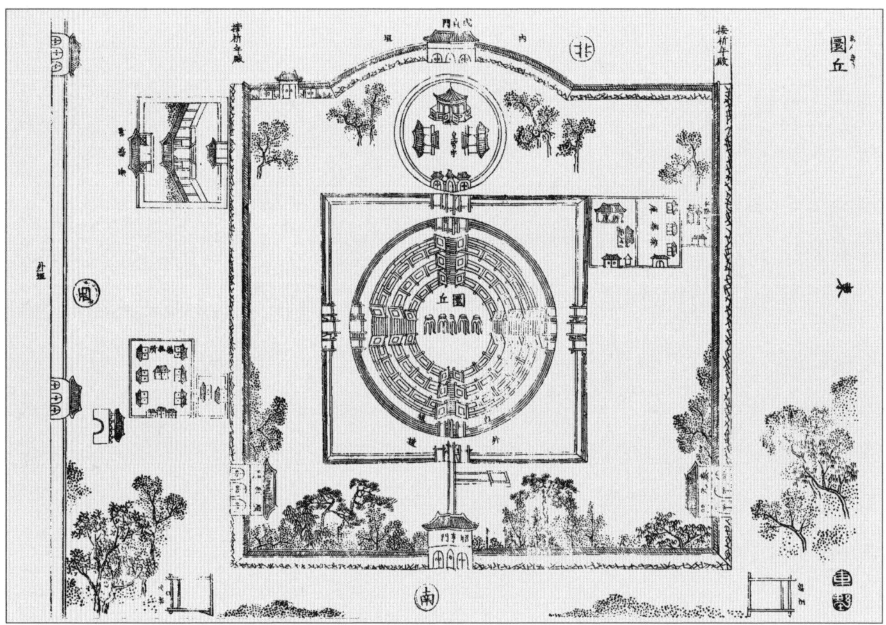


圜丘

是皇帝冬至祭天的祭坛，又叫祭天坛，位于天坛南部，始建于明嘉靖时期。圜丘祭坛外有两层墙体，外墙为方形墙，内墙为圆形墙，象征着天圆地方。

最开始在斋宫斋戒时会吹角击鼓，雍正时取消。雍正九年（1731 年），命令科道官在祭祀期间斋戒。雍正十年（1732 年），仿照明代的祀牌制作了斋牌，让陪祭官佩戴，以防轻慢。乾隆四年（1739 年），大祀祭天地时，太常卿提前 4 天准备斋戒，进献斋戒牌和铜人，放在乾清门 2 天、斋宫 1 天。祭祀太庙、社稷坛时，斋戒牌和铜人放在乾清门 3 天。中祀时，太常卿提前 3 天上奏，进献斋戒牌和铜人，放在乾清门 2 天。祭祀先蚕坛，上奏、进献仪式也一样，只是由内侍将斋戒牌和铜人放在交泰殿 3 天。

乾隆七年（1742 年），重新规定了祭祀时的斋戒仪式，皇帝在紫禁城斋戒 2 天，祭坛内斋宫里斋戒 1 天；王公在自己的府第，其他官员在公署，都斋戒 2 天，之后再到祭坛外斋戒 1 天。如果派遣官员代祭，王公不必斋戒。祭祀太庙、社稷坛时，王公百官也是这样斋戒 3 天。祭祀日、月、帝王、先师、先农时，王公斋戒 2 天。如果派遣官员代祭，王公不必斋戒。祭祀先蚕坛，斋戒 2 天，公主、福晋、诰命夫人等陪祀的人，也提前斋戒 2 天。乾隆十二年（1747 年），严令大臣在公所斋戒，内大臣等人在紫禁城斋戒，违令的人会被治罪。

凡是皇帝亲祭，都需要提前 2 天由太常卿上奏请示，皇帝需要提前一天阅视祝版（写着祝文的木板）。不同的祭祀仪式，阅示祝版的地点也不同，祭祀圜丘、祈穀、常雩时在太和殿，祭祀方泽、太庙、社稷时在中和殿。放祝文的桌案设在大殿正中稍微偏西侧的地方，案上摆放 2 个羊角灯。到阅视祝文的这天，桌案左边柱子的东侧设香亭，右边柱子的西侧设放祝版的亭和放玉、帛、香的亭。

到了时间，太常卿到乾清门奏请皇帝出宫，来到准备好的桌案前。皇帝阅示完祝版后，行一跪三拜之礼。之后，赞礼郎撤去拜垫，寺卿收起祝版，引导皇帝到香亭前，再次行一跪三拜之礼。司祝捧着祝版放进亭中，送到祭祀的地方，收藏到仓库里。大祀如果派遣官员代祭，就免去阅视祝版和备文上奏的仪式。中祀、群祀时，寺官直接到内阁请出祝版，送到祭祀的地方，免去备文上奏的仪式。阅视玉、帛、香的仪式和阅视祝版的仪式相同。

一切准备工作就绪，到了时间，就要正式开始祭祀仪式了。在所有的祭祀活动中，祭祀天地的仪式最为隆重，其余祭祀活动的仪式有所简化。我们这里主要介绍祭祀天地的仪式。

清　《雍正帝祭先农坛图》卷

纵 61.8 厘米，横 467.8 厘米。春日之际，明清两代皇帝会带领文武百官在先农坛祭祀先农诸神。先农坛主要包括庆成宫、太岁殿、俱服殿、观耕台、神厨、妃宫殿、神祇坛等建筑。先农坛的观耕台便是皇帝亲耕的地方。雍正皇帝执政期间重视农业生产，曾多次到先农坛参加祭祀典礼，祈祷天下五谷丰登。

清　郎世宁等　《亲蚕图（祭坛）》

《亲蚕图》共 4 卷，依次描绘了乾隆皇帝的孝贤皇后举办亲蚕礼的 4 个场景：诣坛、祭坛、采桑、献茧。

皇太极天聪十年（1636 年），礼部进献了祭祀天地的礼仪制度。到顺治时，才开始制定祭天前的斋戒，阅视祝版、玉、帛、香，检查祭祀用的牲畜。祭祀当天天快亮的时候，礼部的太常官到皇穹宇（天坛中安放神位的地方）行礼，安置好神位，司祝安置好祝版。皇帝乘辇出宫，陪祀的王公聚集在内金水桥上跟随，其他的人按品级站在内金水桥南侧迎送祭祀的队伍。到昭亨门时，皇帝从辇上下来，10 名前引大臣和赞引官、对引官引导皇帝到帷帐中更换祭服，洗净双手。

皇帝先走到下方的二成拜位前面，分献官也都到各自的位置后，典仪官唱“迎神燔柴”，司乐官唱“举迎神乐”，赞引官唱“升坛”，皇帝向上走到一成拜位。之后，皇帝走到香案前跪下，先上 1 炷香，而后又 3 次上香，回到一

成拜位，行三跪九叩之礼。典仪官唱赞“奠玉帛”，司乐官唱“举乐”，皇帝走到神位前跪下，将玉、帛供奉在桌案上，回到一成拜位。典仪官唱“进俎”，司乐官唱“举乐”，皇帝走到神位前跪下，接过祭品高举，回到一成拜位。典仪官唱“行初献礼”，司乐官唱“举初献乐”，乐队开始奏乐，舞队跳干戚舞（武舞的一种），皇帝走到神位前跪下，将美酒供奉在桌案上，俯首伏地以示恭敬。读祝官捧起祝版，跪下读完祝文，行三叩之礼。礼毕，所有人回到原位。

之后，第二次、第三次供奉美酒时，舞队跳羽龠舞（文舞的一种），仪式和第一次大致一样，只是不用再读祝文，分献官、陪祀官和皇帝一起行礼。3次供奉美酒的礼仪结束后，行“饮福”“受胙”礼。“饮福”即饮用供神的酒，以求神赐福；“胙”即祭肉。皇帝走上天坛，走到“饮福”的位置跪下，奉官爵斟好福酒，奉胙官捧起祭肉，跪着进献给皇帝。皇帝接受酒杯、祭肉，三叩后站起来回到复位，率领群臣行三跪九叩之礼。礼毕，撤下祭品送神，司乐官、典仪官唱罢，皇帝率领群臣再次行礼。

然后，各个官员依次捧起祝版、帛、祭品、香，各自到焚烧这些物品的地方，唱“望燎”。皇帝走到观看焚烧这些物品的位置，烧到一半时，“望燎”仪式就完成了。皇帝回到临时休息的大帐篷，天坛附近解除禁严，太常官把神位放回原处。如果是派官员代祭，代祭的官员就在三成拜位阶下行礼，从西侧台阶上下。读祝官读祝文的时候跪在二成拜位阶下，不行“饮福”“受胙”礼。焚烧祝版、帛、祭品、香的时候，代祭的官员退立在西侧，其他和皇帝亲祭时一样。

祭祀地坛的时候，皇帝只提前阅视祝版，上完香后供奉玉帛，祭祀用的牲畜活埋在地下，其他都和祭天的仪式相同。

## 第八节　紫禁城中的宫俗文化

在长期的生产实践和社会生活中，广大民众间逐渐形成了世代相传的风尚、习俗，被称为民俗。清代宫廷存在了200余年，也形成了宫中特有的习俗，即宫俗。

清代的宫俗文化继承了前代宫廷的传统习俗，同时也保留了一些满族旧俗。继承前代的宫俗大多为节令习俗，如贴春联、放爆竹、吃元宵等；保留下来的满族旧俗主要是萨满、婚俗、丧俗等。在漫长的时间里，很多宫俗也已经演变成固定的宫规或仪式。

端午节的传统习俗有赛龙舟、吃粽子、挂艾草、佩香囊、拜神祭祖等，清代宫廷也继承了其中的一部分。农历五月初一到初五，宫中会包粽子供奉神明、祖先，皇帝和后妃的膳食中也有粽子。清初端午节，皇帝通常会带领大臣到中南海园林乘船游览、饮宴。乾隆时，皇帝大多会陪太后到圆明园中蓬岛瑶台看赛龙舟。

七夕节又称乞巧节，在牛郎织女的传说中，织女是织纴云霞的女神，极擅纺织，因此很早就有妇女在这天供奉瓜果、穿七孔针乞巧的习俗。后来，七夕节逐渐演变成以女性为主体的综合性节日，兼具祈福、乞巧、爱情3个主题。封建社会男尊女卑，清代宫廷中的七夕节习俗偏重于祈福。当时宫中规定，农历七月初七晚上要在御苑花园准备49种供品，皇帝带着皇后和妃嫔上香行礼，向牛郎、织女祈福。

中秋节起源于上古时代秋夕祭月活动，后来逐渐演变成庆贺团圆、祈盼丰收的节日，有吃月饼、玩花灯、赏桂花、饮桂花酒等习俗。传说月宫中有嫦娥和玉兔，玉兔捣药为天下百姓治病祛灾，因此北京地区还有供奉“兔儿爷”的

清乾隆皇帝御笔对联

北京故宫博物院藏。

习俗。清代宫廷也会在这天做月饼祭月，供奉“兔儿爷”，故宫中现在还收藏有多个泥制兔儿爷。

清晚期　泥制兔儿爷

兔儿爷又称“彩兔”。北京故宫博物院藏。

重阳节的传统习俗有登高、赏菊、祭祖、饮宴、祈寿等，清代宫廷主要继承了登高的习俗。农历九月初九这天，皇帝和后妃会登御花园中的堆秀山或香山园林中的香炉峰。香炉峰上建有重阳阁，堆秀山上建有御景亭。皇帝和后妃登上山顶后，可在亭阁中休憩，鸟瞰京城美景。

冬至是一个比较重要的节日，民间有“冬至大如年”的说法，清代宫廷中还会举行大朝庆贺。冬至的传统习俗有吃饺子、吃麻糍、祭祀祖先等，清代宫廷继承了挂《九九消寒图》的习俗。

腊月初一有写福字、贴福字的传统习俗。康熙时，宫廷中也开始写福字、贴福字，但没有形成明确的制度。乾隆时，写福字、贴福字成为定制，每到腊月初一，皇帝会到漱芳斋亲笔写福字。皇帝写好的第一张福字挂在乾清宫正殿，后面写好的福字贴在其他宫殿、园林建筑上，赐给王公大臣、翰林学士等。

腊八节本来是佛教纪念释迦牟尼佛成道的节日，后来逐渐流传到民间，北宋时就有煮腊八粥的习俗。清代宫廷信奉佛教，也继承了这一习俗。每年腊月初八，皇帝就会派王公大臣到雍和宫主持煮粥、分粥。第一锅腊八粥煮好后，供奉给神佛、祖先；第二锅腊八粥煮好后，送到皇帝和皇后那里，并由皇帝和皇后分赐给各位妃嫔、皇子一部分；第三锅腊八粥煮好后，分赐给在京的亲王和京城寺庙的僧侣；后面再煮的粥则分赐给文武百官。此外，宫廷还会请达赖喇嘛、转世活佛为皇帝拂拭衣冠，驱除凶邪。

清　乾隆时期　缂丝加绣九阳消寒图

苏州产，纵213厘米，横119厘米。这件作品是仿宋人绘《九阳消寒图》而编制，采用缂丝加刺绣2种工艺共同完成。画的背景为缂丝工艺，其上附着的人兽以及树木花草则是绣制。画中共绘有3名孩童，大小共9只羊，寓意『九阳消寒』。天空中绘祥云，地上的枝叶花卉造型饱满，颜色鲜艳。整幅画以红、黄、蓝、白四色为主。对比鲜明，富丽华贵。北京故宫博物院藏。

灶王节俗称小年，人们通常在这一天供奉糖瓜，祭祀灶王爷、灶王奶奶，之后还会进行大扫除。宫廷中也有祭灶的习俗，清代前中期于腊月二十四日祭灶，中后期改为腊月二十三日。宫中祭灶，排场自然比民间大得多。到了祭灶的日子，会在坤宁宫供奉灶王神位，摆好香烛和黄羊、麦芽糖等供品，皇帝和皇后亲自祭祀。祭灶之后的大扫除自然不需要皇帝、皇后参与，由内管领带人清扫宫室。

腊月末有贴春联的传统习俗。清代时，春联已经逐渐发展成一种文学艺术，为汉化的清代统治阶层所喜爱。清代宫廷通常是腊月二十六日贴春联，与民间张贴的红纸春联不同，宫中的春联大多是写在白色丝绢上，悬挂于宫内各处。

除夕时，皇帝要到各个佛堂礼佛，向太后行辞岁礼，妃嫔们也要向太后、皇后行辞岁礼。元旦时，宫中和民间一样，也要燃放爆竹迎接新年，皇帝也要亲自参与到宫中的多个习俗中。

凌晨2时左右，皇帝就要到养心殿上香、写吉语、阅新历。早上6时，皇帝起身到堂子（供奉萨满神的静室）、奉先殿、寿皇殿行礼，礼毕，回宫喝奶茶、吃饺子。吃过早饭后，皇帝要到坤宁宫行礼，并带着后妃给太后拜年。

早上8时30分，皇帝率领王公大臣，皇后率领妃嫔、公主、福晋、诰命夫人等，给太后行礼。9时30分，皇帝到太和殿举行大朝，接受百官朝贺后，再到乾清宫，接受宫人朝贺。中午，皇帝在乾清宫设宴，宴请宗亲。

元宵节也叫上元节、灯节，有赏花灯、吃元宵、猜灯谜、放烟花等传统习俗。清代宫廷在这一天会悬挂宫灯，皇帝和后妃晚餐也会吃元宵。乾隆、嘉庆时期，皇帝还会到圆明园看烟花。

萨满是满族的传统信仰，清朝入关后，祭祀萨满的习俗被保留了下来，并有与佛教、道教融合的迹象。顺治时，在皇城东南角长安左门外建了堂子，并仿照盛京沈阳清宁宫的形制重修了坤宁宫。祭祀萨满的习俗非常烦琐，有元旦拜天、月祭、杆祭、浴佛祭、马祭等；坤宁宫祭祀有元旦行礼、日祭、月祭、报祭、大祭、背镫祭、四季献神等。

堂子祭祀习俗中，元旦拜天最为重要，通常是皇帝亲祭，其他的大多是派遣官员祭祀。在这里我们主要讲一下元旦拜天。内府官会在腊月二十六日提前到坤宁宫请出朝祭、夕祭的神位，放在神舆总，由太监抬着。8名御仗官在前

清　《雍正十二月行乐图》轴

纵 188.2 厘米，横 102.2 厘米。这是一组表现雍正皇帝在圆明园的日常生活场景的作品组图，按春夏秋冬四季 12 个月不同节令展开。

1 | 2 | 3 | 4 | 5

1.《雍正十二月行乐图》轴・正月观灯

画中背景是圆明园四十景之“山高水长”。梅花盛开，走廊里挂满了花灯，宫人们纷纷来到庭院里，或赏灯观景，或群集聊天，场面十分热闹。

2.《雍正十二月行乐图》轴・五月竞舟

画中背景是圆明园四十景之“接秀山房”。作品描绘的正是端午时节，众人聚在湖边观看龙舟比赛的热闹情景。赛龙舟是端午节一个重要的习俗活动。

3.《雍正十二月行乐图》轴·七月乞巧

画中背景是圆明园四十景之“西峰秀色”。清代时，宫廷设七夕宴、七巧宴，地点就在圆明园西峰秀色。宫中搭建彩棚，摆放各种各样的针线、蜘蛛盒，用以比赛竞技。

4.《雍正十二月行乐图》轴·八月赏月

画中背景是圆明园四十景之“澡身浴德”。这幅画描绘的正是雍正时期中秋时节，宫苑众人在夜晚时分，于亭台楼榭中赏月游戏的场景。

5.《雍正十二月行乐图》轴·九月赏菊

画中背景是圆明园四十景之“上下天光”。秋天的宫苑之中早已盛开了众多品类的菊花，贵人赏菊，下人侍弄菊花。

引路，6名司俎官、1名掌仪司随行，10名侍卫跟随护卫，一直抬到堂子正中的祭殿供奉，早晚按礼制上香。依照萨满教的传统习俗，萨满神位下悬挂纸做的缯帛，月末时更换，旧的纸帛收集起来保存到袋子里。除夕的时候，将寄存的纸帛送到堂子，和净纸、神杆等祭祀用品一起焚烧，再由内府大臣率领长史、护卫悬挂新的纸帛。

元旦当天的黎明时分，皇帝乘舆出宫，陪祀的王公贵族跟在皇帝后面。到了堂子的内门前，皇帝从舆上下来，进入中门，一直走到圜殿的拜位处，面朝南方，率领群臣行三跪九叩之礼。礼毕，皇帝起驾回宫。第二天，内府官再将萨满神位请回宫。康熙十一年（1672年），下令规范元旦时在堂子祭祀萨满神的礼仪，增设鸣赞官辅助主持仪式。康熙十二年（1673年），下令不再让汉族官员参与堂子祭祀。康熙二十九年（1690年），命令皇子跟随祭祀队伍到堂子行礼。

坤宁宫的祭祀习俗中，日祭最为重要，而日祭又分为朝祭和夕祭。朝祭习俗中，司香官会提前在坤宁宫西侧室内挂好黄色幔帐，供奉菩萨、关帝塑像。炕前设一张献案，案上放2个黄瓷碗，一个装满酒，另一个空着。案下摆着一排装满酒的酒樽，案前铺着彩色地毯。

黎明时分，司俎官进献2头猪，司香官上香，拿着三弦、拍板的太监和司俎官等人走到近前，太监弹奏三弦，敲击拍板，众人用手跟着打节拍，唱赞歌。司祝官进献酒，将酒倒进空碗中，众人唱赞歌3次，太监停止奏弦和拍板，退到旁边侍奉。皇帝、皇后来到神位前，司祝官致辞，皇帝、皇后行礼。之后，再次演奏三弦、拍板，众人打节拍，司祝官跪下致辞献酒，向猪耳中灌酒。司俎官分割猪肉，煮熟后进献，司香官献香。结束后，将祭肉撤下放在长案上，皇帝带着皇后接受祭肉或者率领王公贵族在原地吃肉，王公贵族都不在的话，就让大臣、侍卫进去吃肉。

夕祭时悬挂青色幔帐，供奉穆哩罕神、画像神、蒙古神，唱赞歌时用手鼓、拍板伴奏，结束后祭肉交到御膳房。其他习俗和朝祭时大致相同。

# 第九节　清宫帝后的起居生活

清初，皇帝住在乾清宫。乾清宫东西两侧各有2间小殿，东小殿名曰昭仁殿，皇帝在此读书；西小殿名曰弘德殿，皇帝通常在此用膳，有时也会在此读书，处理政务。

乾清宫周围的廊庑也有很多是为皇帝起居服务的。东侧庑房北端3间为御茶房，为皇帝供奉茶酒瓜果。御茶房南边6间为端凝殿，前3间存放当代皇帝的衣服、帽子、衣带、鞋等物品，后3间放置自鸣钟、藏香和前代皇帝的部分服饰。再南边是日精门，日精门南边是御药房，负责带领御医到各宫诊断疾病以及煎制药饵。西侧庑房中间3间是皇帝的书斋雅室，名曰懋勤殿，贮藏有御用的笔墨纸砚、图书史籍，康熙皇帝年幼时曾在此读书。

自雍正时起，皇帝移居养心殿。雍正皇帝和乾隆皇帝对养心殿进行了一系列方便起居的改造，将西暖阁分隔、改建为勤政亲贤殿、三希堂、小佛堂、梅坞等实用建筑。勤政亲贤殿用于批阅奏折、与大臣秘谈；三希堂用于读书、收藏书画；小佛堂用于日常礼佛；梅坞用于临时休憩。

皇帝每天早上5时左右起床，梳洗穿衣。不同时间，皇帝的穿着也不同，大致可分为吉服、朝服、衮服、祭服、行服、常服等。穿戴好后，皇帝到慈宁宫或宁寿宫、寿安宫给太后请安。之后，皇帝要阅读前代实录或者圣训，清初是在乾清宫西暖阁或弘德殿，雍正后通常是在养心殿暖阁。

早上6时到7时，皇帝到乾清门御门听政，接受群臣奏章、奏事。7时到8时，皇帝开始用早膳，同时查阅大臣请求觐见的红绿头签，确定要召见的官员。用完早膳，皇帝在乾清宫或养心殿批阅内外臣工的奏章，召见、引见大臣，商议政事。

皇帝冬朝服

皇帝冬朝服

## 清　皇室服饰

清代皇帝服饰可分为3大类：礼服、吉服和便服。礼服有朝服、朝冠、端罩、衮服、补服；吉服有吉服冠、龙袍、龙褂；便服也叫常服，是在典制规定以外的平常服饰。清代龙袍以明黄色为主，也可用金黄、杏黄等色，并且规定，只有皇帝、皇后、太后才有资格穿这种规制的龙袍。图示为皇帝、皇后、太后、皇子福晋、贝勒的服饰。图来源于《皇朝礼器图式》，加拿大阿尔伯塔大学博物馆藏。

皇帝冬朝服

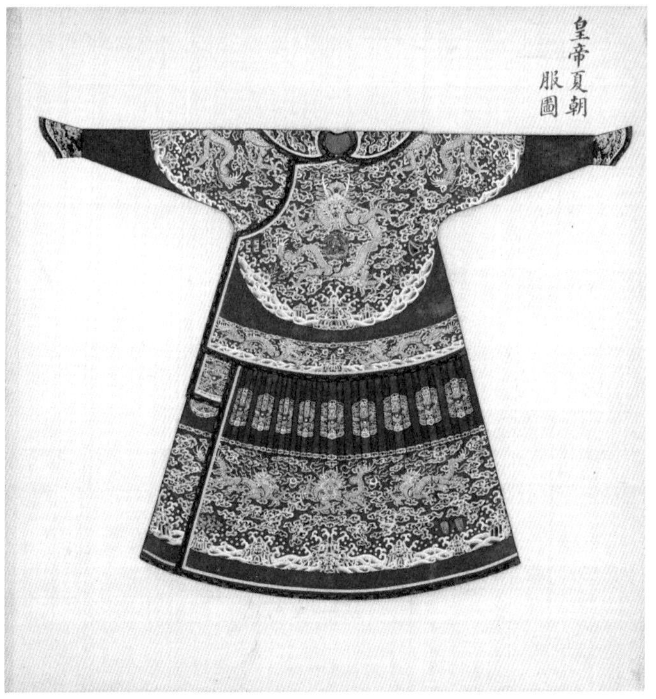


皇帝夏朝服

皇太后、皇后龙袍

皇子、福晋夏朝袍

皇太后、皇后夏朝袍

贝勒冬朝服

中午 12 时到下午 2 时，皇帝用晚膳，选择晚上要召幸的妃嫔。晚膳后，皇帝批阅内阁递上来的各省巡抚、督抚的奏章。如果有空闲，皇帝则会进行一些娱乐活动，如到书房写诗、作画，欣赏古玩，观看戏曲表演，观赏花鸟鱼虫等。

下午或晚上，皇帝会再吃一些饭，时间不固定，随皇帝传唤。晚上 7 时到 9 时，皇帝礼佛、祭神，然后到乾清宫、养心殿就寝。

清代皇帝的后妃制度是皇后 1 人、皇贵妃 1 人、贵妃 2 人、妃 4 人、嫔 6 人，贵人、常在、答应等无定数。但实际上，皇帝的妃嫔数量很少受此限制，而是取决于皇帝的权势。长期掌握大权的乾隆皇帝先后有后妃 24 人，贵人、常在 16 人，而傀儡光绪皇帝只有后妃 3 人。因为坤宁宫被改造成萨满祭祀场所，皇后和妃嫔都住在东西六宫，贵人及以下则随后妃居住。

皇后和妃嫔的起居生活要简单一些，时间安排和皇帝大致相同。她们也是早上 5 时左右起床，梳洗、化妆装扮好后，由皇后率领她们向太后请安。之后回宫 7 时左右用早膳，下午 2 时左右用晚膳，其他时间也可以吃一些点心，饭后可以游园、听戏等。晚上 5 时左右，皇后再次率领妃嫔去给太后请安。如果妃嫔被皇帝召幸，需要做一些准备工作；未被召幸的话，在礼佛后就寝。

故宫博物院根据史料中有限的记载，已经尽可能地还原了乾隆时皇帝和后妃宫室的陈设，如今我们游览故宫，思维可以穿越时间的限制，想象当年清宫帝后起居的场景。

**图书在版编目（CIP）数据**

故宫之美：向斯说故宫的建筑和典制 / 向斯著. —北京：中国工人出版社，2022.4
ISBN 978-7-5008-7899-5

Ⅰ.①故… Ⅱ.①向… Ⅲ.①故宫－北京－通俗读物 Ⅳ.①K928.74-49

中国版本图书馆CIP数据核字（2022）第043439号

故宫之美：向斯说故宫的建筑和典制

**出 版 人** 王娇萍
**责任编辑** 葛忠雨 刘广涛
**责任印制** 黄 丽
**出版发行** 中国工人出版社
**地　　址** 北京市东城区鼓楼外大街45号 邮编：100120
**网　　址** http：//www.wp-china.com
**电　　话** （010）62005043（总编室） 62005039（印制管理中心）
（010）62379038（社科文艺分社）
**发行热线** （010）82029051 62383056
**经　　销** 各地书店
**印　　刷** 北京盛通印刷股份有限公司
**开　　本** 710毫米×1000毫米 1/16
**印　　张** 20
**字　　数** 315千字
**版　　次** 2022年4月第1版 2022年4月第1次印刷
**定　　价** 88.00元